著 久保新二
KUBO Shinji
編著 石動三六／小川晋
ISURUGI Saburo OGAWA Shin

アデュ〜

ポルノの帝王 久保新二の愛と涙と大爆笑

エッチ重ねて50年!!

ポット出版

はじめに

俺が今回この本を出すきっかけとなったのは、『未亡人下宿』シリーズに出演し、お世話になった先輩達が全員亡くなったからだ。

2013年夏、ホモの堺勝朗が亡くなったことを石動三六がネットで発見し、連絡してきた。「堺さんが亡くなりました。孤独死みたいです」と……。堺さんが孤独死で亡くなった！　俺は呆然とした。マジか！　たこ八郎、今泉洋、吉田純、鏡勘平、坂本昭、藤ひろ子、野上正義……亡くなった先輩達の名前がスラスラ出てくる。『未亡人下宿』の脇役で活躍して作品を支えてくれた先輩達がみんな亡くなっちまったのだ。堺さんの死……それは悲惨な内容でね、とてもコメディを演じて客を笑わせていた人とは思えない哀れな孤独死だった。ピンクにかかわった人達――監督、スタッフ、男女優、何十人の死に様を見てきたんだろう、みんな寂しい死が多い……。

堺さんの死を聞いて、俺は、「名優たちを偲ぶ会」を開くことにした。8月25日、『未亡人下宿』にかかわった人達がたくさん集まってくれた。

当時助監督だった滝田洋二郎、三輪誠之、旦雄二、長嶺高文、照明助手の西池彰、役者仲間の高月忠、川上リュウ、龍駿介、日野繭子、青山美沙、小島マリ、飯島洋一、映画ファンの白木君、hideさんらが顔を見せてくれた。

先輩達の遺影を飾り、全員で黙祷してから故人達を偲んだ。よかった、先輩達の偲ぶ会をやれてホントよかった。もちろん『未亡人下宿』シリーズの監督、山本晋也にも事情を説明し「ちょっとでもいいから顔出してほしい」と哀願した。が「被災地の取材があるから行かれねぇ、仕事だからしょうがねぇだろよ」と事務的な返事には涙が流れた。せめて、「みんな亡くなったか、ご愁傷さま」「仕事で顔出せないので皆さんによろしく伝えてくれ」。この一言がほしかったネ。今の自分があるのは、一緒に同じ釜の飯を食った仲間のおかげだろが、バカヤロ！　寂しかったなぁ……。

『未亡人下宿』１作目を製作した代々木忠監督は「久保チン、山本晋也が顔出すなら、俺何するかわからないよ！」と怒っていたっけ……。

堺勝朗さんが最後の仕事をしていた「にんげん座」の主宰者・飯田一雄さんの追悼文には、堺さんの生い立ちから孤独死までが細かく長々と書かれていた。内容を読んで俺と滝田は泣いた……。そのくらい悲しい内容だった。滝田監督がポツリと言った。

「久保チン、ピンクの歴史を残しといてよ、久保チンしか語れないんだから」。この一言で、よし、俺がたずさわったピンク50年史を残す！と決意した。亡くなった先輩達の魂を心の中に秘め、現場のエピソードなどを綴った思い出の本を出すことにした。最低のピンク映画、最低の男が愛と涙と大爆笑の人生を披露するこの本。こんな本音で語る本はまずないと思う。バカヤロ！

アデュ～。

目次

愛しの久保チン

対談
滝田洋二郎×久保新二
久保チンは王道だ!

『未亡人下宿』シリーズなど、
久保新二が大活躍していた70年代後半、
ピンク映画界で助監督修業をしていた滝田洋二郎。
スタッフから見た久保新二とはどんな存在だったのか?
そして鬼才山本晋也の演出とは?
世界の滝田が今初めて明かす当時の爆笑エピソード!!

――今日は『未亡人下宿』シリーズのお話をうかがいたいのですが。

滝田 『未亡人下宿』シリーズについていた助監督って他にいないの？　ナベ（渡邊元嗣）は？

久保 ついてないよ。

滝田 井筒（和幸）さんは？

久保 ついてない。井筒（がついたのは）は『痴漢との遭遇』（78年）だよ。

滝田 ついてないんだ。チョクさん（山本晋也）の助監督やってたというからついてるかと思った。

久保 『痴漢との遭遇』で井筒が部屋のセッティングするっていうのにできてないから、「こんなので撮るのかよ！　ダメだろ！　もう今日はやめよう」、そんなことあったな。

滝田 『未亡人下宿』はもともと代々木忠さんのところだよね。

久保 そう、ワタナベプロダクション。松浦康が山本晋也を連れていったらしいよ。（代々木）忠さんと仲良かったから。で、当時忠さんは（日活で撮れる）枠を持ってたから、山本晋也がそこで撮らせてくれないか、と。それで「松浦が言うならやらせてみるか」で、『セミドキュメント　未亡人下宿』（74年）が出てくるんだよ。

滝田 『未亡人下宿』は最初から日活なの？

――いや、最初は東京興映です（69年）。山本晋也監督はそれをまたやりたかったんですかね。

久保 それには俺も出てるんだけど、森美千代とか小島マリとか武藤周作とか椙山拳一郎とか、錚々《そうそう》たるメンバーでね。ちょうど（東京興映の社長だった）小森白さんの家を取り壊すというので、ついでにこれを撮っちゃおうということになった。「あー！　下宿がなくなる！」なんてシーンを入れてね。

滝田 サブタイトルはあるの？

――『貸間あり　未亡人下宿』ですね。

滝田 川島雄三なんだ……。『未亡人下宿』は年2作だっけ？

――そうですね。後期は盆と正月で。

滝田 『寅さん』と一緒だから意識しますよね。外注（日活買い取り）の目玉ですからね。

久保 「久保さんたちは日活の救世主だ」なんて会社の人に言われましたよ。

――その分、製作費も他の作品よりは上？

久保 でも、裏マージンとか色々あってさ（以下略・笑）。

愚直に映画に尽くすのが美学だった

――滝田監督がついた『未亡人下宿』はどの作品ですか？

滝田 （ポスター写真を見ながら）『初のり』（78年）は北乃魔子だよな。これはポスター撮りもやってる。太平洋映画というのは向井寛監督がプロデューサーだから、そのあたりはついてるはずだな。

※滝田洋二郎が助監督としてクレジットされているのは『初のり』『初泣き』（79年）の2作。『初のり』では警官、『初泣き』ではコインランドリーの客としてエキストラ出演もしている。

この頃は本当に面白かったですよ。この前もナベと話したけど、愛と涙と大爆笑のピンク時代、それに理不尽がつくというね（笑）。現場はもう楽しくて楽しくて。久保チン、ガミさん（野上正義）、コンちゃん（港雄一）……もうロクなもんじゃない。いつまでも芝居終わりゃしないし（笑）。でも最高の幸せじゃない、俺達、現場にいる者にとって。それに（松浦）康さん、（堺）勝朗さん……こんなに芸達者がいるんだからね。（役者の芝居というのは）臭いところを通り越して行き切ってしまうと、その人が本来持っている愛嬌みたいなものが見えてくる。（それを知ったのは）監督になってから役に立ってると思いますね。

――やはり山本晋也監督は久保新二をノセるのが巧かったということですかね。

滝田 不思議な人だね、あの人は。

久保 『未亡人下宿』も最初の頃はちゃんとカット割りして撮ってましたよ。

滝田 俺がついたころはね、これはこの人の独壇場だと思ったら、全部やらせちゃうんだよ。久保チンには何も言わなくなっちゃった。面白いとカットもかけない。でも、久保チンが好きなだけやるわけだから、尺が合わなくなるんだよ（笑）。で、監督の賢いのは思い切りいいの、切り方が。編集でバッサリ切る。それがかえってよかったんだな、リズムが出て。普通つながりを大事にして映画を撮るんだけど、『未亡人下宿』というのはいきがいいところだけ作品に残してるんだよ。ポン、ポン、ポンとリズムよく久保チンが出てくるようになってる。一番オイシイところ、一番可笑しいところに。だから『未亡人下宿』は凄いの。俺、編集しながら「えー、これ切っちゃっていいの！」とか思うんだけど、切ったほうが面白いんだ。久保チンが助走をつけてる部分は全部切って、最高のところだけを使ってるね。

――でも、スタッフは大変そうですよね。

滝田　当時『未亡人下宿』はフィルムを25本回したね。他のピンク映画より多い。それでも足りなくて、他の組が冷蔵庫に保管している端尺のフィルムを盗んで、現場に持っていったりね。あとは（尾崎クンの部屋の）セッティングが大変なんだよ。久保チンも暇なんだかしらないけど、前の日から来て部屋の飾りつけをやってくれるの。ポスターに絵を描いたりね。

久保　だって俺の部屋だもん。センズリも水で割ったらアメリカン、とか書いてさ（笑）。

滝田　いい加減にやるのが許せないんだよ。あの頃は愚直に映画に尽くすのが美学だと思っていたから。俺達助監督は当たり前だけど、役者もそうだったですよ。今は時代が違うかもしれないけど、僕は（そういう体験が）良かったと思ってますねぇ。

久保　大変なんだよ、針金吊してそこにトイレットペーパーぶら下げて。

滝田　あれ考えたの、やっぱり久保チンなんだ（笑）。

久保　そうだよ。ティッシュじゃ面白くないじゃん。

滝田　ああいうのは伝統で引き継ぐんだよね。前の映画観て、あぁ尾崎クンの部屋はこんな部屋か、って。

久保　いかにもセンズリの匂いがするような部屋ね。

滝田　あとは乗用車をパトカーに見せるから「警視庁」って書け、って言われてさ。でも、偽物だと分かるように、「視」の字の「ネ」と「見」を逆に書け、って（笑）。これを役者の吉田純さんが書いてくれたんだよ。あと、すき焼きのシーンって一番上だけいい肉を乗せてあるの。下のほうは安い肉（笑）。で、ネギの切り方が違うとか、山本晋也監督ってそういう細かいところはうるさいんだよな。ネギの切り方は橘（雪子）さんが教えてくれたなぁ……。

――やはり『未亡人下宿』といえば橘雪子さんですか？

久保 橘は芝居が細かいからこっちもノれるんだな。

滝田 橘さんは久保チンをちゃんと受けるからね。でも、あの時代に白いズロースって考えたな。チョクさんの描く女のイメージはやはり母親なんだろうね。割烹着とか、蚊帳とか、うなじとか、そういうこだわりはあるよね。そういう良さが作品に出てるんだな。男だったら一度はああいう下宿に入ってみたいって思うし。

久保新二が一番ノッていた時代

――滝田監督が最初に久保新二と会ったのはいつ頃ですか。

滝田 『未亡人下宿』ではない山本晋也監督の現場。山中湖のほうへ行ったな。中野リエが犯されるシーンがあって、山の中の家を建てている現場で、大工さんに頼んで夜撮らせてもらったんだけど、土足で上がるからどろどろになってえらい怒られて（笑）。あれ、久保チンが犯人じゃないかな（笑）。

久保 覚えてねえし。

滝田 そのシーンで中野リエが持っていたおでんを落とすんだよね。そうしたらチョクさんが「おでんに湯気が欲しい」って言い出して。俺ともう一人の助監督でおでんに小便ひっかけて「すぐ撮ってくれ！」（笑）。それから監督に「お前は偉い！」って（爆笑）。

久保 そんなことやってたんだ。

滝田 久保チン、もう出番終わって帰ってたから。

久保 よかったよ、現場にいなくて。いたら「腹減ったからさっきのおでんよこせ」って（笑）。

滝田　あとは稲尾（実）監督のところで会ってるんですよ。セカンド（助監督）の頃に。なにしろ（久保さんの芝居が）おかしいんで、でも稲尾監督は笑うな！って言うんだよね。笑うと久保チンとガミさんは調子に乗って芝居が終わらなくなるんで笑うな！って。でも、同録じゃないからみんな笑うじゃない。いまだにその癖が抜けなくて、同録なのに大声で笑って「監督ＮＧ！」（笑）。

――久保新二が一番ノッていた時代ですね。

滝田　とにかく久保チンは本番でテストと違うことやるからね。それが楽しみで楽しみで。喋るだけ喋って、アフレコで「俺、このシーン何言ってたっけ？」（笑）。でも、ケツだけは合わせるんだよ。監督も「まぁ、面白いからこれでいいや」って。

久保　その頃は俺が本番で何を言ってたかチェックしてたの？

滝田　録音したよ、テープ回して。久保チンのためだけにやってるんだよ（笑）。他の役者はみんな覚えてるんだから。でも、アフレコのとき、それを聞いても時間の無駄だからね。何の役にも立たない。

久保　いまだにそうだよ、俺は。

滝田　あの頃、ピンク映画が熱かったのは、監督の熱気はもちろんなんだけど、俳優がその注文をこなしていたんですよ。逆に言えば、監督のことなんか何とも思ってないんだ、みんな（笑）。でも、共に思っているのは「面白い映画が作りたい」。みんながエネルギッシュだったということですよ。

久保　あの頃は楽しかったよね。

滝田　面白かったですねぇ。洋画があって、邦画でもデカいのが別格であって、撮影所使って撮る映画もある。でも、こっちはこっちでみんなプライド持ってやってましたね。

久保　『未亡人下宿』なんかが話題になって、チョクさんがテレビに出るようになって、最初の頃はみん

滝田　な応援してましたよ。現場で生放送のテレビ観てね。
久保　あぁ、撮影中に出てたんだ。
滝田　で、帰ってきてからすき焼きのシーンとか、そんなことがあったね。でも、そういうのが重なると、現場のノリがなくなってくるじゃない。だったらもう今日は撮影やめよう、と。あのあたりから山本晋也の作品は面白くなくなっていくんだよ。

滑稽さと悲しさが同居する

――その頃、滝田監督はもう監督になられてますよね。
滝田　だと思いますよ。（デビュー作の）『痴漢女教師』が81年か。あれは久保チンにも出てもらって。
久保　出たっけ？
滝田　出てるよ。久保チンの家で撮ったんだから。当時、浦和だっけ？
久保　北浦和。
滝田　なんだ、久保チン、いつもふざけてるけど、ちゃんとデカい家持ってるじゃんって（笑）。
久保　あぁ、そうか。あの家は、あの女と……。当時のこと思い出すと、涙が出てくるな。
滝田　とにかく久保チンは感覚派だから。しんどいことでもおかしく表現できるって貴重ですよね。泣きたいことを笑わせながら伝えるみたいな。俺覚えているのは、『未亡人下宿　初泣き』で（尾崎クンの子供として）猿が産まれてしまうシーン。そのときの久保チンの表情が、寂しそうなんだけど面白いんだな。それは僕の好みなんだけど、あの芝居が良くてさ。ふわ～っと力が抜けるところがいいんだ。滑稽さと悲しさが同居するっていうのかな。あれが久保チンのいいところだな。あのシーンは、自分でアイデア出して、それを（山本晋也監督に）撮ってもらって、嬉しかったなぁ。それに久保チンは若松孝二とか、向井寛とか大ベテランの監督の映画に出ていたから、（芝居を）身体で覚えている部分があるじゃない。それが現場を通して、俺達にも降りてくるんだよ。そうやって下の世代へつながっていく。それがよかったんだな。とにかく久保チンというのは王道ですよ。映画以外のほうがよっぽどピンクだしね（笑）。

滝田 洋二郎
たきた ようじろう
1955年、富山県生まれ。山本晋也らの助監督を経て、81年『痴漢女教師』で監督デビュー。一般映画に進出後は、2008年『おくりびと』で第81回米国アカデミー賞外国語映画賞を受賞するなど、いまや日本を代表する映画監督である。14年、紫綬褒章受章。

俺の生い立ち

性に目覚める

千葉県習志野市生まれで、幼稚園でオナニーを覚え、勉強よりもひたすらオナニーにふけっていた。「そんなことばかりしてるとバカになるぞ」と母からしょっちゅう言われ、ホントにバカになってしまった。

性に目覚めたのは幼稚園年長のとき。机の上のクレヨンが落ちて拾おうとしたとき、目の前に大股開きの先生の股ぐらがあった。アソコの部分が薄黄色く毛が数本出てた。ソーッと近くに寄った。チンチンが熱くなり堅くなった。股と股をギュッと強く締めた。心地いい快感があってなにかが出た。射精したのだ。

小学校に入るとバイオリン、剣道、習字を日替わりで習い、家庭教師の日々。なにも興味がなかった。習字で銅賞を一度もらったかなぁ。親達は喜び、一緒に上野美術館の展示を見に行った。

習い事のオルガンも増え、性に目覚めた俺が「絶対に不良になってやる」と心に誓ったのは小学4年の頃。長男だから我が儘放題、これは現在《いま》でも同じだ（笑）。

小学校、中学校の土地やまわりの道もすべて祖父《じい》さんの土地でね、ホントお坊っちゃまで育った。生まれはよかったが育ちが悪かった幼少期だったたね。だから、今でもチー坊、新ちゃんと呼ばれる。

親からは、「高校くらい出ないとな」と口が酸っぱくなるほど言われ、仕方なしに入学式が終わってしばらくしてから学校に行く。関東商工高校（現、関東一高）で男子校だ。この頃はセックスも中学で経験し、女に目覚めた思春期。硬派とはいえ、女生徒がいないなら……ましてや電気科は象形文字みたいでなにもわからず、うしろの席の奴をぶっ飛ばし退学になった。

高校へは船橋駅で乗り換えるが、「若松劇場」のポスターがどこにも貼ってあったね。興味津々でストリップを初めて見た。チョンマゲ姿の男が女を脅かしているとこだった。「銭が払えねえなら、体で払いやがれ」。こんなコントを見ていたが、客は少なく、笑いもなかった。「こんな仕事はやるまい」と心に誓ったものだ。それから数年してここに乗るとは思ってもみなかったね(笑)。

学校を退学になってからは、伯父が東映の照明技師をやっていて、「新ちゃん、いい顔してんだから劇団ひまわりに入りなよ」と口説かれて、コネで劇団ひまわりに入団した。

アデュ〜。

劇団ひまわり入団

コネで劇団ひまわりに入ったものの、授業でも、皆の前でセリフを言って演技する勇気はなかった。

女生徒を見ては、「可愛い」「いい女」「つき合いたい」……女のことばかり気にしていた劇団時代。

同期には楳図かずお、岡本信人らがいて、楳図かずおとは仲良くなり、夜間部で遅くなるので楳図の部屋に居候した。舞台や映画に端役で出演したりしてた

アデュ〜クロニクル

俺は大地主のお坊ちゃんなんだよ。子供の頃から乗馬なんかやってた。可愛いだろ？

が、別に？て感じでおもしろくなかった。

中学時代の友達がゲイバーでバイトしてて、俺に話をもってきた。金になるならと初めて一緒に行ったのが四谷三丁目のウリセンバー「白亭」。経営者の村松さん、ママの市丸さん、チーママの哲ちゃんが俺を面倒みてくれた。源氏名は「武」でたちまち売れっ子になり、毎日お座敷がいろんな女性からかかった。お小遣いが貰えてセックスが毎日できるのだからハッピー生活だった。まだ10代だったからね（笑）。

ある日、夜10時頃白亭のドアがバーンと強く開いた。入ってきた男はブルドッグみたいな顔でだいぶ酔っていた。「哲ちゃん、武って子いるかしら、いい男らしいわね。紹介して！」。竜ちゃんと呼ばれてた日景忠男だ。「あらぁいい男ね、タイプよ、武。哲ちゃん、武連れていくわよ」

竜ちゃんとホモ専門のラブホに入り、生まれて初めて男のチンコをふくんだ。

以後、ホモ、ブルーボーイ、オカマ、女……1日16人とエッチしたこともある。太陽が黄色く見えた、景色もすべて黄色だった、貴重な体験だったね。歌舞伎俳優や映画のプロデューサーからもお座敷がかかり、『ひょっこりひょうたん島』の藤村有弘も俺を可愛いがってくれた。

劇団ひまわりに寄ったとき、渉外部から映画の監督さんが面接にきてると言うのでお会いしたのが若松孝二監督と助監督の足立正生だ。少年が性に溺れるをテーマにした、主題歌入りの『血は太陽よりも赤い』の台本が目の前にあった。やってみるか……端役はもういい……ホモバーは時々いけばいいか？　こんな考えからこの作品に出演することになった。この『血は太陽よりも赤い』がきっかけで初めてピンク映画に出演した。昭和41年だったかなぁ……。

アデュ〜。

恐喝で逮捕される

「長男なんだから、社会に出て勉強してくりゃいい。その代わり、これだけは守れ！　女の子を妊娠させるな、それと警察沙汰になるな」

父とこんな約束をして叔父の紹介でコネで劇団ひまわりに入団した。

俺は自慢じゃないが一度も授業に参加したことはない。硬派だったから、人前でセリフ言ったりは恥ずかしいからなァ……。

3ヵ月くらいして、劇団仲間5人で麻布のレストランに入り、飲み食いした。店を出る時に金が足りないのだ。皆で悩み、先輩が「ちょっと待ってろ、金作ってくるわ」と店を出ていった。

しばらくして先輩が戻ってきた。

2万円だ！　また続きで食ったり飲んだりで宴会気分だ。

そこへ私服と制服の警察官が4人入ってきて、名前や住所を聞くので正直に答えた。

全員パトカーに乗せられ、深夜なので留置場に泊まりだ。恐喝？とか警察官が言ってたがよくわからなかったナ。

身元引き受け人は習志野の両親だ。

翌日、両親が麻布警察署にきて、面会した。母親が大泣きで「チー坊のバカ！」とビンタをくらった。

アデュ〜クロニクル

これは初期の頃に出た佐々木元監督のピンク映画だ。中央が俺。右側にいるのが白川和子。みんな若かったな。

主犯は先輩で、金が足りないからサラリーマンの奴を脅して2万円をふんだくってきたのだ。俺もこういう先輩になろうと思ったのは本音だった。

親父と、警察沙汰になるな、の約束は早くも破ってしまった。２日間の留置場では、一緒にいた奴に「練鑑ブルース」を教えてもらった。

♪青いバスへと乗せら～れて……。

この唄が格好よくて、憧れてしまったネ。友達の選択を間違えると……の見本だった。両親の前で俺も謝り、金輪際しません、と一筆書かされた。泣きながら書いた記憶がある。

それから……それからまた恐喝事件で今度は家庭裁判所へ行くことになろうとは……。

アデュ～。

東映の教育映画で裁判所へ

叔父のコネで東映の教育映画に主演した時……。

話は、友達を選ぶ……そんな教育映画だった。

ロケは家庭裁判所とタイアップで、本物の裁判官も出演していた。

撮影は、裁判シーンが遅くまでかかった。休憩時間に本編に出演している裁判官が「久保ちゃん、こういうところに来ちゃダメだよ、ここへ来る人は人間のクズだからね。大人になっても来るんじゃないよ」

こんな会話をしたりしてた。

撮影も終わり、しばらくしてひまわりの友達が、友達に貸した金を返してくれない……と言うので、捕まえて殴り、金を取り返した。財布の中にまだ金が入っていたので、全部取り上げた。

そしてそいつは警察に被害届を出し、俺は恐喝で逮捕された。

また麻布警察だった。今度は俺が主犯だ。取り上げたんじゃなく、そいつが自分から「持っていってください」と言うから貰っただけなのに、そいつは恐喝で訴えたのだ。

酷い話と思わない？

留置が続き、地検に通う毎日だった。朝通勤する人達が護送車の金網の窓から見える。

俺は間違ってないのに……腹立たしかった。

地検では手錠と腰縄をつけ、数ヵ所の警察から集まった奴らがうじゃうじゃいて、名前を呼ばれるまで縦一列に真っ直ぐ並ばなくてはならない。怪しい奴もいれば、学生みたいな奴、サラリーマン風、年寄り、と様々な人達が、何かをやらかした集まりなのだ。もちろん私語は禁止だ。

俺が列からちょっと左に出て順番を確認しようものなら、すぐ係員から文句を言われ、咳が出て痰を床にペッと吐き出したら、「貴様、痰を吐いたな、舐めて奇麗にしろ！」と言うから逆らった。係員に腹這いにさせられ、痰で顔をこすられた。

数日して裁判所に呼び出された。「久保ちゃん、久保ちゃんじゃないか……どうしたの、あれほどこういうところに来てはダメだよって

アデュ〜クロニクル

『未亡人下宿』シリーズのワンシーン。女の裸が売り物のピンク映画なのに、なんだこのスチールは！　オッス！

言ったのに……しょうがないな、何をやったの」

裁判官の計らいで、直ぐに出所させてもらった。なんせ全国の学校回りの教育映画主演だから、表沙汰になるとまずい訳さ、東映にしても……。

この一件以来劇団ひまわりには出席せず、仲間や女の子の家で雑魚寝をしたりの毎日だったなァ……。そんな時、若松孝二監督と助監督の足立正生が役者探しでひまわりにきた。続いて向井寛監督と梅沢薫が面接に来た。ひまわりの渉外部の推薦で、山下治監督や勅使河原宏監督達も、俺に出演依頼してきた。ひまわりも警察沙汰の生徒がいては立場がないしネ。

エロ映画、オマンコ映画と言われた時代で、「そういう映画に出演したら、役者としたら終わりだよ」と言いながら、お前ら俺を推薦してだろバカヤロ！

アデュ〜。

若松組でデビュー

若松孝二

『欲望の血がしたたる』(65年、若松孝二監督)を京橋のフィルムセンターに観に行った。

白黒作品で、キャパ310席は9割方埋まっていて、若松孝二監督ファンがいかに多いか物語っている。

上野山功一、叶美智子、生方健、香取環、志摩みはる等で全裸とかはなく、バストアップで悶えの演技が色っぽかったね。

当時は悶え声も映倫がうるさく、男の声はいらなかった。

観てる客は途中でトイレにかけ込み、急いでセンズリをカイた時代だ。

若松孝二監督の次の作品が、俺のピンクデビュー作の『血は太陽よりも赤い』(66年)だ。

若松孝二監督と助監督の足立正生が各劇団を回ったが、脚本のイメージの美少年が見つからず、劇団ひまわりにきて俺が抜擢されたのだ。

出演と主題歌はいいけど、男優もドーランで化粧するのは恥ずかしかった。

性に溺れる……がテーマで、派手な絡みはないが、毎日女優の裸を見たり絡んだりで現場が楽しかったね。俺の生きる道はこの業界だ!と思ったのも事実だ。

思春期で、センズリばかりカイてるとバカになるよ、とまわりや母親から忠告されたが、バカヤロ本当にバカになっちまったよ(笑)。

若松組が終わり、直ぐに向井寛監督と助監督の梅沢薫が俺に会いにきた。

『情炎』(66年)で、香取環らと15日間の京都ロケだ。

恋愛作品で、俺が死ぬラストシーンでは、実は環が母親だった……香取環のオッパイを含みながら息絶える。俺も好きな作品の一つだ。

恋人役の恵子とはお互いに惚れ合い、芝居でも舌を吸い合う激しい接吻は向井寛監督も喜んだものだ。

恵子とは、オープンの撮影にスタッフが出かけた後、愛し合いヤリまくっていた。

映画って楽しいな、と思ったのもこの頃だった。

カメラマンの鈴木史郎のデビュー作品でもある。

いま振り返ると、懐かしい時代を走馬灯のように想いだすね。だから、「ピンク」って語呂が好きなのさ。ピンクシニア？　気持ちだけは若いからピンクボーイでいい。

アデュ～。

向井寛監督がホテル代を

向井寛監督の作品に俺とケミが初めて共演したときだ。

向井プロで台本を貰い、帰り際ケミからモーションをかけられた。

「久保ちゃん、いい男ね。私と飲む？　それとも寝る？」

俺は素直に「はい、寝ます」と答えた。

新大久保駅裏のラブホに入った。うらぶれた商

アデュ～クロニクル

これも『未亡人下宿』だな。センズリの匂いがしそうな部屋のセッティングは俺が自分でやったよ。

人宿はちゃぶ台とお茶だけで、狭いタイル風呂に交互に入った後、もぐりこんだ煎餅布団は冷たかった。

「新ちゃん、私濡れないの、だから口が女性器だと思って口の中でやってね！」

俺もよく把握しないまま、セックスは口の中でした。

撮影が始まったある日のこと、監督の演出は凝り、深夜までかかった。すでに4時近い。明日のスケジュールは2人が結ばれるシーンがある。

明朝は7時集合だ、寝る時間がない、習志野まで帰って電車内で寝てしまったらどうしようか、とか悩んでた時、向井監督がケミを呼び、俺達の前で「明日は2人の濡れ場があるからな、大事なシーンだから今夜はラブホに2人で泊まって雰囲気作りをするように……」とホテル代をくれたのだ。

彼女とのエッチは俺を虜にした……快感の素晴らしさ、センズリより、ず～っといい気持ちのよさを体感したが、ケミとのセックスで口での快感も知った……女性器はいろいろと知るピンク映画界。

そういえば、ひろ子さんに誘われたのも向井監督の縁だった。次回作『情炎』の主演が決まり、向井組の現場を見といた方がいい、ということで高田馬場近くの民家の撮影を見に行った。そのときひろ子さんに声をかけられた。

「次回作はあなたが主演ですってね、スタッフで噂よ。食事に行きましょ」と誘われ、食事の後は高田馬場のラブホに連れていかれ、ひろ子さんは俺の上でバスンバスン腰を落とした。

オマンコの良さが少しずつわかってきた、ちょっと大人になった爽快な気分だ。

若松孝二監督の『血は太陽よりも赤い』の主題歌と同じだ。

♪ぶっ壊せ、ぶっ壊せ、なんでもかんでもぶっ壊せ！

古い暦にゃ用はない、大人に何がわかるんだ、ぶっ壊せ……。

向井組がアップした後、ケミと落合火葬場近くのアパートで同棲を始めた。ケミは野獣会のメンバーで、夜は鳳蘭の店でバイトしてた。

水商売……酒とナロンやハイミナールを飲み、ケミはだんだんと精神的におかしくなっていった……。

アデュ〜。

三億円犯人第1号は俺

68年、世紀の大事件が府中で起きた。三億円事件だ。

事件が起きてまだ間もない。ニュース、新聞の記事を元に再現し、協立映画製作で撮影がインした。タイトルは『銭と肌　巷説三億円強奪事件』（69年、福田晴一監督）。

俺が強奪犯人の役で白バイに跨がり、エンジンをふかし、待機だ。エンジンをかける足元や白バイのヘルメット姿の顔のアップなどを撮り、ミラーに視線を向けると現金を積んだワゴン車がフレームインしてアウトする。時計を見て白バイをスタートする。ここまでは撮影も順調だった。

カメラ、スタッフが離れ、望遠とズームで撮るのだ。ワゴン車の連中と打ち合わせを終えた。場所は、事件と同じ府中だ。

監督がカメラ横で手を大きく回し、勢いよく下ろした。本番の合図

アデュ〜クロニクル

『未亡人下宿 ただのり』は監督の渡辺護が脚本を書いた。護の映画の常連だった日野繭子も出てたな。

だ。

林にいる白バイの脇道をワゴン車が走り去る。

俺はアクセルを踏みこみ、猛スピードでワゴン車を追いかける。

「ワゴン車、停まりなさい」と口元のマイクで騒ぎ立て、ワゴン車が停車すると運転席に話しかけ、車の下に潜り発煙筒を焚く。

運転手に「逃げろ！」と声をかけ、運転手達はワゴン車を離れた。俺はワゴン車に乗りエンジンを掛けた。

そのとき突然、同じワゴン車と乗用車が前に現れ、制服、私服の警察官に囲まれた。免許証なし、道路使用許可書なしで「何をやってんだ貴様！」と一喝され、俺のヘルメット姿はニュースで騒がれてるモンタージュ写真と似ている。

両腕をうしろで掴まれ、何枚も写真を撮られた。

野次馬も多くなった。刑事が「三億円犯人確保」とガナっている。バカヤロ、犯人じゃねぇ、犯人役だっての！

刑事に、撮影中でカメラとスタッフがあそこにいて……あれっ誰もいねぇ、姿がないのだ。

言い訳が聞かないし通用しない。結局パトカーに乗せられ署に連行。取り調べと尋問、ヘルメット被って撮影会だ。

携帯がない時代だし、事務所の連絡先もわからず、身元引き受け人が来るまで留置された。

プロデューサーの池田ピン、監督の福田晴一！　あいつら現場からズラかりやがってバカヤロ！

福田晴一監督はピンクを何本も撮ってるが、伴淳、アチャコのコンビで『二等兵物語』シリーズの人情喜劇も撮っていたのに、人情はなかったなぁ。

　アデュ〜。

新藤孝衛監督

　尖閣諸島問題でよく名前が出た自民党の新藤義孝議員は、俺も昔お世話になった新藤孝衛監督の息子だ。

　監督も80歳を過ぎ、今でも元気に埼玉県の幼稚園で理事長をしている。

『抱いて教えて　性と行動』（71年）では、監督は新藤澄孝という名を使っていて、俺と山路昇子が主演。新藤監督の演出は優しくてわかりやすく、演じやすかったネ。

　監督の印象的な作品は『夫婦生態白書より　夜泣く女』（67年）で、このときは企画が新藤澄孝名で、監督名が新藤孝衛だった。

　桝田邦子、志村曜子が出演していて、この時代は絡みもオーソドックスで、桝田邦子さんが艶っぽくてね。年上の女優と肌を合わせることが多かったせいか、今でも俺が年上の女、熟女が好みなのはピンク業界が長かったことが原因かもしれないな！

　ホントに素敵な女優さんがたくさんいた。主役をはる女優は絵面《えづら》に

アデュ〜クロニクル

『未亡人下宿』の大ヒットで、山本晋也と一緒によく学園祭に呼ばれたよ。

大学でももちろんこの衣装だ！

なってたね。ミンクのコートを着てきたりで女優同志が見栄を張ってた記憶があるね。絡みの時も香水の香りが薄く漂う……だから男優も匂いに欲情したもんだ。

新藤孝衛監督は現場でも映画屋の雰囲気はなく、常にお洒落で笑顔が絶えない紳士だった。監督らしからぬ監督でもあった……。

関東ムービーの桑原社長も、新藤監督の映画は商売になるよ！と自慢していた。その当時から監督には可愛がられていて、「埼玉の家に寄りな」と何度も誘われたがチャンスがなかった。

あの頃顔出しておけば、大臣にもなった新藤義孝議員に気軽に会えたのに……。不徳のいたすところです、ってか。監督が健在のうちに会いに行ってこようかなァ……。

アデュ〜。

黒澤明の名プロデューサー
本木荘二郎

本木荘二郎はいくつかのペンネームを持ち、岸本恵一の名で撮ってた時、俺も数本出演していて、親しくなったたな。

仲間の役者が女と同棲してて別れたアパートに本木荘二郎監督が住むようになった。

淀橋荘の2階の部屋は、打合せや酒を飲んだりで、皆が出入りしてた。

本木さんはマメで、いつも掃除したりで、部屋は綺麗だ。撮影が終われば監督料もあるだろうに、いつも金はなかった。

だから俺がいる時は、少しばかりの小遣いを渡したりで、荘二郎が買い物係だったな！

「荘二郎！　甘いパン何でもいいから買ってきて、あっ牛乳もな！　荘二郎、お釣り持ってこいよ、エへへ」

ある日、いつものように荘二郎が足早に買い物に出かけた。

そこへなぜか渡辺護と山本晋也達が現れ、「おい久保！　お前あの方をこき使ってるみたいだけど、あの方をどなただと思ってんだ、日本映画界の天皇と言われてるお方だぞ！　しかも呼びすてにしやがって！」

そこへ荘二郎が買い物から戻ってきた。

「おい荘二郎！　お前偉いんだって？　汗臭ぇんだよ」

渡辺護と山本晋也は最敬礼して自分の名前をアピールしていたよ。

お説教されたよ二人に。知らねぇんだからしようがねぇだろよ。

ある日、部屋に入るとピンク女優のマリと最中だった。「新ちゃん、昼間するといいね」と言うから、何で昼間がいいんだよ、と聞いたら、「だって、昼間の方がよく見えるから」だって。

黒澤明の名プロデューサーの会話じゃねぇよな。

荘二郎は体力もあり、エッチは毎日2回はするってマリが言ってた。

絶倫だったんだな、本木荘二郎は。

やがて、だいぶたってから思い出の部屋で荘二郎は孤独死で亡くな

アデュ〜クロニクル

学園祭では学生達が大勢集まってくれたね。俺の映画を見た若い奴らはきっと立派な大人になったと思う。

った。

本木荘二郎の葬儀は、銀座でしめやかに行われた。もちろん、俺も出席した。

アデュ〜。

ピンク映画が上昇したのは『女湯』シリーズのおかげ

東京興映で70年代初期にヒットした『女湯』シリーズは世間から注目され、俺も若手ながら出演させてもらい、ラッキーだったかも。

先輩の野上正義をはじめ、松浦康、堺勝朗、吉田純たちは巧かった。しかもドタバタ喜劇となると凄いことなのだ。

監督の山本晋也は台本を持たない。代わりにレポート用紙を数枚もち、繋がりや日替わり、カットじりなどが書いてある。これもビックリする。あとは現場でひらめいたことを役者に注文するのだ。そこで役者とディスカッションして芝居を固める。才能だね……。

『喜劇女湯騒動』(73年、山本晋也監督)も芸達者な個性的な役者を揃えて撮影に入った。野上、松浦、堺、北村淳、津崎公平、たこ八郎、鏡勘平らの男優陣の出演。女優は真湖道代、松原典子、城新子、桜マミ、をメインに風呂場の女客も数十人出演していた。ピンクの制作費だっていまと変わらない……しかも撮影日数は5日かけてた。それと比べていかに大蔵映画が予算を出さずセコかったか……。

葵映画だって『いろ乃湯 裸女百態』(70年、秋山駿監督)を撮ったりしてた。

真湖道代、有沢真佐美、藤ひろ子、宝井京子、黒瀬マヤ、九重京司も熱演してた。カメラマンも池田清二で、カメラも手持ちで走り回っていた。

十条駅前で本宮映画劇場の上映会があったときも、ある人が、「僕、カメラマンの池田清二と親友ですよ」。こういう人に出逢った。懐かしいネ。

キャッチフレーズも「湯船をまたぐ白い肌、豊満な乳房がゆれる裸の魅力。男子禁制の場所を覗いた最高傑作！」

日本の情緒がある女風呂……こりゃ映画を観たくなるわさ（笑）

アデュ〜。

アデュ〜クロニクル

レコード「マスマスのってます」を出したときは宣伝で大忙し。こんな感じで雑誌にもよく出たよ。

ピンクの時代

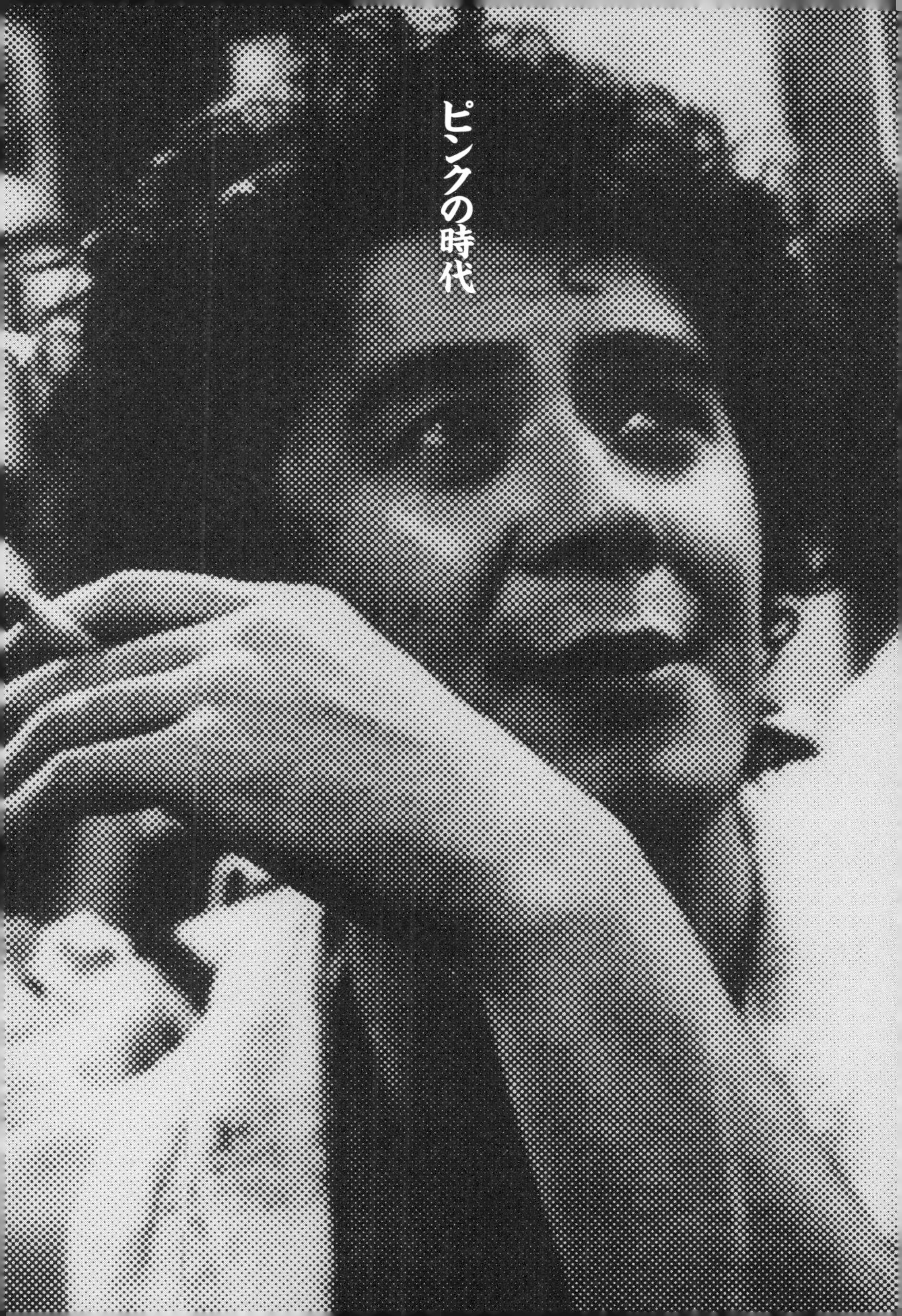

俺のはまり役

栗原幸治監督2本目『性宴幼な妻』（73年）の撮影のときの話。

ロケで使う旅館も大歓迎のおもてなしだ。

助監督やスタッフが荷物、小道具を玄関に運ぶと、女中さん達が2階の撮影隊が泊まる部屋に手分けして運んでくれる。

女中の一人、春ちゃんは少し知恵遅れで中年だ。化粧も下手で真っ赤な口紅も口からはみ出ていた。

春ちゃんは掃除したり、食事のお膳を並べたり、布団を敷いたりで大変なのだ。

俺が布団でくつろいで、台本に目を通してたら、春ちゃんも片づけが終わり、「ねっ、映画ってホントにするの?」と聞いてきたから「あぁ、本当にするよ……」と答えた。

春ちゃんは「エヘヘヘ……」と歯茎を出して笑った。前歯は1本しかなく、鳥肌が立つくらい気色悪い。

その春ちゃんが俺の足首をエヘヘヘと笑いながらさするのだ。そのまま放っとくと膝上の内側をさすりだした。しかもエヘヘヘヘと。

俺は有無を言わせず、太めの春ちゃんを押し倒しスカートの中に手を入れた。春ちゃんのエヘヘヘもなくなったが、太腿をガッチリ合わせて、太腿を緩めない。

「足を開け!」と言うが太腿はガッツリ力を入れたまま。俺は力ずくでオマンコに触れようとするが、モジャモジャ毛の下に指が入らない。

春ちゃんも両手で俺の指をガードして挿入させない。手の甲でパンツを上げて何とかしようと俺も必死で、パンツを引っ張ったりしてたら、ビリビリッと破けてしまったのだ。アララ……。

「ゴメンネ、春ちゃん、そんなに力入れるからだよ……」

と謝り、スカートを元に戻すと春ちゃんも部屋を出ていった。

翌朝、朝食時間に少し遅れて食堂に入った。助監と今日のスケジュールの番手を話していたら、スタッフの飯をよそっている春ちゃんと目が合ってしまった。

「久保ちゃん、あたいのパンツ返して！　久保ちゃんがあたいのパンツ破いたの……ねぇパンツ返してよ、ねぇ、ねぇ直してよ！」

バカヤロ、飯も食えねぇ……目があったばかりに……。スタッフも監督も、パンツ返しての連発に意味不明で、突然だけに目が点になっていた……。

アデュ〜。

ピンクはいろえろサ

白川和子とリマは当時「鍜治橋座《かじばしざ》」で劇団「赤と黒」という劇団にいた。

和子に紹介され、俺とリマは初めてのデートがラブホだった。白川和子も、向井プロの電話番のバイトをやる前だ。

高円寺駅近くのアパートの2階にリマは住んでいて、およそ女の子らしくな

アデュ〜クロニクル

俺の千社札だ。チンコの家紋がいいだろ？　まだ少し残ってるから、欲しい奴は声をかけてくれ。

い質素な部屋だった。

リマの得意は野菜炒めで「はい、あ〜ンして、もっと口を大きく開けなさい！」と、食べさせてくれ、味も俺好みなら、リマも俺好みだ。

俺もさ、大久保駅近くの「ミドリ屋」でスーツをあつらえ、7着を部屋に運んだりしてルンルン気分だ。×月×日……撮影の帰り、リマに会いたくて新宿西口から公衆電話で電話した。ン？　なんか様子が変だ、言葉もたどたどしいし敬語も使っている。側に男がいるようだ。

「親が、実家に帰ってこいと言うので、いま荷物を整理してるとこ」

「親がいてもいい、挨拶しに行く」

リマが小声で、来ないで、まずいから……と押し殺した声で電話を切った。

俺はスーパーマンのごとく部屋を目指し急いだ。

部屋のドアは開いていた、中は少し暖かく感じるが、もぬけの空だ。それより、ミドリ屋であつらえたスーツはどこだ、まだ袖も通してないのに……ゲップ、違う月賦を払わないと……。

多分、男が帰ってきて俺の背広を見つけて揉め、ケンカになって男が荷物を運び、リマを連れて車でどこかに行ったのだろう……。

リマは渡辺護監督がよく使っていて、演技派女優とも言われ、国分二郎とコンビで『おんな地獄唄　尺八弁天』（70年）など名作も多い。

この時期、国分とも噂があって、結婚話まで流れたね。いつの頃かリマは業界を去り、国分二郎も亡くなった……。

国分二郎との最後の別れは、シネキャビンの納涼会で、俺と二郎が座り込み話をしていたら、名和三平がヘベレケで絡んできた。三平も酒癖が悪いから二郎に何だかんだと言ったんだよ。俺も三平にうるせぇ、とか文句言ってたんだけど、二郎が「何？　この野郎、表出ろ！」とマジに怒ってたな。それからしばらくして国分二郎が亡くなったという話を聞いた……。

アデュ〜。

「巨匠」の貫禄

ホステスからピンク女優になった智美は、小柄ながらも巨匠のニックネームがついた。監督に台本で殴られようと罵声を浴びようと、表情ひとつかえずに、デンとしてるところから巨匠になった訳だ。

巨匠は巨匠でも、こちらは本物の巨匠、渡辺護監督だ。護監督は演技にうるさく、まずは監督が動いて見せるのだ。

護さんは、智美の動きや台詞のニュアンスが気に入らないようだ。テストは何回も繰り返された。

「いいか、立ち止まったらゆっくり振り向き、1歩、2歩、3歩歩いてからセリフだよ。セリフが早いんだよ、ったくぅ、もう1回テスト！　ヨーイ、ハイッ！」

アデュ〜クロニクル

賞もいくつか貰ったが、賞状や楯なんか興味ないんだよ。ほとんど捨てちまった。賞金だけは貰うぞ！

テストも十数回になった、智美は1歩2歩がぎこちなく、オープンの現場は進行しない。時間もかなりオーバーで、助監督は次のロケセットに連絡に行く。

本テスまで各ポジションは小休止だ……歩道の撮影なので野次馬も増えた。

相変わらずテストが続く……護監督のダミ声もMAXに達した。

「何十回やったら分かるんだ！　1歩が段取りなんだよ、セリフは一拍、間を置いてから喋れってのに、セリフ言うのが早いんだよ、このバカ大根！」

監督は台本で智美の頭をバンバン叩くは、尻に蹴りが入るわで、智美巨匠はなすがまま状態で苦笑しているのだ。

かわいそうに……帰ろ帰ろ、SM映画だろきっと……と言う野次馬達もいた。さらに「もう一度テスト！」監督がガナった。

「監督ぅ、アンタの商売も大変だねぇ、血圧が上がっからそこで休んでれっ、アタス一人で練習すっからよ、なっ、1歩2歩だべ、すかす、どこが違うンだべ……3歩でセリフか、何のセリフだか忘れた、3歩で、散歩さいぐか」。さすが巨匠……これには巨匠監督も茫然……だ。

ちょっと間があってスタッフ野次馬が大爆笑だ。続いて監督も爆笑だ。

ピンク映画の撮影現場は泣き笑いだ。

アデュ〜。

故・渡辺護監督の現場

幻想的なシーンで、主演の京子がフレームインして全裸で走る。その後を俺も全裸で彼女を追いかける。早朝の現場は夢の島で、太陽をバックに、カメラはシルエットで2人を狙う。

走る位置を確認して、フレームイン手前で俺達はスタンバイだ。

設定は、京子が走りながら定位置でうしろを振り向き、「私に近寄らないでぇ、私達には縁がなかったのよぉ。さようなら！」「待ってくれ、好きなんだぁ、愛してるんだ！」と、このカットを撮る。ただこれだけだ。

監督は御大の渡辺護だ。ぶっつけ本番だ。助監督達は両サイドに別れ、人が来ないのを確認して監督に合図を送る。かなりのロングだ。

護監督がカメラ横で台本を頭の上で回す。

俺は京子が羽織っていた上着を肩から外す。京子の全裸姿が目の前だ。いいプロポーションだ。

監督の手が勢いよく下りた！

初日ワンカット目がラストシーンだ。「全力で走れよ」と指示した。

京子が走った……3秒してから俺もすっ裸で後を追う。

初めて見る京子の全裸のうしろ姿は眩しいほどウエストがくびれ、尻の大きさ、肌の白さは素晴らしい……。

が、視線は尻、ケツの割れ目にどうしてもいく。走るケツの間からチラッチラッと見える黒いヘアに欲情しちまったのかなぁ。チンコがだんだん大きくなって来ちまってさぁ、ビンビン状態だ。


武智鉄二監督『華魁』に出演した後は、華魁ショーでストリップ劇場を回った。これはその楽屋での一枚。

アデュ〜クロニクル

京子が決められた位置で「私に近寄らないで」と言うが、俺のおっ勃ってるチンコを見て、「久保さん、来ないで！　怖いよぉ、寄らないで」と、ケツに手を置き走りだした。

「京子、走れ！　こらぁ尻から手を離せバカ、久保！　京子を捕まえろ！」

護さんの声が聞こえる……。

俺が京子をうしろから抱き締めると、京子はケツに手を置き、座り込みながら「許して、怖い……お願い、みんな見てるでしょ！　許して久保さん」

京子は哀願だ。監督のカットの声がないので芝居は続けなきゃいけないのが役者……。

ふと見ると、カメラマンの鈴木史郎がキャメラを担いでマイクロバスに向かっていて、監督、助監の姿も見えない。

京子は勃起したチンコを見て、ホントに犯されるんだと思い、恐怖で「来ないで！」というセリフが出てしまったのだ……。

ポルノ男優はつらい……ぜ。

アデュ〜。

好色ピンク一代男

昭和40年代前半はピンク女優のプロダクションも「火石プロ」「日宝プロ」しかなかった。

辰巳典子、愛染恭子は火石プロで、白川和子、宮下順子達は日宝プロで青春を送った。

日宝プロは大久保駅近くのガード下に一軒家があった。

初めて台本を取りに寄った時、2階の事務所には電話番のチャチャコがいた。極度の近親で視力は0・003、牛乳ビンの底のような眼鏡をかけ、愛嬌を振りまくことからチャチャコの芸名がついた。

「久保ちゃんて二枚目ね、私、前から目をつけてたの……私に気がある？　ねぇ」

と挑発してくるが、軽く受け流した。褒めようがないブスだ。

立ち上がるや俺を見つめ、鼻歌を唄いながら体をくねらせ、セクシーっぽく着ているものを脱ぎ捨て、いきなりオッパイを出したのだ。目の前だし目をそらした。

「目をそらさないで！　私を見なさい」

真顔で言うチャチャコ。おとぎ話の赤ずきんに出てくるおばあさんみたいだ。

そのままスッポンポンになると、形の悪いケツを俺の方に向けて、「ねぇ、ヤリたくないの？　ヤリたいんでしょ、その代わり1回だけね、おいで、ヤっていいよ」と手招きだ。

半勃ちの俺は、チャチャコの腕を掴み押し倒そうとしたら、腕を払いのけながら「冗談、冗談、本気にしたの？　バッカじゃないのあんた！」だって……。

とっさのことで理解ができず、苦笑いするしかなかった。

「ホントはヤリたいんでしょ、だったらヤリタイです、って言いなさいよ、男らしくない」

「ヤリタイです……いま半勃ちで……ヤリタイです」

「もっとハッキリと」

アデュ〜クロニクル

俺のストリップ劇場での十八番「夜這いコント」。今でもイベントでかならずやってるよ。

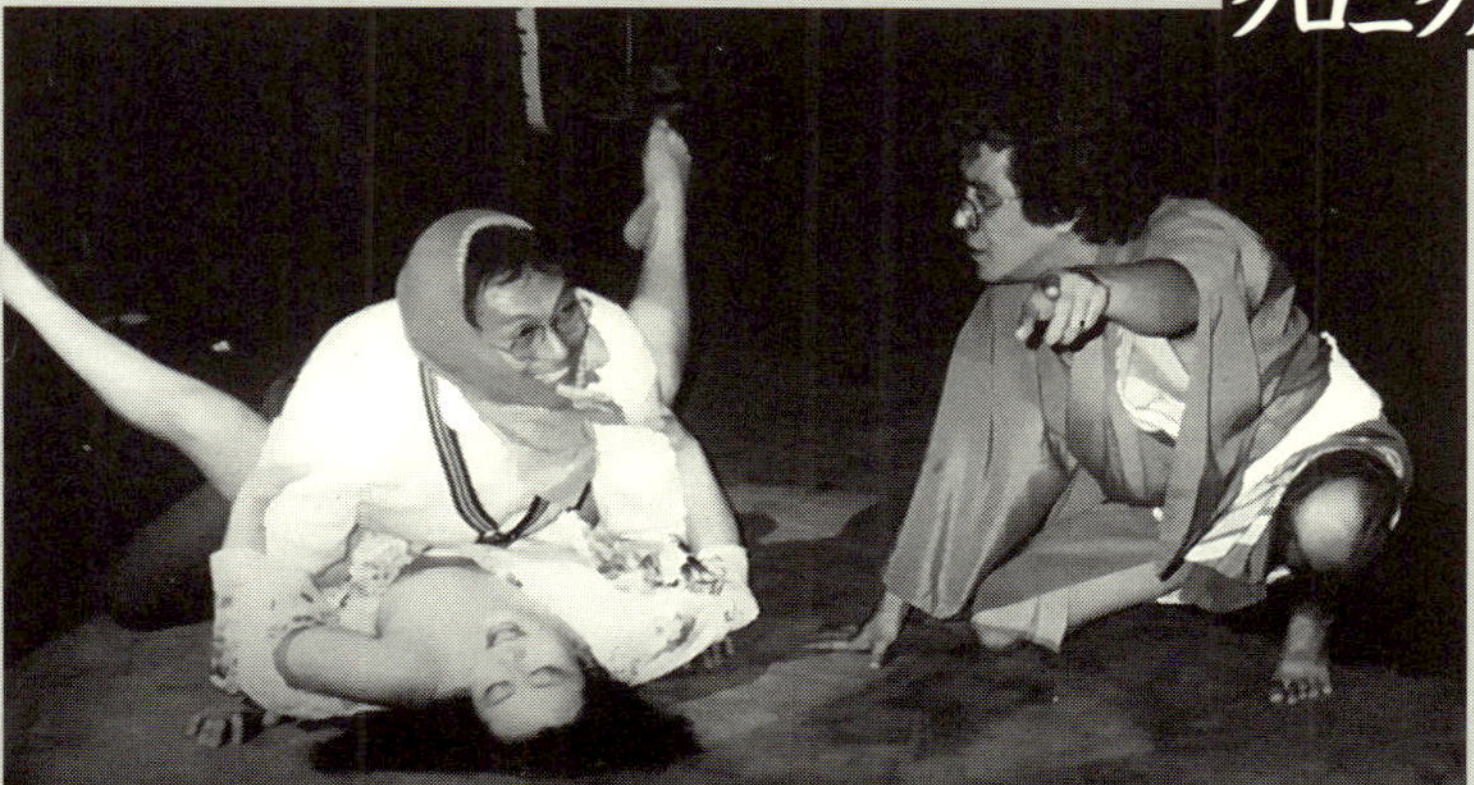

「はい、見たい、ヤリタイです」

今度はチャチャコが横になった、あってもなくてもいいようなヘアがちょこっとある。足元を掴んだ時、「冗談よ、今度は本気だと思ったの？　単細胞ネ、何であんたなんかにやらせなきゃなんないのよ！　シャレよシャレ……シャレ神戸とか言っちゃって、アハハハ……」

ちょっとイカれた女、チャチャコ。さすがの俺も、これにはシュンとした……。

アデュ～。

ピンク男女優、泣き笑い

映画と実演の恵通チェーンが大賑わいの時代があった。映画の後に、生の裸が見れるんだから、ファンが喜ぶのは当たり前だ。

新宿の地球座のモギリをやっていた女は、瀬川宏と寝んごろになり、そのまま2人は駆け落ちして、瀬川宏も業界を去った。

その地球座の実演での出来事。出演は俳優の春山大吉と恵子と軽演劇出身の鏡勘平ら。大吉と恵子は同棲してて、2人ともシンナー中毒だから始末が悪い。

俺も場内で見学していて、恵子は勘平とコミカルに濡れ場を演じていた。

恵子の胸を勘平が愛撫すると「おっぱいが見えねぇぞ」と客席からヤジが飛ぶ。大盛り上がりだ。

袖で出番を待っていた大吉は2人の絡みをじっと凝視していたのだろう、シンナーがきいていたのか、大吉が突然舞台に飛び出してきた。出番はもう少し後なのに……。

勘平が恵子の上に乗り「あっ、そ〜れ、ほい、ほい」と腰を使ってる時、大吉が勘平を蹴飛ばし、「貴様！　俺の女房に手を出して……みんな聞いてくれ、こいつが抱いているのは俺の女房だ。どう思う？人間じゃねぇ、貴様！　よくも女房を」

支離滅裂の大吉はおいおい泣きながら勘平を殴るわ蹴るわで、満杯の客は呆然だ。恵子も勘平も鼻血を出しわめき散らす。

ギャグどころじゃない、芝居？と思ってたのは大間違い、俺も客席から舞台にかけ上がったよ。

大吉は泣きじゃくる恵子を引きずり、衣装もそのままで帰ってしまった。その衣装の脇には缶コーヒーがあって、その中味はシンナーだったのだ。

芝居は当然中断だ。状況を知った客達がヤジを飛ばし罵声の雨には往生した。「入場料かえせ！」「ふざけんな、裸見てねぇぞ」と大混乱だった。客がモギリに押しかけたりで、女もテンヤワンヤだ。瀬川宏も混雑客を整理したりで大変だった。出番が終わると常にこの女のところにいたからね。で、騒ぎが落ち着いたとこで2人は手をつなぎ、地球座を後にしたのだった。恵子と大吉がシンナーなら、勘平さんは酔っぱらっていた。

アデュ〜クロニクル

ピンク映画の役者が実演でストリップ劇場を回った時代があった。俺が率いていたのが劇団猫マンマ。いい名前だろ？

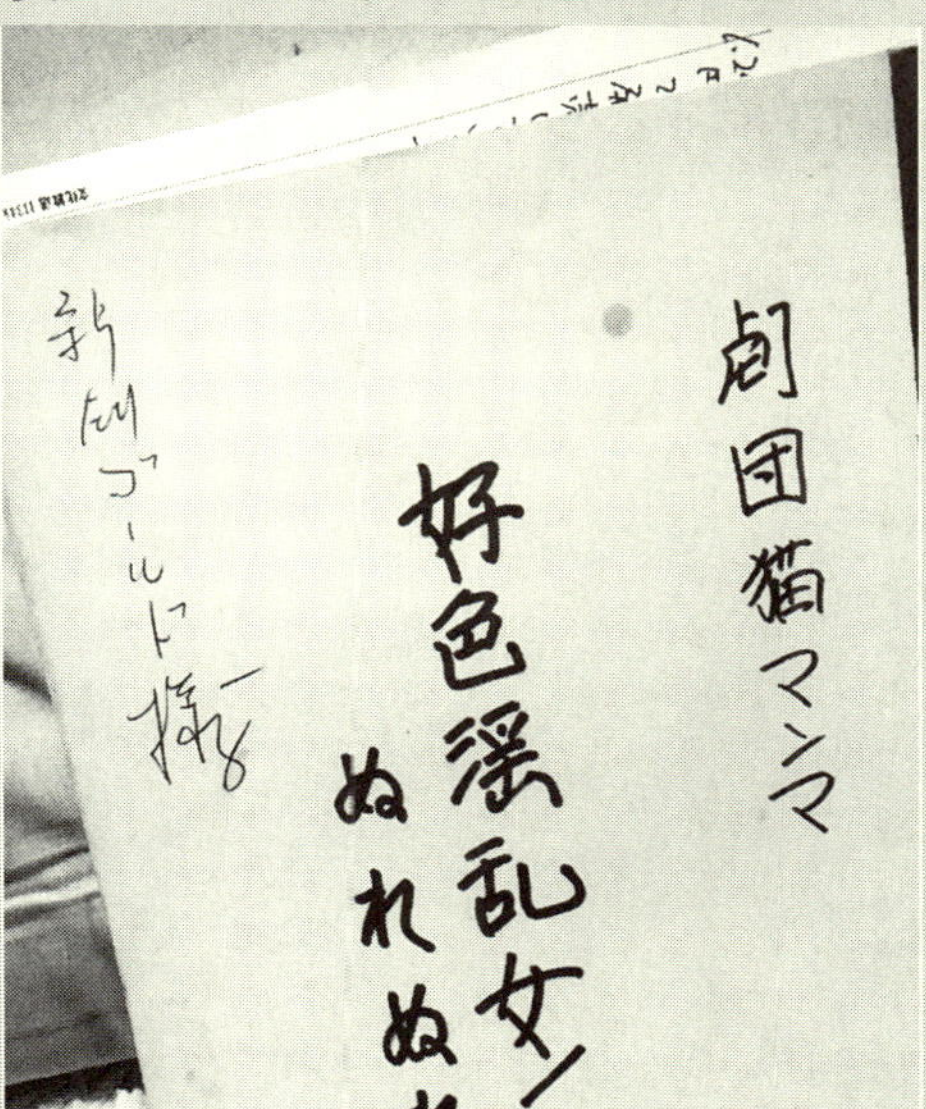

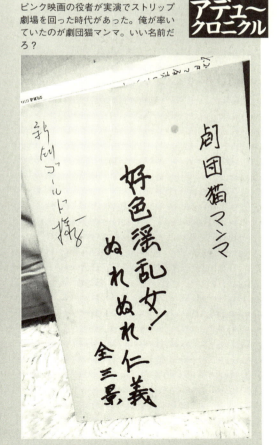

舞台に出演する人達は池袋、銀座、新宿と3館かけ持ちで、忙しくて、酒の1杯も飲まなきゃやってられなかったのさ……。

現在の役者には、こんなバカやる奴はいないが、あの頃はみ～んな青春だったのさ……。

アデュ～。

枕の下に包丁が

ひとつ年上の女は金のわらじを……とか言うが、男も女も惚れた方が弱い。追いかければ逃げるしさ、オマンコするからいけないのかなぁ……。

俺よりひとつ年上のヒロヨは離婚歴があり、つき合い始めて2年が経った。

部屋で横になり新聞を見ていたら隣で愚痴っていた。

「愛してる男は抱いてくれないし、たまに帰ってくれば話もしない冷たい態度……他の女とやってるからやってくれないんでしょ……新ちゃんの寝顔見てたら急に腹が立って、本能的に殺したくなるときがあるの……」

大声で泣きじゃくるヒロヨをなだめ、ヨシヨシ、と抱いた。

「あ～ン気持ちいい……もっとぉいい……」

ヒロヨは何度もエクスタシーに達し、またチンコをしゃぶるのだ。ヒロヨの尺八はしっつこい。このしつこさに嫌気がさしたかもな。

痛みと快感に耐えた。あまりに強くチンコを吸うから、もう痛い方が先だ。「痛、痛、もっと優しくやってくれ」と耐えながらのけ反った拍子に何かに触れた……台所用の包丁だった。

バカヤロ、ビビった。俺はかなり強い口調で攻めた。

「いまが初めてじゃないよ、新ちゃんと一緒にネンネする時は、枕の下にいつも包丁置いてあるの、おまじないだから気にしないで、もう一回してぇ」と、またチンコをふくむのだ。

何がおまじないだっての。寝てる時も、ヒロヨが寝返りしただけでビクッとなるからね、愛されるオマンコも命懸けだ。そりゃだんだん遠のくってもんさ。

「眠れないの？　抱いて、ねぇ新ちゃ～ん」

この優しさは、俺が好きな芝居のひとつの『阿部定』を思い出してしまう。

エッチするから別れがある？……でも、エッチして自然だしなぁ。

俺の死に様も、阿部定みたく猟奇事件にならなきゃいいけど……俺には猟奇事件がピッタリ合うかもな……ちょっとしんみりした内容でごめんちゃい！

アデュ～。

心の暖かい雪女との一夜

絵理はスレンダーで黒髪が腰近くまであ

アデュ～クロニクル

東宝の『トラブルマン 笑うと殺すゾ』にも出演した。詳しいいきさつは本文に書いてあるから読んでくれ。

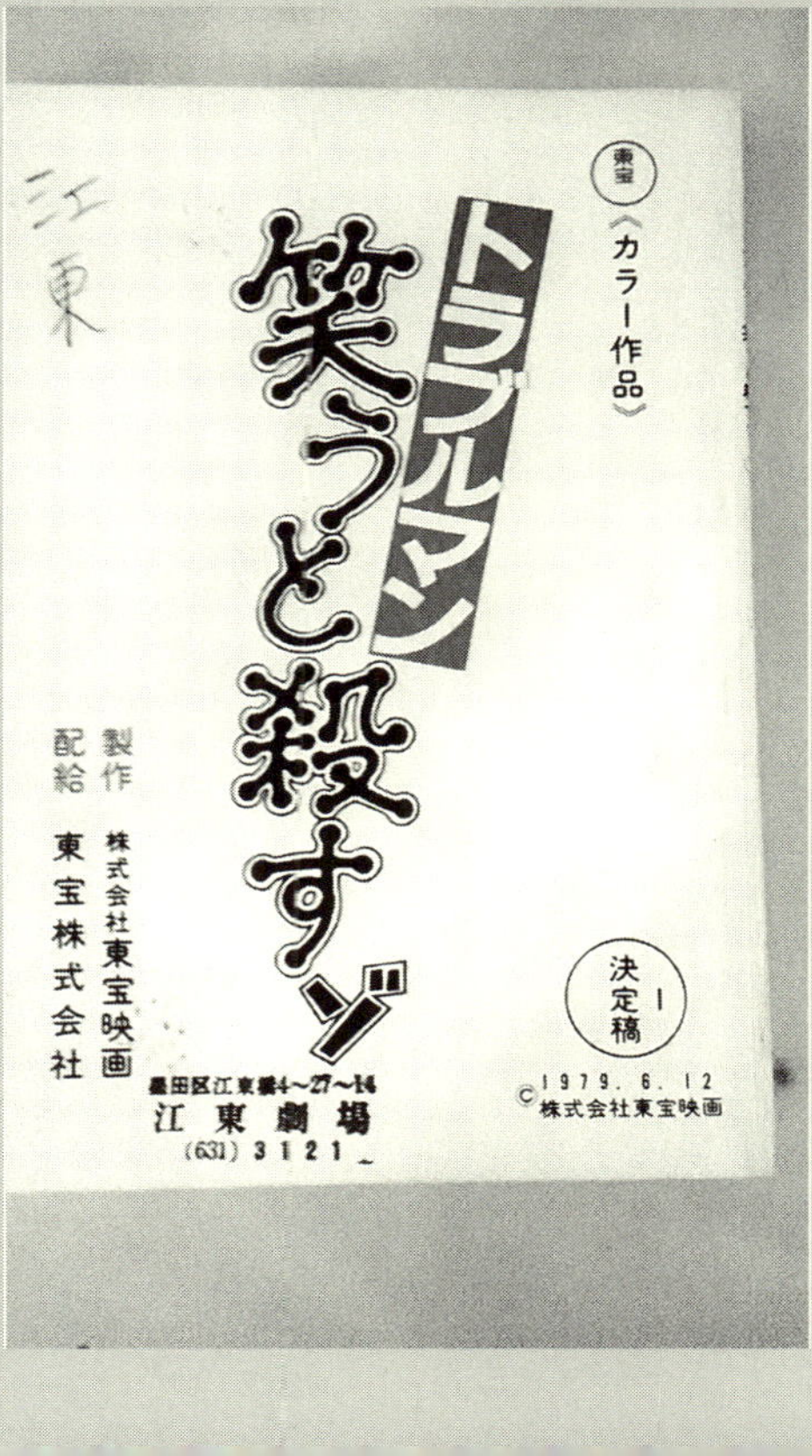

り、向井寛組で絡んでからは、妙に意気投合した。

夜明けまでの撮影で、新人の男優も一緒に下北沢の絵理のアパートで雑魚寝することになった。

6畳1間のベッドの下で男優は寝て、俺と絵理は狭いベッドで仮眠することにした……。

ベッドが黒、カバー、シーツも黒で、おまけに絵理は黒のブラジャーに、スリップ下着も黒ずくめだ。

俺も、ジャケットや下着は黒が多い。黒を好む人は「孤独」……「落ち着く」という意味があると言う絵理だ。

冬場の夜明けは寒い。シャワー、風呂よりも、とにかく仮眠する方が先だ。

下では男優が即イビキをかきはじめた。絵理は別の毛布や俺の上着などを掛け、俺もベッドの中にくるまった。「冷てぇ!」。シーツや布団が冷たいのだ。

黒のカーテンも日差しでほんのり明るくなった。

俺がウトウト……とした時、絵理はスッポンポンで俺の胸に飛び込んできた。

絵理を大事に包み込むように抱きすくめた。体が……すべて冷たい。背中、お尻、足も全部冷たい。

「こんなに冷たいぞ、なんか着れば?」と声かけたら「うぅ~ん大丈夫、あっためて」と絵理。

絵理が俺の口を貪りにきた、2人の熱いキスのはずが、冷たいキスだ。舌を吸ってもヌメリが冷たい。

絵理の歯も冷たかった。

愛を確かめ合っているのに、冷たいってのも妙な気分だネ。

冷たい絵理の指がチンコをまさぐりしごく。冷たいチンコは心地よくすぐに硬くなった。

俺も絵理のマンコに指を置き愛撫するが、水っぽく冷たい。

上から重なっても、マンコの中まで冷たく、まるで雪女とやっているようだ。

2人に会話はいらない、布団をスッポリかぶり、動くと少し暖まってきたようだ。声を押し殺し、鼻息で悶える絵理は、撮影の濡れ場と同じ声だ。

「気持ちいいょ絵理、いくぞ」。冷たい絵理の両指が俺の尻に食い込み、フィニッシュした……。

心は暖かく、全身が雪女のように冷たい女、いや……美人女優との一夜……だった。

アデュ〜。

アフレコ最中に

アフレコでは気持ちいい声、イヤイヤの声、絶頂に達する声……その場面に合わせた声を出すのだ。

初出演の朝子は不感症なのか、あっ、うっ、ばかりで映画的な悶え声は出てない。撮影中は、後でアフレコの時に声を出せばいいと現場処理したが、いざアフレコになると時間がかかる。濡れ場の前後にはセリフもあるし、悶え中でもアップでセリフがあったりで、役者は大変なのだ。

アデュ〜クロニクル

特撮作品にも出演してるんだよ。俺の後で『未亡人下宿』に出た桜金造と、こんなところで共演するとは思わなかったな。

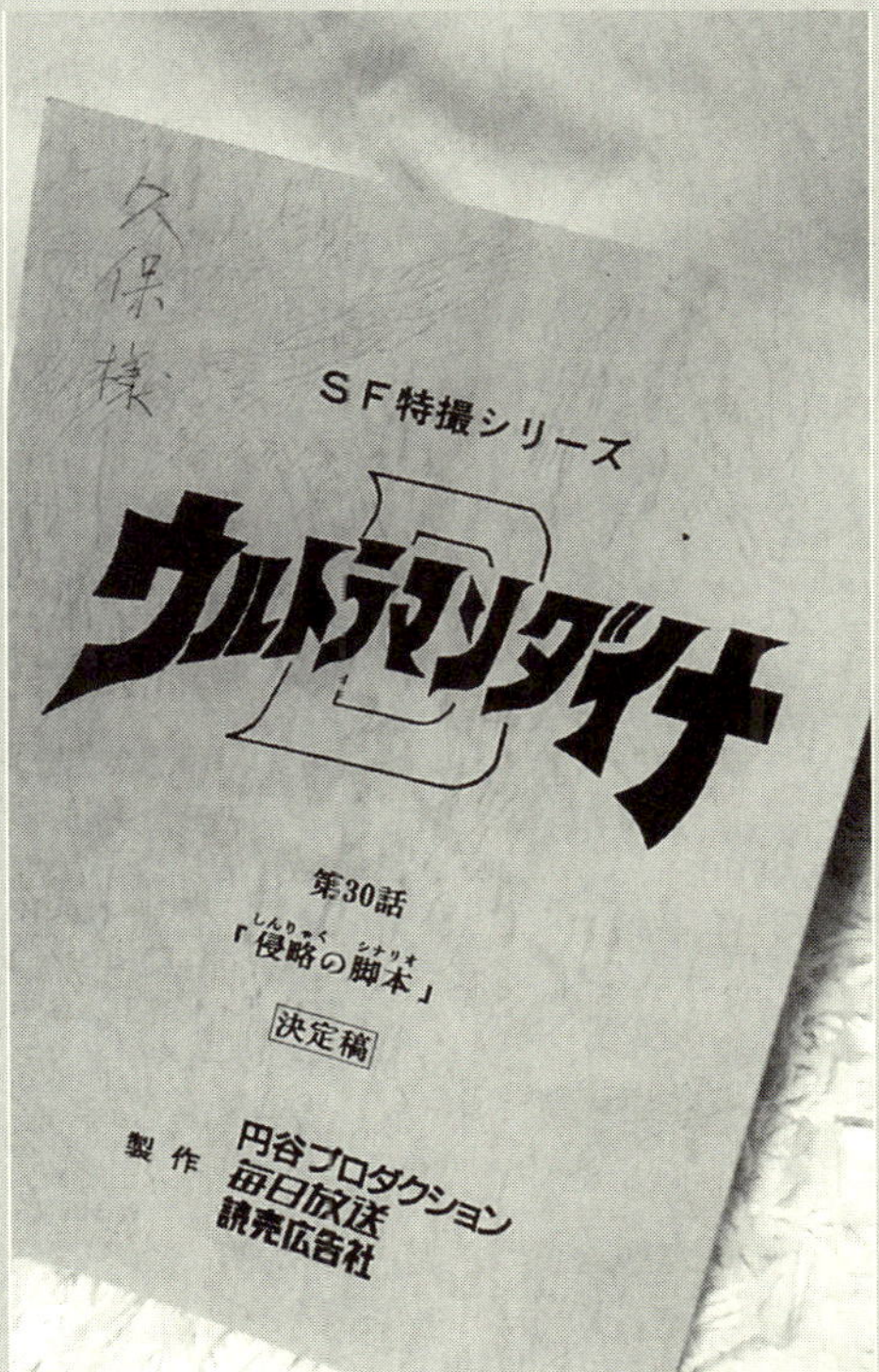

朝子も初出演のせいか、喘ぎ声がサマになってない。経験不足かもしれない……。

ピンク映画は絡み、喘ぎ声が一番大事だ。観客を興奮させるのも女優の仕事……。

もう、このシーンのテストを何回も繰り返してる朝子と俺。朝子はプライドがあるのか、恥ずかしさが先に立ち声が出せないようだ。

うしろのミキサー室から、声が出た。「久保さん、ホントにおっぱい揉んでやってよ」と……。

朝子は悔し泣きで涙を拭い、「お願いします」と頭を下げた。

大久保スタジオはマイクが2つあり、テントになってるから広いアフレコ室は2人きりになってしまった。俺は朝子をうしろから羽交い締めの格好で、服の上から巨乳を揉む。

「あっフーン、あぁん気持ちいい、もっと強く揉んでぇ」

と、艶っぽい声を出したから皆がビックリした。現金なもんだ。

俺は監督と録音部に声をかけ、本番だ。

画面は俺が朝子のおっぱいを舌と唇で愛撫してるところからスタート。俺は背中のホックを外し、生乳を揉み、乳首を転がしたりした。もっと色っぽいヨガリ声を聞きたかったから。

「あっフーン、あぁん気持ちいい、もっと強めに揉んでぇ」

俺も声につられ、ノリで朝子の下着の中のオマンコをいじくり回した。もうグッチョグッチョに濡れて、絵に合わせてくじっていると、チンコも硬くなり、スカートを捲り、下着をケツまで下ろしつつ突いた。

朝子もケツを押しつけてきた。朝子の指がチンコを掴みしごく。

朝子がマイクから外れ、俺の方に振り向いた。俺達は舌を絡めまさぐり合った。マイクも画面も無視、全部無視で全無視だ。

こんなの途中でやめられないからね。

「こらぁ、口がまるっきり合ってないぞ！」と一喝の声が録音部からきた。

朝子は興奮のテンションが上がり、「ねっ、続きはここでやってもいいんでしょ、監督さん！　ここでやっても……」。これには監督、助監督、録音部もヨヨ〜ンとずっこけた……。

アデュ〜。

男を挑発して喜ぶ変な女優

昔、日映企画の笠原和郎組で塩原温泉街ロケに行ったときのことだ。現場でスタッフや男優に裸を見せては挑発、男の表情を見て喜ぶ変な女優がいた。

モニカはまだ20歳で、監督以下スタッフがミーティングのとき、モニカが俺のジーパンをわしづかみで「相手役の人？　宜しくね。ねぇチンコ出しなさいよ！　ほら見てあげるから……恥ずかしいの？　見せてくれたら気持ちいいことしてあげる、キャハハハ」とズボンを脱

アデュ〜クロニクル

これはテレビの昼ドラだな。本番では雛形あきこの胸をしっかり揉んできたぜ。

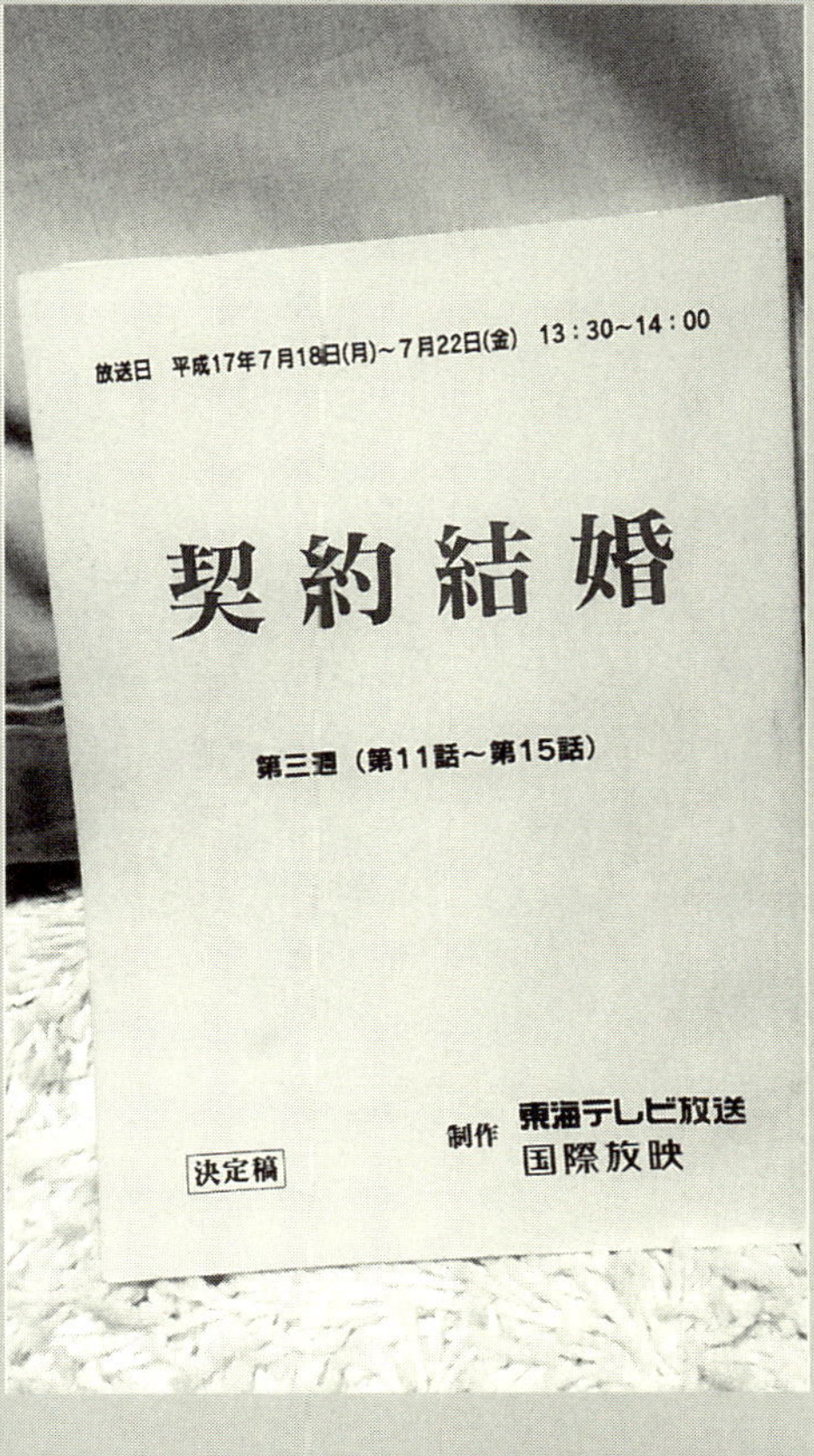

がそうとする。

　スタッフ達は撮影現場のロケハンに行って、いい場所があればそこで撮ろうと、機材を玄関口に移動し始めた。

　監督は絵コンテを書きながらモニカに注意する。

「こらこら、女のくせにデリカシーがないぞ、移動するから下に降りて」

「デリカシーって何よ、なによなによオナニーよ」

　ひとりでギャグやって笑い転げるプッツンのモニカ……。

　まだ若いから肌は奇麗で張りがあるし、胸もDカップで見事なオッパイだ。乳首も小さく、ピンク色で谷ナオミにひけを取らないほどの美乳には驚いた。

　絡みのテストの時だ。美乳に触れただけで「うぉ～ン」と妖しい声を発するモニカ。乳首を吸うと「うぉ～ン、うぉ～ン」。体の何処を触っても「うぉ～ン」と、体をピクンとさせるモニカだ。まるで動物園そのものだ……。むしろ、笑っちゃうよりも救急車呼べって感じだ。

　愛撫しながらセリフを言う俺の立場も考えろっての。セリフ言いながら思わず「うぉ～ン」と言ってしまいNGだ。

　撮影が始まる前は挑発してきたのに、変な女だ。

　こういう現場も、男優は疲れるね。

　現場が終わり、アフレコ2日前に一般紙の三面記事にモニカの写真がでかでかと載っていた。

　ピンク女優が、別れた男の部屋からステレオ、テレビ、冷蔵庫などを無断で質屋に入れ、詐欺容疑で捕まった……と。

モニカは詐欺の常習者で、質札から足がついたという内容のものだ。

やっぱり、最後の最後までデリカシーがなかったモニカだった……。

アデュ～。

ポケットウイスキーを一気飲みしたら？

ピンク映画が一時代築いたのは飛び込み、ゲリラ撮影があったから……。これは過言ではない。

ローカル作品も数多く撮ったなぁ……。と言っても、撮る監督はそうそういない。

稲尾実監督で山梨ロケだ。寒いけど天気がよく、撮影も快調だった。

マイクロバスで走ってる途中に民宿やモーテルがあると泊まりを交渉したりで、随分いい加減だったなァ……いま思えば。

今日の1番手は、主演の光子が逃げる林の中を追いかけ、捕まえてラブシーンの撮影で2人が結ばれる、大事なシーンなのだ。

朝起きてみたら、外は一面銀世界だ。どうりで夜中寒いと思った……。

感心してる場合じゃない。今日回すフィルムの予定は6本だ。

この雪じゃオープンも撮れないし、監督の稲尾ちゃんも繋がりをどうするか

アデュ～クロニクル

釣りとゴルフのゲームCMに出たときの一枚。監督がサトウトシキだったのには驚いたな。

悩んでいる。昨日まで順撮りで撮ってるが、昨日はピーカンで日射しも強く、山をバックに精一杯撮りまくった。が、前のシーンはピーカンで今日は吹雪のような雪なのだ。

林は真っ白で綺麗だ。俺が出ているんだからローカル喜劇もサマになるだろ。映画の前半が晴れで、後半は雪……なかなかないよ、こんな映画。

光子とカメラ横で打ち合わせだが、光子が「寒い……寒いぃ、無理、できません」と歯をガチガチさせて、唇も紫色になってる。俺もスタッフも丹前の上から手分けして光子の体を擦ったりして暖をとっている。

助監督が寒さしのぎでポケットウイスキーを出し、「一口飲んだら久保さん」と言うから飲んだら、きくぅ！　光子にもキャップ1杯飲ませたら「美味しい、胃の中が熱〜い、ね、もう1杯頂戴」と光子。

何とかカメラ横からインして、走ってくれるそうだ。

林には足跡ひとつない。皆が気合いを入れた。助監がカチンコのシーンナンバーを入れた。助監が丹前を外し「お願いします」と言ったときには、光子がポケットウイスキーを全部飲んでしまっていた。突然変異だ。「ねぇ、誰か私とやってよ！　やってぇ！」と暴れだした。監督も逃げ惑う。照明の森田さんも助監督達も腕を捕まれたり、股間を触られたりで鬼ごっこしてるみたいに逃げ回る。あ〜ぁ……フレームの中は足跡だらけだ。

光子は「やってよぉ」と素っ裸で雪を投げる。「アハハハ……バーカ、ホントはやりたいくせにさ」。もう天と地で撮影にならないのだ。スタッフは皆バスに避難だ。助監が「久保さんにやってもらいな、久保さんやってやってよ！」と捨て台詞で逃げた。

雪まみれになった光子の体を抱き締めると全身が氷のようだ。「光子、しっかりしろ！　やってあげる……たくさんオマンコしてあげる……よしよし可愛いよ光子」「いっぱいしてくれる？　嬉しい」。光子はそのままウトウトしたので、お姫様抱っこして、バスに戻った……。

「山の天気は変わりやすいでよ……」。俺のセリフを生かせば繋がるのさ。稲尾組の語り草だ。

アデュ～。

初期のピンク女優は腋毛があった

俺がピンク映画デビューした頃、女王（スター）は東芝のネグリジェ歌手「ベッドで煙草を吸わないで」を歌っていた内田高子だ。

劇団ひまわりに通う途中の電柱には、ストリップのポスターや内田高子さんのピンク映画のポスターがやたら貼ってあった。

友達と「こういうお姉さんとやりてぇな」とポスターを剥がして皆でオナニーしたり、部屋で内田さんのポスターを見ながら俺もセンズリをよくかいたものだ。

ポスターのポーズには腋毛が黒々とあり、艶っぽいし悩ましかったネ。内田高子だけでなく、他の女優達も皆さん腋毛があった。腋毛はエロいし、本来人間の原点ではないだろうか……。

内田さんがキャバレーで唄う時も何度か荷物持ちで同伴したもんだ。「ベッ

アデュ～クロニクル

『シャ乱Ｑの演歌の花道』だな。シャ乱Ｑ、陣内孝則、松尾貴史……みんないい奴だったよ。

ドで煙草を吸わないで」は沢たまきと競作だったが、ネグリジェ姿で唄う内田さんにはおよびでなかったはず。

ある日、夢にまで思っていた内田高子と共演が現実となった。

監督は向井寛監督で、数本絡んだなぁ……。『淫紋』(67年)などはパートカラーで、俺が内田さんを強姦し、俺と内田さんの子供ができたが、俺は射殺される。

ま、こんな話だが、内田さんと絡む前日は眠れず、またポスターを眺めセンズリをかいた。

内田高子とセリフのヤリトリも、まともに顔を見れず、監督に何度も怒られたもんだ。

ベッドでボリュームある形のいいオッパイに触れただけで心臓の鼓動も早く、勃起して痛かった。

今じゃチンコも勃たず、俺自身歴史を感じている。

憧れの内田高子のオッパイを揉みながらピンク色の乳首を含む。

「あっ、あ〜ん……」とのけ反る内田さんが悶えながら両腕をあげた。心の声で「毛、毛、毛だ、毛……」興奮した。下半身もヘアが多く、「毛、毛だ、陰毛だ！　エロだ」。下半身に人格はいらないのだ。

感無量だったベッドシーン。太腿はサメ肌みたいなモチ肌で、指先が吸い込まれるようだ。もう、すべてがぶっ飛んだし真っ白だった。

くびれた腰からお尻の部分が猥褻で、女優、女じゃない。もう女神だったね……こんな若いウブな時もあったんだよ、俺だって……。

女、女……素晴らしいよね。恋人同志、結婚……極端な話、オマンコやるだけじゃねぇか。

それでいいのさ……どんどんやった方がいいエッチは。

アデュ〜。

濡れ場のサービスカットを

濡れ場は、配給会社の製作担当者が台本をチェックし、監督と濡れ場が少ないとか、このシーンは長くとかの打ち合わせをするのだ。

心に残っている絡みは、ローカル作品で松竹の子会社の東活作品の時だ。絡みが何ヵ所もあって、朝方の絡みは柿の木の上でやったのを思い出すネ。

女優の名前は忘れたが、柿の木の上で両方素っ裸での濡れ場だ。そんなぁ、木の上でセックスなんかしねぇだろよ！と言うと、監督が……サービスカット、と言うからやったけど、それなりに面白いシーンだった。

挿入した格好でオッパイを愛撫しながら「あんれ、伍作さんよ〜っ、これから野良仕事だか？　おらっちも一仕事すてっから畑さいぐでよ！　おっ、いぐぅ、いぐぞ、いぐぅ」「何処さいぐだ？」……こんな下らないヤリトリでも映画館の客席は大爆笑だった。

また絵がいいんだよね、ローカルものは。想像してほしい……熟した柿が一杯の中、俺達がすっ裸で絡む。柿の木の上の方で絡

アデュ〜クロニクル

俺のエピソードが漫画化されたこともある。『ミナミの帝王』を描いてる郷力也だけど、これは似てないだろ！

むのだが、カメラはズームで柿や腰を使う俺のケツを撮ったりで、ほのぼのとしたワンシーンが1本の映画で印象づけられるんだ。現実にはあり得ないのだが、それがピンク映画というもの。

俺も、イった瞬間柿の木から落ちたりして、最高の絵図だね。柿の木はすぐ折れるから、演じる俺の助けになってくれるのだ。そりゃ撮る前はごねるさ、監督に。でも、面白い作品になればそれでいいのさ……。

女優稼業も大変だ。裸が売りのピンク映画は、柿の木の上や飛び込みで撮影する農家の軒先で濡れ場を撮るとなると、どうしても全裸になることがほとんどだ。

ホントは下半身だけ露出してチョンチョン……でも色気は充分見せられるのに……仕方ないか、俺達は見せるための商売だから……ポルノはつらいぜ……兄貴！

アデュ～。

若い女と老人の絡みにクレームが

ピンク男優の父……ともいわれてきた九重京司さんの肩書きは、元皇族の東京府知事の一人息子として産まれ、小津安二郎監督の助監を経て、古川ロッパ一座の役者から東宝の事業部長を務め、明治座の文芸部長を経てピンク映画に出演する。

何じゃこりゃ……すっげえ肩書きだね。俺も公私ともどもお世話になりっぱなしだった。

九重さんは、当時77歳も過ぎていたが、巨根の持ち主でもあった。

九重さんの金玉を見せてもらったが、人生の歴史をまざまざと見た。金玉がドス黒いなんてのはまだ青年で、灰色になって一人前と豪語する九重さん。マジか……。九重さんのポコチンは、火のついたタバコを乗せても熱さを感じない鉄マラなのだ。

ある時、九重さんが老人役で若い女のエキスは若返りの秘薬という設定で濡れ場シーンが始まった。老人のテクニック、愛撫や舐め方、腰の使い方などなどで、女の肉体が老人によって開発されていく……そういうストーリーだ。

九重さんは役柄に没頭し、若い女と老人の濡れ場は素晴らしい出来だった。

ところが、映倫の審査で、高齢者の審査員のオッサン達がクレームをつけた。その訳は「自分のことのようで、逆に哀れさが目立ち過ぎて、見るに耐えられない」と言う。

バカヤロ、映倫の審査員も昔は年配者が多かったから、バカ共はやめろ！と抗議したこともあった。

手めぇだって目ヤニ婆ぁの女房でオマンコするだろうが！　濡れもしない婆ぁと映画を一緒にするんじゃねぇよバカが。

そして、この役者、九重京司は二度と使わないでくれ、と注文を出し、以後九重さんは出演しても肌を見せることはなかった。

確かに、歳も歳だし肌に張りがないのは当たり前。むしろ、体の肉よりも皮が多い九重さん。映画的には最高だったのに。

アデュ〜クロニクル

新宿のアルタ横でメイド喫茶の店長をやった。そのときメイドと一緒に作ったストラップだが、これも似てねぇっつーの！

本物の老人と若い女のセックス描写はタブーなのか……リアルでいいと思うんだけどなぁ……。屈折してるよなあ。

江の島に住む九重宅に何度もお邪魔した。映画と同じ、若い女中がいた。もう長く住み込み生活をしていると言うが、女中の部屋にはSMグッズがたくさんあったのを発見した……だから九重京司さんは若かったんだね。俺の自伝的OV（オリジナルビデオ）『その男、エロにつきアデュ～！　久保新二伝』（2011年、池島ゆたか監督）にも、少し九重さんのくだりがある。

アデュ～。

女がイク瞬間に見えた、膣の中の流れ星

俺はいままでに何百人と寝たかわからないが、一度だけ女がイク瞬間の女性器をまざまざと見たことがある。

その子はくるみという女優で、稲尾実監督の痴漢映画で共演した。くるみというくらいだから、丸ポチャで可愛らしい顔と体をしており、性格も明るくてとてもいい子だった。

コミカルな痴漢映画だから、撮影現場で俺がテクニックについて話しているうちに、興味を覚えたらしい。

くるみが「家にくる?」と言うので彼女のマンションに行った。

くるみも俺もサッとシャワーを浴び、俺は抱きついた。

最初は正常位でいろいろな形をとり、彼女は一度イッてしまった。次にシックスナインの姿勢で俺が一生懸命に舐めたりイジったりしていると、彼女がたまらないという感じで「イク、イクゥ～」と言う。俺は目を見開き、目の前のものを見た。彼女が「イッ、イクゥ！」と言った瞬間だ、ピッピッと絹糸の細いような液が、パックリ開いた性器のなかで右から左に走った。まさに流れ星のようだった……。

なんと、女もイク瞬間に射精するのだ。初めて見た。タイミングもよかったのだろう。

俺はその液を舐めてみた。少ししょっぱかった。もちろんオシッコとは違うし愛液とも違う。

後にも先にも、女の「発射」の瞬間を拝めたのはこれ一度だけで、この貴重な体験に、俺は心底生きていてよかったと思ったものである……。

アデュ～。

稲尾実監督のデビュー作はお蔵入りだった

配給会社、制作、タイトルもわからないが、稲尾ちゃんも佐々木元監督の元で助監督のチーフを長くやっていた。俺や白川和子も佐々木元さん作品には何本も主演や出演をしている。

アデュ～クロニクル

学校回りの劇団虹っ子で真面目な芝居をしたこともある。もっとも先生達には正体がバレてて大人気だったけどな。

ある日、元さんが葵映画の西原儀一から現場に必要な制作費１００万を受けとり、数日したらクランクインなのにトイレに現金を忘れた。大騒ぎになったが現金は結局見つからず、作品もインできず、佐々木元はそのままピンク業界を去った。

元さんのヤラセだ、とか持ち逃げしたとかいろんなデマが飛び交った。俺らも喫茶店・珈琲タイムスのトイレやら随分探したが、元さんと連絡も取れなくなってしまった。

あの制作費の１００万は何処に……真相はわからずじまいだ。

しばらくして、チーフ助監督だった稲尾実が監督デビューした。

ホントに記憶が飛んでるなぁ……。

うろ覚えだけど、知る限り語ってみる。

これまた、向井プロ制作か葵映画かミリオンか定かではない。

ロケ地は伊豆の海が見える雑木林で、出演は清水世津、渚マリ、大原譲二。シーンは崖の突端でヤリトリしたあと、掴みあいになったとこでカットだ。

初監督の稲尾ちゃんも力が入り、かけ声も「よ～い、ハイッ！」と気合いが入っていた。カチンコの音が鳴り、大原譲二さんと俺の芝居が始まった。そして掴みあいになろうと俺が「この野郎」と踏み出したとき、足元が崩れ、そのまま50メートル下に落下したのだ。

この頃は若かったから、運動神経もよかったのだろう、滑り落ちながらとっさに頭をかばい、大きな岩や石が見えたから、転がりながら体勢を足を下にしてズルズル滑るように落ちた。

「久保ち～ん、大丈夫かぁ……」と監督の声や、助監の佐野か吉田の声も遠くに聞こえた。

俺もビックリなら、監督、スタッフもビックリだ……多少の打ち身や傷があったが、病院行きはまぬがれた……。

悪運が強いかもな、俺は。ま、こんなこともあってアフレコ、仕上げも終わったのに、封切りが決まらない。細かいことはわからないが、当事をたどると濡れ場が少ない。このくらいしか原因はないように思うけど。

結局、この作品は上映出来なかったのだ。通称、お蔵入りになったのだ……。

それ以降の稲尾実はどこの配給会社からもオファーがあり、稲尾実と俺とのコンビはドタバタ喜劇で撮りまくり、新東宝映画も、商売になるのは稲尾実だけ、と言うところまでいき、「明るく楽しい新東宝映画！」のキャッチフレーズもできた。

アデュ〜。

夜這いはゴッコにしとけ

でっかい声じゃ言えないが、なんでも実践派の俺のこと、夜這い体験もトウフ、違った豊富だ。

あれは軽井沢の由緒ある旅館に、泊まりこんでロケしたときのこと。

例によって女風呂を覗いたりしているうちに、無性にやりたくなってくる。

が、女優は職場の同僚みたいでイマイチ燃えない。

旅館で食事を出してくれる仲居さんは、30代半ばのタイプの女性なので、口

アデュ〜クロニクル

東京芸術劇場での芝居にも出演した。なんだ、右隅にいるのは石動三六じゃねぇか！

説くよりも夜這いをかけたほうがいいだろう。忍び込んでしまえば、必殺のフィンガーテクニックと唾液で勝負だ。

俺はさっそく廊下をぶらつきながら、仲居さんがどの部屋で寝るのかを下見だ。

そして深夜、スタッフ、客も寝静まったか、廊下の電気がパッパと消えていく。俺は冷や酒をあおり廊下にそっと出た。

なぜ酒を飲んだか……なにかあったときに、酔っぱらって部屋を間違えたと言いわけするためだ。

目星をつけた奥から2番目の部屋の前で、あたりをうかがって襖を少し開けて体をすべりこませると同時に、襖をさっと閉める。部屋は真っ暗だ。ペンライトを取りだし、掛け布団をまくり、浴衣の裾に指をかけたところで「だれっ！」。

ガバッと起きあがるや電気がついた瞬間、部屋を間違えたことに気がついた。旅館のババアだったのだ。

なんで俺は女が好きなんだろ、マンコ……マン中にかかってるな。二酸化マンガン中毒に……。

朝っぱら朝食を食べてるとき、真っ先にロケ隊が疑われ、ババアの部屋に集められて首実験だ。

「あんたじゃないねぇ」と監督。つぎ助監督、「違う」。

そして俺。観念して眼をつむる……ところが「あんた、でもないな……」。

結局、気の毒にも助監督のアシスタントが犯人にされてしまったのだ。

夜這いをプレイとして楽しめば、意外性のある刺激として男も女も興奮するはずである……なんでもホドホドに！

アデュ〜。

『痴漢百貨店』

稲尾実監督の『痴漢百貨店』（76年）は、デパートの婦人服売場でゲリラ撮影だった。開店時間に合わせ、俺達は車の中で女装メイクだ。

松浦康、野上正義、俺と3人が女装して痴漢をやる訳だが、助監もメイクができないので自分達でやらなければならない。

カツラから着付け、化粧まですべて自分達でやるのもピンク業界。

開店10時に雑踏の中にまぎれ込み、カメラはエスカレーターの上から女装痴漢組を狙う。松浦サンは歳だし、場末のオカマみたいだ。

ガミさんはショートヘア、羽織り姿で麻布風ママ、一番若手の俺が綺麗だった。つけマツゲに凝ったからね。この時から女装が好きになったね。

ゲリラの撮影は、何かあったら集合場所に戻る。これマニュアルなのだ。

婦人服売場に松浦、野上がアドリブで店員に声をかける。茜ゆう子が店員になりすまし、俺が声をかけ、高いところにある洋服を取らせる。ゆう子が爪先で背伸びして尻を突きだす。ミニスカートを穿いているから、ピンクのパンティが丸見えだ。カメラは俺とゆう子に。小声でまわりに気づかれないように芝居をするのも芸。着物姿のババアにカメラがついてくる。そのまま、小川恵が待つブティックに入り、品物を見つけて試着室に案内させて、胸や下半身を触ったりして、「痴漢！」と口開けて騒ぐ演技をする。

アデュ〜クロニクル

2010年の生前祭。大勢集まってくれて嬉しかったが、裏はバタバタだった。詳しくは本文を読んでくれ。

実際に「痴漢」とか声を出せないからね。

ゲリラ撮影も限界だ、上司でもきたら大事になる。が心配ない。助監督が話を適当にすることになっている。その間に我々は退散する。

カメラはエスカレーターの下で構えている。俺らは着物をハショり、カツラを取りながら「パンティ見えた」とか言って、転んだりして芝居をするのだ。

大変だろ？　ピンクの現場って、普通の感性じゃできないのさ！

デパートが終われば次のセットはラブホテルで茜ゆう子、小川恵と絡みだ。女どもはシャワー室でアソコを洗浄して、前バリの準備に余念がない。

「助監督さ〜ん、テーピングとハサミ用意しといてね。えっ？　ガウンの上に置いといて」

「お昼ご飯の後、私。シーンナンバーいくつ？」

「私を先に撮ってよ、久保チンなの？　じゃセリフ覚えなくていいね」

と茜ゆう子。ピンクの現場も慌ただしい。ゲリラ撮影はまだまだ続く。

アデュ〜。

赤ちゃんをオンブしてセックス

夏の暑い日の夕方、公園のベンチで乳飲み子にオッパイを飲ませてる姿とでっくわした。

髪をアップにした30代半ばの奥さんだ。

この日は猛暑だ。

ベンチは木陰で、買い物帰りか俺と目が合った。「フゥーッ、暑いですね、そこなら涼しくていいね、赤ちゃんも」。こんな会話からベンチの隅に座った。

奥さんが乳を飲んでいた赤ちゃんを離し、反対側のおっぱいに飲ませようとした時、ボリュームあるおっぱいがペロンと飛び出た。

黒ずんだ乳首が一瞬見えた。

慌てる様子もなく、Tシャツの下に豊満な胸を戻した……。

「母乳じゃ大変だね、ミルクにすればいいのに。俺も経験者だから」

世間話で2人で笑った。冷たいものでも買ってこようか！と言うと、家はそこだから涼んでったら……奥さんは「暑いでちゅね、ケイくん、ネンコしまちょうね」。奥さんは手際よく乳飲み子をオンブすると、買い物袋は俺が持った。

2LDKのアパートで、奥さんは網戸の窓を閉めて扇風機を2台つけた。

旦那は出張で明後日帰ってくると言う。冷たいアイスコーヒーを飲みながら「10日振りじゃ、旦那はたくさん愛してくれるね！　いいなぁ、旦那と代わりたいよ、エヘヘヘ」

かわらず赤ちゃんをオンブしながら、奥さんは俺に「そこに寝て！」と言うと、Gパンを脱いだ。赤ちゃんはどうするんだろう、と、心配もした。

ブリーフ姿になると、奥さんは股ぐらの間に膝を立て、ブリーフをまさぐり脱がす。「貴方とシタくなったの」。奥さんはチンコを上下にしごく。時々反対の腕で赤ちゃんを「よちよち」と揺すりながら、チンコを唾液でビタビタにし

アデュ〜クロニクル

女体盛り……羨ましいか？　準備するのは大変なんだぞ。まあこんな優雅な遊びをする奴も少なくなったけどな。

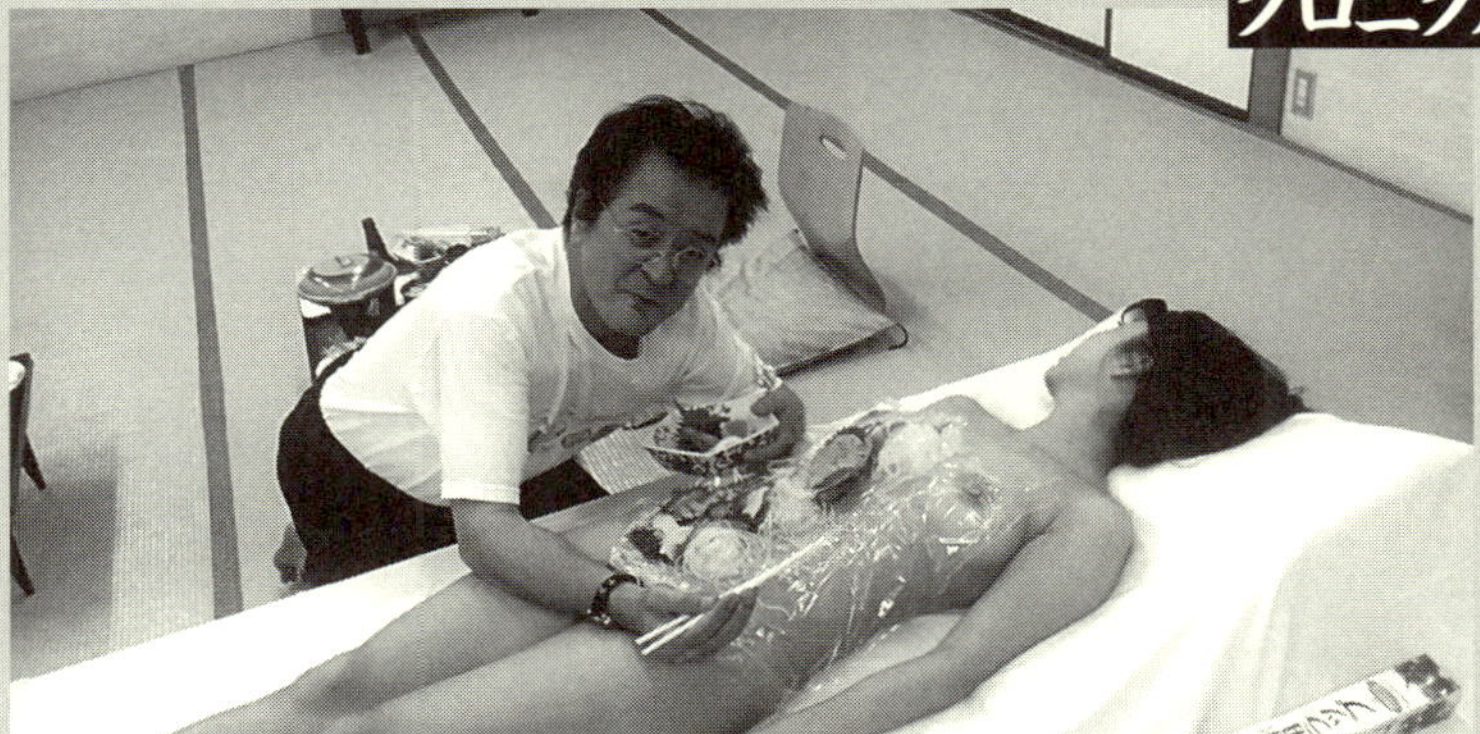

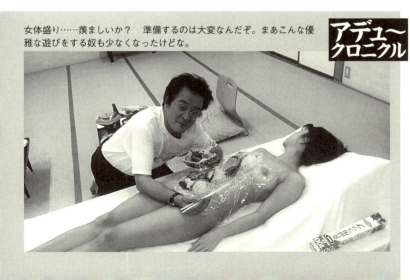

て跨がった。

ズルッと根本まで入った、尻を小刻みにクイックすると、上下に腰を落とす。俺も奥さんも汗、汗、汗だくだ。

グッチャグッチャ卑猥な音がオマンコから出る。

乳飲み子をオンブしながら腰を上下させる人妻とのオマンコは初めてだ。

寝てた乳飲み子が、奥さんが上下するので泣き出した。

奥さんも「うっ、うっ、ハァ……」と、なんども気がイク。泣いてる乳飲み子を「泣かないのよ、よちよち……うっ、またイク！」。奥さんも乳飲み子の揺すりが激しく、赤ちゃんも泣きやんだり泣き出したりイッたりで貴重な体験をした。……ピンク、ポルノ、と長いが、騎乗位で乳飲み子をあやしながらのセックス描写はお目にかかったことはないけど……。ミスターピンク・池島ゆたか監督でも撮ってないか……。卑猥だったなぁ……。

アデュ〜。

喫煙で愛が破局？

日活映画の悪役で存在感があった島村謙次は、のちにロマンポルノにも出演していた。

ロマンポルノでは、舐めケンのニックネームがつき、チン張りもテーピングで巻き、チンコ上で赤いリボンを蝶結びにしていた。

野上正義と島村謙次は仲がよく、2人とも酒で体を壊した口だ。酒は呑むものなのに、2人はドップリ呑まれた口……。

やがて、島村謙次も肝臓を壊し天国に逝ってしまった。

謙ちゃんの告別式は幡ヶ谷の斎場で行われ、俺とガミさんが外で受付をしていた時、タクシーが入ってきて止まり、喪服姿の女性が小走りに走ってきて、俺達受付の前で突然倒れた。

ビックリした俺とガミさんは別室に案内して看病した。隣ではお経の声が聞こえる……。

彼女は島村謙次の親戚の女性で、池袋のデパートのマネキン会社の社長。葬儀の後食事しながら、女社長と日時を決め、池袋北口前の喫茶店で待ち合わせをした。

社長は先にテーブル席でコーヒーを飲んでいた。

「先日はご迷惑をおかけしました、有り難うございました」

と女社長。そして握手も力が入っていた。

俺が前に座り、何気なく煙草をテーブルの上に置いた。

「あら、久保さんお煙草お吸いになるの？　残念だわ……」

「はッ、残念……とは、社長が煙草嫌いなら吸いません……」

先日の約束は、長いおつき合いさせてくださいね、と社長が言い、お互いに愛が芽生えた瞬間でもあった。

「私ね、タバコ吸う殿方は受けつけませんの、そぅ、久保さんお煙草

アデュ〜クロニクル

2012 年の爆笑ハレンチ劇場。西村、永野、アナログタロウなんて若い芸人が集まってくれて盛り上がったよ。

吸うの……残念ね」
「だから、社長の望みならタバコは吸いません、やめてもいいです」
「でも普段は吸ってるんでしょ!」「普段もやめる」「でも吸ってるんでしょ」「だから吸わないって言ってるじゃないですか!」……こんな押し問答がしばらく続き、声も大きくなった。従業員がパフェを持ってきた、お待たせしました。「お待たせじゃねぇ、いらねぇ、キャンセル、キャンセル」「でも……」「デモは5月1日だろ! いらねぇ」「でもタバコは吸ってるんでしょ」。うるせぇ婆ぁ、何だかがんじがらめだ。

女社長に説明した、この喫茶店を指定したのは社長、お客が皆さん煙草吸っているではないか! だったらホテルの喫茶店なら禁煙だし、タバコだってまだ吸ってないんだよ、矛盾してるだろ!

煙草を吸う吸わないで愛は破局かい、この目ヤニ婆ぁ……もう何を言っても無駄だ、俺の下心が見え見えだったかもね。

初めて会って別れ話……聞いたことねぇ……。

「まったく手が早いんだから久保チンは……俺が社長と話したら久保さんとデートするの、って喜んでたけど。何? 会って別れた?」。野上正義からの電話だ。

数多い女遍歴で、タバコをテーブルに置いただけで愛が破局……こんなたわいのない破局は初めての経験で、貴重な体験をさせてもらった……。

アデュ～。

泣いて笑ってエッチして

稲尾組で藪塚ロケの話。古い2階建ての旅館での撮影は、初日から深夜になってしまった。

最後のスケジュールは、旅館の女将の部屋だ。

女将役のジュンは売春容疑で逮捕されたこともある。

俺が未亡人のジュンの部屋に忍び込み、下着の匂いを嗅いでると、障子に影が映ったので、慌てて押し入れの中に隠れる。ここまでがワンカットだ。

押し入れの襖を閉めたとこに女将が入ってくる段取りで、2、3回きっかけのテストをして本番だ。

「本番、よ〜いスタート」の声で、下着をみつけ匂いを嗅いだり頭に被っては、怪傑白頭巾とかのアドリブを入れ、障子に女将の影が見えたので、「やばい」と押し入れを開け、さっ、と身を隠した……。

途端、「あぁっ！」悲鳴とともに体が浮いた、強い衝撃が何度かあり、咄嗟に頭を腕で抱えフォローするのは普段と同じだ。ガラガラ……ドスンと凄い音。

なんと、押し入れの床が抜け、1階まで障害物に当たりながら落ちたのだ。

暗闇の中、痛さに耐えてると「大丈夫ですか、久保さ〜ん」と助監督の声。

バカヤロ、大丈夫な訳ねぇ！　当然、撮影は中断で翌日に撮ることになり、お疲れさまだ。

俺が部屋で眠りにつこうとしたところへジュンが心配できてくれた。

アデュ〜クロニクル

岐阜のまさご座でのピンク女優ショー。このときは里見瑤子が座長だった。花もたくさん届いたな。

「ケガは大丈夫ですか、不慮の事故よね……テストの時は何でもなかったのに、本番で床が抜けたなんて……災難ね」

「寒いから、ここに入りな」

俺は布団をめくった。ジュンは「うん」と頷くと、蛍光灯の灯りを豆電器にして丹前姿で隣に滑りこんできた。

ジュンの湯上がりがいい匂いで、ぬくもりが欲望をそそり、どちらともなく長い接吻からジュンの薄い胸を揉むと、ジュンは体を押しつけてきた……。

ジュンは口に手を当てて声を押し殺す。寒いので布団の中でゆっくり体を繋いだ……。

どのくらい仮眠しただろ……。

「起床、飯！　朝ご飯で～す」とうるさい。各部屋からざわめきがする。

腕枕を外し起き上がろうとした時、萎んだチンコを握り「ダメ、もう一度くれなきゃイヤン」。

ジュンは積極的に布団の中に潜り込み、またふくんだ……。

アデュ～。

百年の恋もさめた

ピンク映画業界で、遅刻の常習者と言えば、美人女優の恵だ。毎度の遅刻で、どこの組も恵を使わない……。

原宿の花屋でバイトしながら生計を立てていた。

恵との思い出もたくさんあったなぁ……重いもの持てば思いでぇ！　違うよバカヤロ。東梅田にっかつで正月の舞台挨拶があった。司会の俺は汗かいたのでシャワーを浴びた後、打ち合わせもあったから恵の部屋に寄った。

気立てはいいし、プロポーションも抜群でホントにいい女。何度かオマンコしたが、いい味だよ、恵のは……。

俺が部屋に入った時、鼻歌を歌いながらバスタオル姿で浴室から出てきた恵。

「ふぅサッパリしたぁ……久保チンどうぞ」

脚は長いし、仕事前に1発やるか、とその場で服を脱ぎ捨て、俺も鼻歌だ。

♪ホガラカラカラカ、ラリルレロ♪

浴室のドアを開けた途端、悪臭がモア～と鼻をついだ。な、ななななな……なんと、便器に健康なウンコが山盛りで湯気を立てているではあ～りませんか。しかもだ、周辺には飛び散った細かいクソや拭いた紙が何枚もへばりついていた。

ウンコだ、ウンコだ、マジかぁ……百年の恋もいっぺんにさめたね……まさに、ウンコは人生の縮図だ。

「恵、てめぇぶっ殺すぞこの野郎、ウンコ流してねぇぞ」

一気に血圧が上がったね。

「あらっ流してなかった？　じゃぁ流しといてよ」

だって。羞恥、恥じらいは国語辞典から消せ！と思ったネ。

アデュ～クロニクル

最後のストリップ芸人・松本格子戸のイベントにもよく出ている。原芳市、若林美保、田代葉子、夜羽エマ、桜田伝次郎と。

煙草吸いながらマニキュアなんか塗ってるばやいじゃねぇ。なにを何事もなかったように落ち着いてんだ。

正月興業の舞台挨拶だよ……雑煮や餅がウンコかい。もうダメ、ついていけねぇこんな女。

浴室から出てきた時の、「サッパリした」はシャワーのサッパリじゃなくウンコのサッパリだったのか……正月からウンコの、いやウンの月だ、アッシャアッシャ（半泣き）。

アデュ～。

ピンク映画のゲリラロケ

ピンク映画は飛び込みに限る、監督達の持論だ。

痴漢もののロケは、伊豆の旅館を借りて現場も順調だ。

俺も翌日、意気揚々と旅館へ到着した。

「おはようございまァす」

と挨拶し、玄関先には照明のレフや移動車も隅にある。

「あらっ、あんた久保新二さんずら？　ありゃ、なしてここさ」と宿の主人が聞いてきた。

「なしてじゃねぇよ、撮影は順調かな、ちょっと案内してよ現場に。また痴漢役だよ、アハハハ」「痴、漢……」。途端、主人は脱兎の如く廊下を走り出し、俺も続いた。

「ちょっとお宅ら、撮影やめて出てってくんろ、あんたら、何が教育映画だ！　ポルノだべや、おら久保新二さんをよ～く知ってっだど、すぐセンズリかくだ、この人」

話を聞くと、宿を交渉した時、東映の教育映画と触れ込み、俺の出現でピンク映画とバレてしまったのだ。

監督と主人はお金のことなどで揉めている。こっちはこっちで助監督が「なんで来たのよ、久保さん」と、泣きながら俺に文句を言う。

バッキャロ、お前が宿に入る列車の時間や地図を指定してきたんだろが！とケンカだ。ピンク映画は1日延びたら赤字、いや潰れるかもしれないのだ。

話し合いも無駄だった……結局宿を出ることになり、スタッフは機材の片づけだ。その間監督は台本と睨めっこで繋がりを考え焦っている様子。

主人いわく、自分達の仕事に誇りを持て！　ピンク映画の撮影と言えば協力したのに……と言う。その通り、いいこと言うよ、主人は。

マイクロバスに乗り込み、あてもなく宿探しの撮影隊。

「ポルノ映画は飛び込みだよ、見つかったらまた移動で繋げりゃいいだけさ」

バスの中で、冗談半分で言った俺の一言で納得した監督はスタッフに指示を出した……勝手に撮影しちゃおう……と。カド番に立った撮影隊は強い。それがピンクさ！……。

アデュ～。

アデュ～クロニクル

11年に発売されたOV『その男、エロにつき アデュ～！久保新二伝』イベント。監督の池島ゆたかが俺の生き様を巧く撮ってくれたね。

満員電車を降りる時、下半身裸で

山本晋也組の撮影。設定は、毎晩女房に求められオマンコやりすぎで、目の下にはクマで、フラフラ状態で会社に向かう途中……。

カメラは前から三両めの前の扉近くで待ち、俺は前の駅に戻り前から三両めの電車に、助監督と乗る。入口ドアを陣取る。ラッシュの地下鉄は身動きができないほどの混雑だ。

電車に乗る時間は事前に打ち合わせてある。

新宿駅ホームに電車が入った。素早く不利な体勢で髪の毛をボサボサにし、ズボンを降ろして脱ぐ。助監がズボンを受け取る。

ドアに頬をくっつけ進行方向にカメラが見えた。その横で台本を頭の上で回しているのは監督の山本晋也だ。カメラが回ってるぞ、という合図だ。

電車が停まった……「新宿ぅ、新宿ぅ……」と車内放送中。

ドアが開いた、一斉に乗客が押し合いながら降りる。俺は背広の下はブリーフ1枚姿で、ドアが開く瞬間ブリーフのうしろも下げ、尻丸出しだ。久保チンのサービスカットだ。

よろけながら、雑踏の中を人混みと一緒に歩くが、途中でうつ伏せで倒れた。半ケツを出したままカバンは頭の横に。サラリーマンは見て見ぬふりで「何だこいつ、ケツ出してるよ」と言う奴もいれば、脱げた靴を蹴飛ばす奴もいるし、救急車か駅員呼んだら……とさまざまだ。

カメラは人垣の中から俺のアップだ。「もうやりたくない、オマンコしたくない……」とセリフだ。

実景、俺がブリーフ1枚で倒れた姿、アップを撮ると、スタッフはバラバラに退散してしまった。駅員が飛んできた。「お客さんお客さん、大丈夫ですか？　ほらケツ出して……人が多いから医務室に行きましょう」と立ち上がらせてくれるが、俺も役者。負けちゃいられない。髪はボサボサで鼻眼鏡で、目の下は濃いクマで、駅員がビックリだ。カバンの中からジャージを出してホームで穿く。

「なんでズボンをカバンの中に入れてるの？」「わかんねぇ、勝手に入ってた。オマンコが怖い、オマンコが怖い……やだ、絶対にしてやらない……」「何が恐いって？　えっ、オマンコが怖いだって、あんた気は確かか……」。こんなヤリトリで解放されると、助監督達が改札口で待っていた。

映画はゲリラ……ゲリラなんだよ。ゲリラなくして、そうそういいカットは撮れないのだ。映画のためならエンヤコ～ラさ。

アデュ～。

深夜の痴漢映画のロケ現場

深夜の代々木公園。痴漢映画の撮影で、エキストラの女マネージャーが助監督に噛みついていた。「そんないやらしいことやるなんて話、聞いてません」とおかんむりだ。

自分の事務所の男女優達がベンチや、木の下で抱擁したりで、カップルの醜

古いピンク映画ポスターに囲まれて。昔のタイトルは情緒があるよな。最近はセンスがないっつーの。

アデュ～クロニクル

態を撮っている。

ピンクの現場には不可能はない……嫌でもやらせてしまうプロ集団がピンク。

出番の合間、ブラッと公園を散歩しベンチでタバコを吸ってると、女マネージャーが走ってきた。

マネージャーは缶コーヒーの差し入れのビニール袋を手に現場に戻るとこだった。

俺が声をかけた。「いまカメラが回っているから、まだ行かない方がいいよ」と……少しムッとしてたが、気軽な冗談話からお互いが打ち解け合った。

女マネージャーは30代の半ば過ぎで結婚指輪をしていた。「今の時代、あんなのは当たり前。映画だし、仕事だよ仕事。旦那とは公園行ったりしてキスとかしたことないの？　俺なんか毎日女優とベッドシーンやってるよ。仕事だからね！」

そうこうしてるうちにいい雰囲気になり、彼女の手を取り、暗がりを散歩した。

握った彼女の手は汗ばみ、少し興奮してるようだ。公衆便所裏のとこで抱き締めるとブチュとキスをした。長いキスで、彼女も舌を出しお互いが舌を吸いあった。

鼻から息をつまらせ、俺も彼女のうなじや耳たぶを舌で愛撫だ。こういう雰囲気では、なぜかチンコはビンビンだ。ビンビンのチンコをズボンの上から触らせた。

息使いも荒くなってきた。お互いに体を押しつけ合い、俺の指は彼女の下着の中に……ビッチョビッチョに濡れていた。俺も興奮のMAXだ。俺はベルトを緩めた。彼女は座り込み濡れてるチンコをふくんだ。

そして前後にふくむフェラの音がジュポ、ジュポと聞こえる。

俺は何しに来たんだろうね。

「久保さ〜ん、出番ですよ出番！　どこですかぁ」

と助監督の声。俺を探してるようだ。ったくぅ気がきかない助監。

座り込んでいた女マネージャーは俺のズボンを上げ、身仕度すると、またチュッとして「先に行きます私」と、缶コーヒーと共に撮影現場に小走りで戻った……。

俺はマネージャーのフェラでビンビンで、余韻でシコシコすると発射してから現場に戻った。

俺の出番は、アベックを覗きながらシコシコやるシーンだが、バカヤロ、カップルの女は先程の女マネージャーだ。抱き合ってるマネージャー達はこのカットで撮影が終わりだからエキストラで出演してるけど、最初の出会いとはうって変わっていた。俺が芝居しながらシコシコする姿にピースサインを送っていた彼女。俺は逆に照れたなぁ。

女の心理はわからねぇ！

アデュ〜。

泣いて悶える アソコがイボだらけの女

「あたし、『未亡人下宿』のファンでんねん、久保さんの映画おもろいわぁ。一度会いたいんやけど……夜はいそがしいん？」

電話の主はアパレルでバイトしてる涼子だ。

初対面の涼子の第一印象はグラビアモデル並のいい女

アデュ〜クロニクル

こんなメイクでゾンビもののOVにも出た。せっかくの二枚目が台無しだ。まあ、楽しかったけどな。

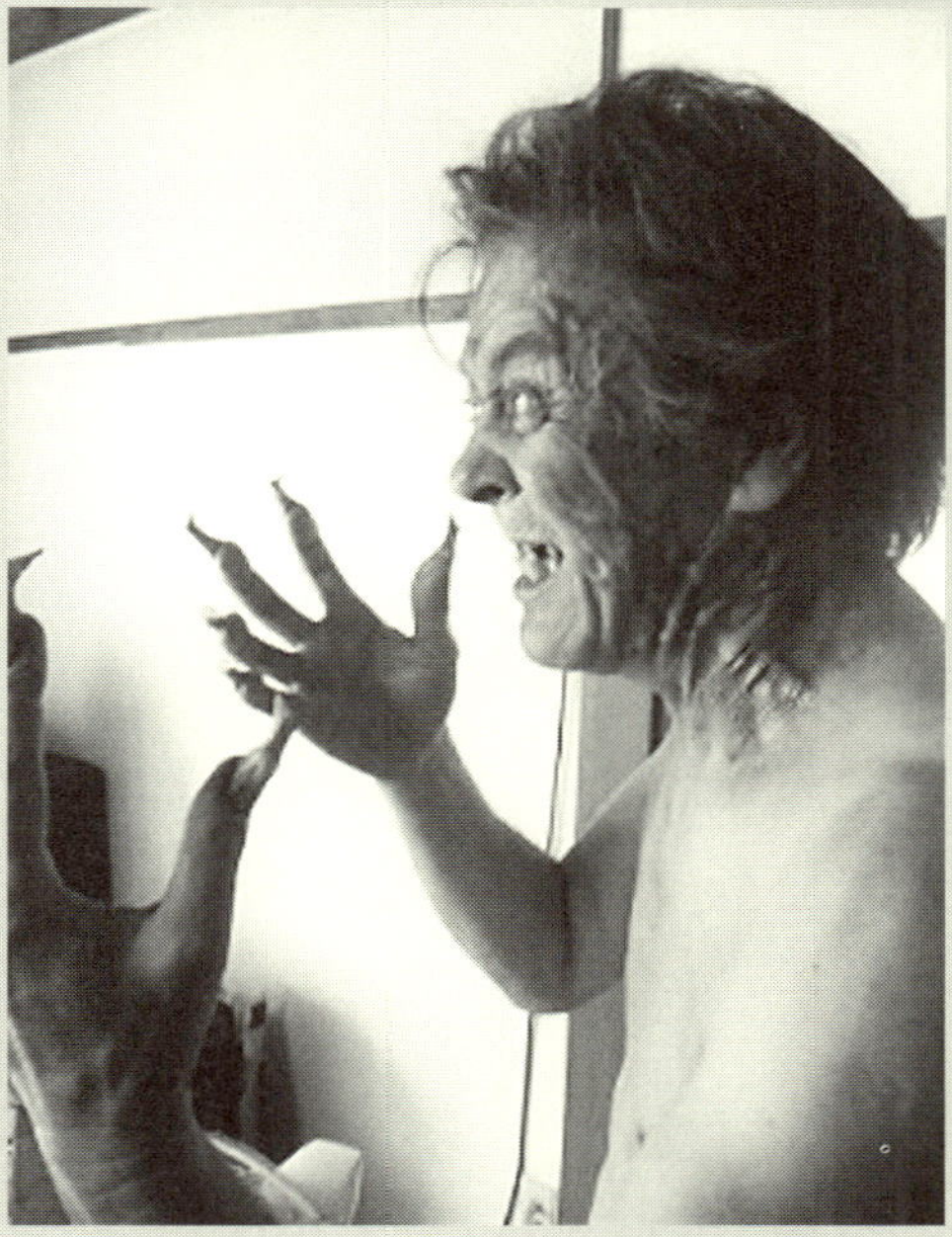

だ。俺も惚の字で、会って一時間後にはオレ達は近くのラブホで愛し合っていた。

「うちがしたあげる、じっとしとって」

涼子の口は生き物のように舌を使い、チンコも唾液でビッチョビッチョで快感に酔った。俺もお返しに涼子の股倉に顔を突っ込んだ。下着をパンティを脱がし、足首から外した時、クリより下は毛がなく、なんか変だなぁと思い顔を近づけた。アッと驚く為五郎?……俺の金玉も真っ青になった。

涼子のオマンコは両サイドに無数の大小のイボが隙間なく肛門近くまで円を描くように散らばっていた。
1、2、3……20数個まで数えたが、正直気味が悪かった。
今までの女遍歴の中で、1番ビックリしたケースかも。千人切りの松方弘樹はこんな経験をしただろうか……。

「ビックリしたやろ、移らへん移らへん。このイボな、先天性なんよ。舐めてぇや」

俺は恐る恐る舌で突ついてみた。かなり勇気がいる。小陰唇、大陰唇のまわりのイボを突ついた。

涼子が、ええ気持ちやわぁと喘ぐ……自然と舐めて突っつきイボを噛んでみた。

「あっあっ……ええわぁ、ええ……」

涼子は首を振り、尻を浮かせすすり悶えた。イボを見てビックリ、舐めてビックリ、噛んでビックリ。慣れると、イボもコロコロして舌触りの感触もいいもんだ。

挿入しても、奥でチンコを引き寄せるように締まるマンコは名器だ。

こういう女性が実際にいるんだね。アソコがイボだらけの女なんて探したってそういやしない……。いま目を通してる人達、こういう体験したことないかい?

懐メロにあったなぁ……「イボマンコの夜」違った「イヨマンテの夜」だった……。

アデュ～。

いざ本番、二段ベッドが音を立てて壊れた

奈津美の映画初出演の相手役は俺だった。

普段は建築関係の事務のOLで、今日は休みなので趣味で映画に出演だ。初めての絡みで奈津美も少し緊張していた。まず下着を脱いで前貼りの準備だ。奈津美のモッコリ濃いヘアを、Tの字のカミソリとハサミでカットした後、二段ベッドの上に上がった。

下のベッドは主演の実花のベッドで、いない間に男を連れ込む設定で、その男が俺の役。

上の狭いベッドで、大体の動きを説明し、カメラを回した。

奈津美の服を脱がし、黒のパンティ姿1枚にした時、「カーット、カーット」。黒のパンティ中に、何やら白いモノが見えた、とカメラマンの声。タンポンのヒモだ……。奈津美はパンティの中に指を突っ込みヒモを押し込むが、何度やっても動きの中で白いヒモがチラチラ見え隠れして、見た目が悪い。要はヒモが長すぎなので、俺がカットした。

女優じゃないから仕方ない。

アデュ～クロニクル

一番新しいピンク映画出演作『女子トイレ エッチな密室』（14年）。
本文に書いたけど、段取りが悪くて大変な現場だったよ。

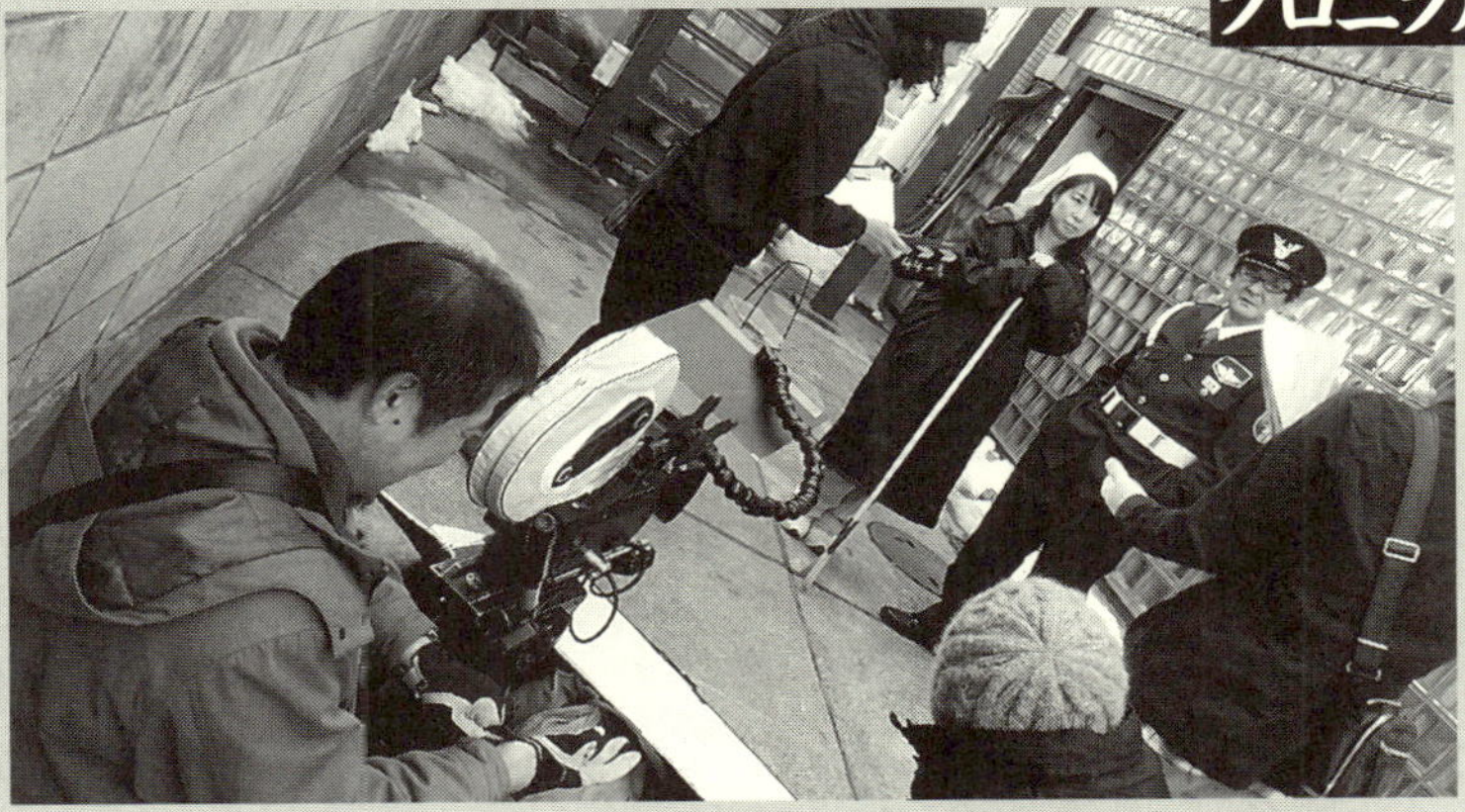

俺も下着の中に指を入れヒモを割れ目の中に押し込んだりでポルノ男優はつらいよ……なあんちゃって！　こんな余録がなきゃやってらんねぇよ。

感じやすい奈津美の顔や体の部分を撮り、下着を脱がして奈津美の上に乗り、挿入しようと動いた時、「ギギッ？　ギギギギ、バリバリ」と買って3日目の新品のベッドが音を立てて見事に壊れた……というより抜けたのだ。

マットレスの下の板が裂けたのだ。

この時はビビったが、スタッフ、監督もビビった。

ケガもなく良かった……まだ続きがあるのでスタッフ達は皆で大工仕事だ。監督は意気込みも何処へやら……台本をぶん投げビールを飲み始めた。助監督はベッドの止め金、釘を打ったりで、ベニヤ板など調達のため飛び出したまま2時間過ぎても連絡がない。

俺と奈津美はスッポンポン姿で抱き合い、壊れたベッドの隅で布団にくるまり、布団の中でエッチしていた……。

アデュ～。

擬似本番なのに、入ってしまい大騒ぎの現場

ソープシーンの撮影は、広いホテルの風呂場を借りたりする。

女優の瀬里加がソープ嬢に扮し、俺は巨根の客という設定だった。

一度動きだけ打ち合わせをし、陰毛が見えてはいけないから、２人とも全身に泡をつけ、俺が勃起して巨大になったものを見せる場面からスタートする。

「うわっ、大きい、こんな大きいのは無理、壊れちゃう」と後ずさりし、俺が「お姉さん、そんなこと言わないで、一度くらい女とやりたいんだ」と迫る。

本番でカメラが回った。瀬里加が湯船に逃げて「やめて、やめて」と俺を突き放す。俺は湯の中に潜らされ、口からプーッと湯を出したりするアドリブをいれ、「やめてもはめても一緒だ」とか言いながら瀬里加をうしろから捕まえる。

瀬里加も演技派だから、腰を大きく揺すると、泡と湯がバシャバシャバシャと跳ねる。瀬里加が「苦しい」と悶えている時、突然「あっ、入った、はいったぁ」と騒ぎ出したのだ。

俺は「どうだ、これでもか」と演技を続けていると、助監督達が飛び込んできて「久保さん、それはやり過ぎだ、タブーだ」と、俺を彼女から引き離しにかかった。ホントに入れてしまえば事務所が出てきて問題になる。

突然のことで、俺は引き離されかかり怒った。湯のバシャバシャの音と俺のうるさいアドリブで、何がなんだかわからない……。何のこたぁない、瀬里加は動きの中で、思わず泡が目に入り、それで「はいったぁ……」と思わず口走ってしまったのだ。それにしても、タイミングがあまり

アデュ〜クロニクル

亡くなったマンガ太郎に書いてもらった似顔絵だ。おい、実物より老けてないか？

にもよすぎた。

　アデュ〜。

素っ裸で暴風雨のなかに

東京興映作品で、出演者が３人だけというお話。

当時はヤギヒゲと黒メガネがトレードマークの山本晋也が監督だ。

ロケ地は伊豆七島の式根島で行われ、カメラ趣味の俺が観光にきてた女達をナンパして、写真を撮りまくり交代で犯してしまう。

台本はなく、すべてアドリブで、ヤリっぱなしの映画だ。

８月の終わりの式根島は、観光客もいないので撮影日和で、女優はゆきと火石プロのモデル専門の奈理子。すべてオープン撮影で、女達も交代で日光浴をしていた。水着跡をつけないよう全裸で陽光を浴びていた。「ふぅっ、いい気持ち……」

照明部の坊やがレフを当て、「オマンコまで焼いちゃいぞ」と言うと「まじ？　ヤバ……いいやどうせ真っ黒だから、焼けマンね、ハハハハ」と和気あいあいだ。

突然の台風が島を直撃し、宿の女将が船の欠航を知らせにきてから、一同がおかしくなった。

撮影もすべて終わり、後は帰るだけなのに台風で帰れず、宿で船が出るまで待機するしかないのだ。

外は暴風で、民宿にも大学生が４人ほど泊まっていたが、小さな民宿では食糧も限られている。民宿で缶詰状態で監督やスタッフ達は交代で麻雀を囲み、ゆきは諦めて本を読んだり、ひたすら寝ていた。

コンビニや携帯がない時代で、台風がおさまるしか手はないのだ。宿の食糧もなくなり、煙草もなく、みんながイライラしていた。

助監督の栗原幸治も食堂の冷蔵庫から、あるモノは何でもかっぱらってきた。もちろん、俺もだけど……。

冷蔵庫から持ってきたものの中には、大学生達の私物もあったが、撮影隊がみんな食ってしまった。当然ケンカは当たり前。もう修羅場状態だ。

奈理子の精神状態がおかしくなってきた。電話も不通で、東京で撮影会の仕事があるらしい。

彼氏とも連絡がとれずイライラはＭＡＸだ。

もう１週間たった。奈理子は突然暴風雨のなか荷物を持って海の方へ飛び出した。栗原も静止させようと後を追う。

麻雀を囲んでる山本晋也は「ほっとけそんな女！」とヤケだ。

食糧も、飲物もない生活は地獄だ。奈理子も半分気が狂っていた。学生、女将と揉めに揉めた民宿。

台風も去り、やっと船が出ることになった。俺達撮影隊も喜んだ。宿から船に機材や荷物を運んだ。ゆきも奈理子も船に乗り込んでいる……。

アデュ〜クロニクル

俺の肺のレントゲン写真（笑）。半世紀もタバコを吸い続けているのにこんなにキレイだ、バカヤロ！

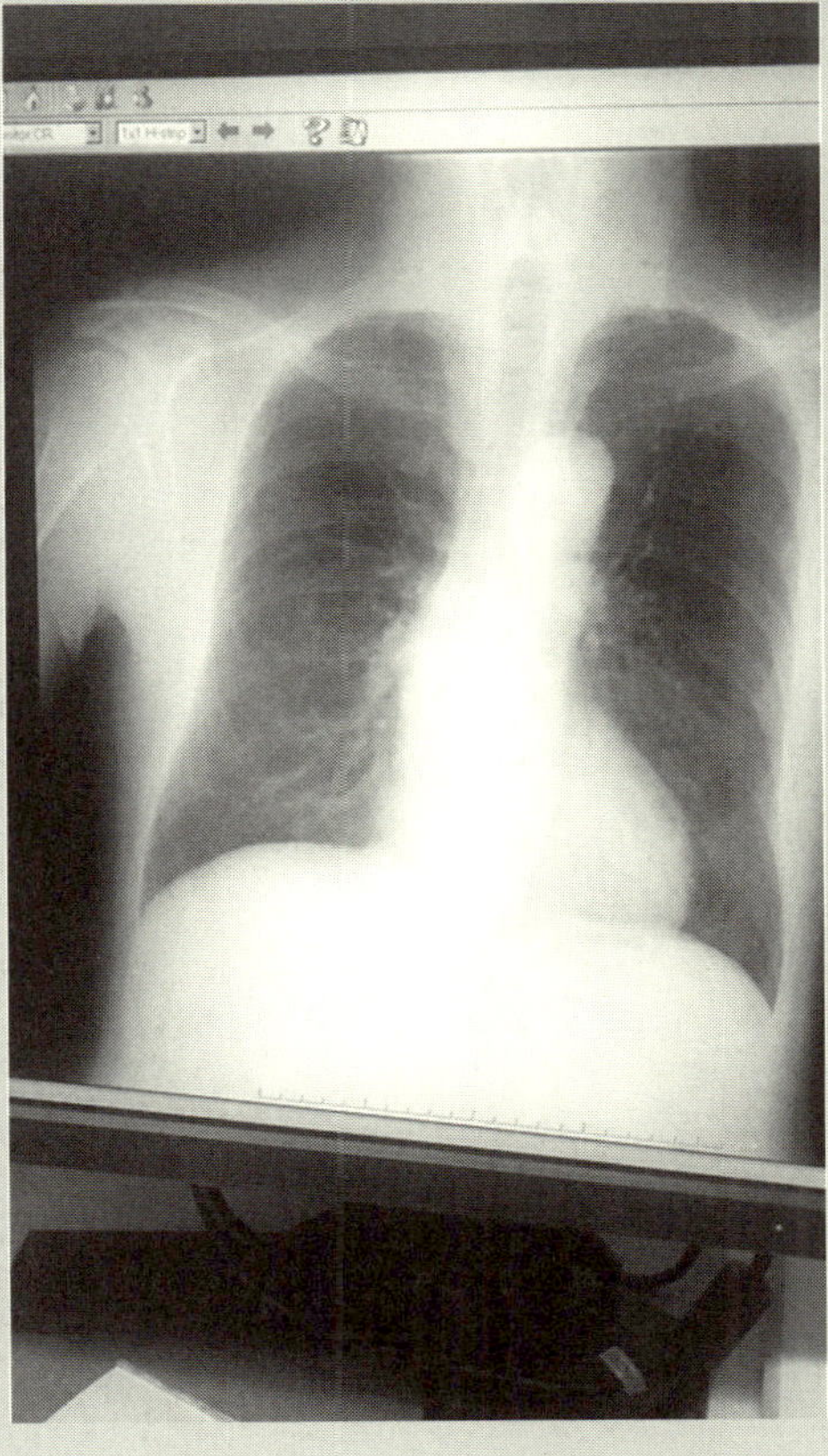

全員が船に乗り、式根島とはお別れだ。

そこへ、宿の女将が自転車で走ってきた。俺達は「お世話になりました。ありがとうございました」と挨拶。女将が「ほら、忘れもんだよ。二度とくるな、あんたら！」と、一言。荷物の紙袋をぶん投げた……。

アデュ～。

誰も知らずピンクをやめたりえ

現役大学生のりえが大蔵映画からデビューした。76年、大蔵の『売春セックス花合戦』（沢賢介監督）から80年、ミリオンの『女子学生 熟れる』（大門登＝関孝二監督）が最後の作品。

わずか4年で70本ほどの映画に出まくった。新人のりえは忙しかったネ。いつまでも出演してる古いスクラップ女優がいるからピンク映画は衰退した、と言っても過言ではない……。映画で裸になればお金になる、といかにも現代っ子らしい発想だ。

りえとも何本共演しただろ。デビューしたその年に『トラックSEX野郎　絶倫定期便』（76年、稲尾実監督）で俺と野上正義とりえで共演したなぁ。

挨拶も明るくしっかりしていて、みんなから好かれた。

慣れない大きめの前貼りをつけ、りえがベッドに横たわる。前貼りの中に隠れたロマンや文化はあるのだろうか。

若さゆえ、スリムな肢体、オワン形のおっぱいは新鮮で、乳首もすべて若い。

俺が絡みをアドバイスしながら耳元で「りえと2人きりになりたいね」とささやくと、りえは頷いた。

撮影が終わった翌日、俺たちは大久保駅に近いラブホで体をぶつけあった。そして、愛を確かめあった。

何か「よーい、スタート」の声が聞こえたように俺たちは燃えた……。撮影現場の擬似の声じゃないぞ。お互いが興奮度を高めた。

男が感じて喜ぶテクを心得ているりえも、数人の男優との噂が広まり、いつの間にか姿は見えなくなった。港雄一、長友達也、野上正義……の名前が浮かんでいた。

そ、若いうちにしか出来ないことっていろいろあるもんな。人生、経験さ。体験さ……将来の参考のためにも……今日の俺はセンチだぜ！

アデュ〜。

『ザ・折檻』

日活がピンクに対抗し、『団地妻』シリーズからロマンポルノに路線を変え、のちに漢字の日活からひらがなのにっかつに社名を変更した。

第1弾の団地妻はピンクで活躍してた白川和子を起用し、大ヒットした。プリマ企画の買い取り作品も含め、日活ロマンポルノは安泰が続いた。

名前のある役者や歌手、たくさんの人達がロマンポルノに出演したものだ

久保新二交遊録

俺のピンク映画デビュー作の助監督足立正生と名優山谷初男、いつまでも元気でいてほしいね。

……。

が、何時までも続くはずがなく、日活は突然変異か路線を変え、ハード路線の『ザ・折檻』（85年、伊集院剛監督）を上映した。

キワモノ作品の主演女優は富士子で、顔だけ出して穴の中に埋められて何日もほったらかしたりで、ドキュメント風に撮っている。俺もよく知ってる初代葵マリーさんは遠慮しない。迫力ある拷問映画だった……。

ある寒い夜、富士子と鍋でも食べようと連絡したところ、蚊の泣くような声で「熱が39度以上あって、昨日から寝たきりで動けないの……久保さん来てぇ、お腹すいた……」

住所を聞き、買い物してタクシーでかけつけた。

よたよたした富士子はネグリジェ姿で頭はボサボサだ。額に手を当てるとかなり熱い、冷蔵庫の氷でリンパ腺や額をガンガン冷やした。

富士子は少しは楽になったのか寝息をたてた……。とにかく体が熱い、病院へ、と思ったが熟睡なので様子をみることにした……。

2時間くらい寝ただろうか、顔も赤みがかってきた、サンドイッチを2口ぐらい食べて少し元気になったようだ。よかった……。

外でスチール撮りしてたのが風邪引きの原因のようだ。俺も現場の話をしたりで帰ろうとしたら、富士子が俺の手を自分の胸に持ってきて、「ありがとう久保さん……優しいね」……俺を引き寄せた、俺も男だ、ゆっくり富士子の上になった……。

アデュ〜。

渡辺護、初の本番AV

渡辺護監督が、桃太郎映像で初のAVを撮ったとき。

チョンマゲ時代には顔出しや腹出しなんてあったのだろうか。

「久保は勃ちが悪いから頼むね、ナナ」

と監督。カメラは映画でもコンビの女カメラマン・芦澤明子だ。プレッシャーかけるんじゃねぇ。

AV嬢のナナは、

「任せてください、自信ありま〜す」

カツラ姿が可愛い、ナナと本番で勃たなきゃ帝王の恥だ。

俺は下半身、チンコに集中した。

しっぽり愛人同士の濡れ場だ。
3、2、1の声でカメラが回った、
ナナの襦袢を剥ぎ、肌を港雄一なみに愛撫する。

「逢いたかったぜ」と身体を舐め回す。唇と舌が音をたてて這う、さらにマングリ返しでナナのオマンコを指で責める。

本気汁でビッチャビッチャのナナ。

「ヒェーッ、気持ちいいよ〜、もっとぉ」。ヨガリ狂う彼女だ。

久保新二交遊録

往年の名女優香取環と。共演した『情炎』では俺の母親役。そのオッパイを含みながら亡くなるシーンは印象深いな。

ナナのフェラもバキュームでチンコもビンビンだ。本番体勢OKだ、カメラも部分、フェラ顔を執拗に撮る！

俺はナナの身体をずり上げ女上位にした。

ビンビンのチンコを握り、ナナは自分の濡れたアソコに擦りつける。

「芦澤、いつまで顔撮ってんだ、うしろにまわって挿入するとこ撮れ！」

「はっ、どこにまわれって？」

「はっじゃねぇよ、ナナのケツの方から撮れっての、今ならチンコ入れられるから！」

「ケツを撮るんですか？　本番いけます？　久保チン」

「だから、ケツの方から挿入するとこ撮れっての！」

そうこうしているうちに萎えてしまい、結局ズコズコのアップは時間の関係上、チンタレにバトンタッチで、俺はズコズコの前のマイクで出し入れに合わせて声を出す。バカヤロ、芦澤のせいで本番できなかったじゃねぇか！

俺は帝王じゃなく低王の仕事してジ、エンド。立つ瀬がなかったなぁ。いや、勃つ瀬か……。

アデュ～。

島倉千代子サンが肝臓ガンで死去した

子供の頃、親の畑仕事の手伝いしながらラジオから流れてた「からたち日記」「この世の花」は今でも忘れられない。故・堺勝朗も好きで、舞台の演出でも俺が女と再会したり抱き合ったりする時は必ず「この世の花」を流す。のれるんだよなぁ。

　ピンク女優の夕子と半同棲してた時、夕子は島倉千代子のバックダンサーをしていた。楽日が終わり、風呂を沸かし夕子の帰りを待っていた。

　夕子が「ただいま、お疲れさま」と元気よく帰ってきた。俺達は激しく唇を吸い合った。一緒に風呂に入ろうと下着を脱ぎかけた。妙に大きいので夕子に聞いた。

「千秋楽はお客さんも一杯で島倉先生、超ご機嫌なの。で、お客さんから高い下着を頂いて、先生が一度穿いたんだけど、やっぱりいらないわ、夕子ちゃんにあげる、って言ったから私が穿いたのよ」

「バカヤロ、島倉先生が穿いたんだな？　何でお前が穿くんだよ脱げ！」

　俺は下着をひっくり返し、アソコ部分の匂いを嗅いだりして、あぁ、マラたち日記、人生いろいろだぁ、あっ、東京だヨおっ母さんの匂いがする、このバカ女が穿かなきゃよかったのに。俺は下着を舐め回し、匂いをかぎながらセンズリをかこうとチンコ出したとこで、うしろから夕子の回し蹴りが飛んできた。

　借金問題やら男関係、騙されたりで悲

久保新二交遊録

憧れのスター内田高子。ポスターを見ながらよくセンズリをかいたよ。内田さんと初めて映画で絡んだときは緊張したなあ。

惨な人生だった島倉千代子さん。晩年、ＴＶに出た時の痛々しさは見るにしのびなかった。合掌。アデュ～。

テク抜群のゴックン女優

「久保さん、みさおはいい子ですよぉ、くわえたらゴックンしないと納得しないですよ」

男優の池島ゆたかが俺に報告してくれた。

瀬々敬久脚本の『ワイセツ隠し撮り 夫婦の寝室』（93年）の現場。スチールの津田さん家で撮影だ。

朝っぱらからスタッフの体調がよくないみたいだ。監督の稲尾実（深町章）は血圧が高い、とかで降圧剤を飲んでるし、カメラマンも胃薬を……助監督もトイレでゲロ吐いてる様子だ。

主演のみさおは照れも外聞もなく、大胆で何でもやる子でピンク女優にはもってこい。監督も撮りやすいから現場も速いしフィルムも回る……。

オナニーもピンローや電動バイブをほんとにオマンコに挿入してズッコンズッコンするから、病人スタッフにも薬になるかはさておき、とりあえずは目が覚める。

「世間に通用する女優になりたい……」と、みさおが言う。

ドタバタ逃げ回る俺を捕まえて、みさおがズボンを脱がしパックンする。そこまでの動きを段取りでテストする。要は形だけでいいのに、「ここでズボンを脱がすのね」とズボンを脱がし、チンコにパックンだ。わおっ、気持ちいい……。バカヤロ、まだテスト前だっての。このパックンがテスト、本テスでも繰り返された。俺も悪い気はしないが、パックンチョでチンコが大きくなって、ちょっとするとまた萎む。

これが男優は案外疲れるもんだ。

本番の掛け声で俺が逃げまわる、芝居でズッコケたりギャグで逃げまどう俺が、みさおに捕まってしまった。「いいから出しなさい」。みさおがズボンと下着を降ろすと、いきなりパックンが始まった。

前後運動のフェラも気持ちいい。

みさおは、チンコくわえたまま離さないから、カメラはボカシで撮りやすい。

ま、このフェラのやり方なら世間に通用するな……俺が認めたんだから。

ややあって「カーット、OK！」の声。スタッフは器材を片づけ、次のセットの部屋に運ぶ。俺達は世間から見離されたように無視されている。

みさおに語りかけても無駄だ、くわえたままで口が塞がっているのだから……。

69の格好で目の前にはみさおのオマンコがヨダレを出している。

口の動きと指のシゴキ方が早くなった。

「お～っ、ワオ～ッ、アチョッ！」

俺はほとんど雄叫びだったね……ゴックン女優のみさおはゴックンした。

池島ゆたかの話はホントだった……。

アデュ～。

久保新二交遊録

ちょっとボケてる写真だが山本晋也とサロメ角田。本の中にいろいろ書いたけど、やっぱり山本晋也のことは気になってるよ……。

電車内でポケットの中に手を

『ニッポンの猥褻』（93年）、新東宝30周年記念作品の初号を観たときの話だ。

キャストも贅沢だった……橋本杏子、林由美香、岸加奈子、石川恵美、池島ゆたか、山本竜二、清水大敬、平賀勘一、快楽亭ブラック等の出演者達は熱演で、稲尾実（深町章）監督も冴えていた……。

阿部定を演じた石川恵美も体当りで俺と絡む。定役の恵美が俺の体を愛撫するシーンはなかなか迫力ある濡れ場だった。

百戦錬磨の恵美の舌使いは、俺を翻弄した……。普段はコンパニオンで生計を立てているが、男をからかって楽しむ悪い癖がある。

試写の帰り、恵美と一緒に京王線に乗り新宿方向へ……。

車内は夕方で少し混んでいた。

「久保チンの触らせて」と試写の話からいきなり俺のズボンのポケットの中に手を入れ、ブリーフの上からわしづかみでチンコをまさぐるのだ。ゆったりめのズボンの中のチンコは、瞬間に大きくなった。心地よい快感で、声を押し殺すのが辛かった。

ほとんど痴女だ……。下着の中のチンコの指使いが上手いのだ。俺は窓におでこをつけ、ひたすら快感に耐える。乗客からは死角で、よし、恵美とラブホにでも行くか……露天風呂付きのホテルもあるし、何処にしようか瞑想してた。恵美が耳元でささやいた。

「発射させちゃおうかな」

指の動きが速くなった。もうチンコの先はビチョビチョだ。痛みは我慢できるが、快感は我慢できないってのがよ〜くわかった。

かまやしねぇ、発射しちまえ！と踏ん張った途端、「じゃあね、私ここで降りるね。気持ちよかった？またやってあげるネ、バーイ」

恵美は明大前駅で降りると人混みの中に消えた……何とかの生殺しだ……バカヤロ！　バカ恵美！　俺を誰だと思ってんだ、ピンクの帝王だぞ、ラブホでヒィヒィ言わすはずが、ビチョビチョのブリーフが冷たいのを耐えて、家路に向かう俺だった……。バカヤロ！　俺がヒィヒィ言ってるっての！

以後、何があったのか、石川恵美は業界から姿を消した。また、シコシコやってほしいのに……。アデュ〜。

撮影中断、尻を上げさせて

今の『痴漢電車』ものでは、実際の痴漢場面の寄りは部屋の隅でスタッフ達が周りを取り囲み、尻とか手元のアップを撮る。最初の頃の『痴漢電車』は、朝のラッシュの満員電車内でカメラを回してた。

山本晋也、本木荘二郎、稲尾実、滝田洋二郎、浜野佐知監督達はラッシュの中

久保新二交遊録
港雄一、野上正義と一緒に。数年前の写真だが、野上さんに亡くなり、港さんは介護施設に入ってしまった。悲しいね。

撮ってきたもんだ。俺もお陰様で何度も捕まり、駅長室で書いた内容が「もう、二度と京王線には乗りません」。この始末書で許されたが、現在は法律上、罪になる。俺は6枚も始末書を書いた。

『ノーパン痴漢電車　まる出し‼』（98年、稲尾実＝深町章監督）でのこと。

旅館に1泊した翌日の1番手の撮影は、部分の寄りのカットからだ。

数カットを撮ったとき、女優の知美が「すいません、トイレに行かせてください……もう限界、ダメ出ちゃう、漏れるぅ」と腹を押さえながらトイレに掛け込んだ。続いて監督、カメラマン達もトイレに……。

どうも、昨夜の飯に出た砂肝が原因のようだ。

「あ〜っ、すっきりした、体が軽いね、じゃやるか」と監督。さてと、カメラ、ライティングも準備ＯＫだ。本番でカメラがガーッと音を立てて回った。

俺の指がスカートをめくり、尻を撫でながらパンティを下ろしたら「カ〜ット」とカメラマンの声。

知美の尻ペタの下部分などに前バリを貼ったテーピング付着カスがベットリついてるではないか……トイレに何度も行き、その度に前バリを剥がしたりつけたりの繰り返しで、付着カスがついたのだ。

知美がローションを使って剥がすが、時間がかかってなかなか取れない。

ここで新ちゃんの出番よ。

助監督を呼び実技指導を披露だ。

知美は前屈みになり、尻を上げ付着してる部分をつまみ、爪の先で引っ掻くようにして取るって訳さ。

カメラマン、照明部も感心して頷く。知美のアソコが丸見えだから、目の保養になっただろう……。さ、前バリの付着カスも奇麗に取れた、続行だ！「よ〜い、スタート」と元気な稲尾実監督の声で気合いが入り、なごやかに撮影が進行だ。

アデュ〜。

『私を旅館に連れ込んで』

ＯＶ作品『愛の混浴劇場　私を旅館に連れ込んで』（01年）は印象深い。千葉県は銚子の旅館を借りきっての撮影で、竹村祐佳、林由美香、板前に稲葉凌一らがメインで、旅館を乗っ取られる、渡さない……の話で、俺は取り立て屋ですったもんだだ。

女中の由美香を部屋に連れ込み、銭と交換で体を戴く。初日に乗り込み、このシーンからの撮影だ。着物姿の由美香を脱がし、全裸にして由美香を愛撫する。

幼顔の由美香が俺の愛撫で悶える。そして股倉を眺めて挿入するくだりでは、由美香も俺も前バリだのチン貼りなどはつけない。

ライティングの準備もＯＫで、一度本テスをしてから本番だ。俺は下着を脱がし、由美香の女性器を眺めて指でもて遊び、匂いを嗅ぎ挿入するのだが、由美香のオマンコの匂いを嗅いだとき、やって終わった後

久保新二交遊録

『未亡人下宿』シリーズのプロデューサーだった代々木忠監督。AV の世界で今でもバリバリ活躍中だ。

の匂いが漂った。これは昨日オマンコしたあとだ。俺の鼻に狂いはないはずだ。由美香に「昨日、オマンコしたな」ボソッと言ったら、由美香も「えっ？　なんで知ってるの？」という顔になった時、本番の声がかかった。

俺の愛撫に由美香が喘ぐ……カメラが由美香の顔を撮る。俺は上で疑似ファックで腰を使う。由美香の性器に俺のチンコがピタッピタッと当たった。

いま撮ったのをモニターでチェックしてみる。監督、プロデューサーが見ていて感動していた。由美香の顔の表情が、抜群に艶っぽいんだって。由美香が、「何で久保チンが、私がオマンコしたの知ってるのよ！　恥ずかしい」。そんな微妙な表情とか照れとか、「うっそぉ」……とか、これが女の色気だ本当の！と絶賛していた。監督に「久保さん、いい女優さんを紹介してくれてありがとうございます」と褒められ、俺も気分がよかった。何気ないヒラメキの一言が、こんな風になるとは……。よかったよかった……。

アデュ〜。

ピンクの一番いい時代

●代々木忠

山本晋也は松浦康が連れてきたんだ。それまでは面識なかったよ。仕事がないんでなんとか撮らせてほしい、と。正座してよろしくお願いしますと言うんだよ。監督としては向こうのほうが先輩なわけだしさ。その先輩監督に頭下げられたら断れませんよ。じゃあ年間何本かの枠をあげようということになって、（日活下請けのワタナベプロダクションで）山本晋也が撮ることになったんです。

最初は俺がドキュメントで痴漢ものを撮っていたんだけど、それを山本晋也に譲ったんだよ。それから『未亡人下宿』ね。プロダクションとして見たら山本晋也作品は全部赤字ですよ。でも好き勝手に撮ってもらった。有名にしてやろうと思ってたから予算も割いてさ。その分、（渡辺）護さんなんかが安く撮ってくれるのよ。（中村）幻児とか津崎公平もね。山本晋也でオーバーした分を他の監督で補填してたわけ。『未亡人下宿』は作品の評判もよかったし、日活の本編より数字が上がってた。金かかってるからね。

俺達はアイランプでゲリラ撮影。日活はセットでライト使ってるわけでしょ。それはもう画が違うし深度も違う。それなのに日活の窓口は、予算のことは何も言わないで、画が汚いとか言うわけだ。じゃあ、その画の汚さを逆手にとってドキュメント風に撮れば臨場感が出るんじゃないか、と。だからタイトルに『ドキュメント』や『セミドキュメント』をつけた。画が汚いから苦肉の策なんだけど、それが受けたから最初の頃の『未亡人下宿』にも『セミドキュメント』をつけたね（笑）。あの頃は脚本家の池田正一の家で撮ってたな。

※『未亡人下宿』のママの役名が「池田かつ」なのは、このとき池田という表札をそのまま使って撮ったから。

『未亡人下宿』は出ている連中が面白かったじゃないですか。一癖も二癖もある。そりゃ達者だったもん。あの頃の役者はみんな良かったよ。だから監督は自由に（芝居を）やらせておいしいところを撮る。上手いやり方ですよね。

でも、山本晋也はこっちが日活から貰っている年間何本という枠を持って出ていったわけです。『未亡人下宿』がヒットしたからと言って日活と直接交渉する、それは筋が通らないよね。

あと山本晋也は性と向き合ってない。俺はピンク映画を撮ってるんじゃないというのが口癖だったからね。パロディを撮ってるとか、なにか理由をつけるんだよ。ピンク映画を撮ることが恥ずかしいと思ってる。これを足がかりにして別のことをやりたい。ピンク映画は腰かけだったんだな。

久保チンとはピンク映画では仕事をしてないね。久保チンは山本組のコメディで、俺はドキュメントのスケバンものとかが多かったから。初期のAVに少し出てもらったくらいかな。でも、最初にプリマ企画で日活の下請けを始めたとき、向井（寛）さんにも監督を頼んだの。それには久保チンも出てるよ。女優は一星ケミ。『河内女とエロ事師』（71年）というタイトルでね。田んぼのど真ん中に肥溜めを掘って、そこへ久保チンが頭を突っ込むんだよ。で、向井さんが「顔を上げたときに新聞紙がついてないとダメだ」って何度もテストしてさ。久保チン、覚えてない？（久保新二曰く「まったく覚えてない」）

※日活の作品リストによると『河内女とエロ事師』は小早川崇という監督名。ちなみに小早川崇は向井寛の別名。

久保チンがいなくなったらピンクの一番いい時代を語れる人がいなくなる。個性的な人ばかりでよい時代でしたよ。今はどこも窮屈だもん。だから久保チンには長生きしてほしいよね。（談）

『未亡人下宿』で演技を知った

◉高月 忠

ピンク映画の役者さん達にはまったく失礼な話なんだけど、当時オレが在籍していた東映の大部屋俳優内であっても、芝居とはなんぞや？という理論を真っ正面に向かって追求していた訳だから「なんだ、エロ映画か」といったふうに、そういった作品を馬鹿にする風潮があったんだよ。だがオレはその流れに反して、ピンク映画や久保チャンへの憧れがあったんだ……台本にかじりついてシナリオのセリフを一語一句間違えないように覚えるオレ達に対して、ピンク映画を観ると日常会話がそのままセリフになってる訳じゃない？　台本に書いてあるセリフだけに捉われない、自然なスタイルが実に斬新だった。以前から芝居を勉強するために、久保チャン達が出演しているピンク映画をしょっちゅう映画館で観ていたんだ。

代々木 忠
よよぎ ただし
1938年、福岡県生まれ。プロデューサーとして『未亡人下宿』シリーズなど、日活ロマンポルノの買い取り作品を多数制作。後に創生期のアダルトビデオ業界に参入し、『ザ・オナニー』などヒット作品を連発する。現在もAVの第一線で活躍中。

『未亡人下宿』に出演するきっかけは、たこちゃん（たこ八郎）からの紹介。『網走番外地』とかで共演していた時、彼は「たこ部屋」っていう呑み屋をやっていて、オレもよく顔を出してた。店のすぐ近くに公園があって、オレが日大芸術学部演劇科の学生だった頃、三年先輩だったチョクさん（山本晋也監督）が映画の撮影をしていて久々に会ったんだ。その後何回か現場を見に行ったり、差し入れを持って行ったりしているうちに、「次の作品に出てみない？」ってことになって。

とはいっても、まだ気持ちに整理がつかなくて深作欣二監督へ相談しに行ったんだよ。そうしたら「東映に居たってセリフのある良い役なんか、お前にはまだつかないんだからやって来い。他流試合のつもりでどーんとぶつかって行け」って、背中を押された。

東映の看板を背負っているっていう意識があるから撮影は終始緊張の連続、特に久保チャンとの芝居はいつもハラハラしていたよ。だって本番テストで芝居が固まって、キャメラが回り出すと、久保チャンはテストとはまるで違う芝居をするんだもん…えっ、そうくるか？っていうリアクションで絡んでくるから、ついていくのに必死だよ。チョクさんも本番中、ずっと笑いっ放しで「テストの時よりも全然よかったよ！」なんて言うし。でも『未亡人下宿』の現場は、それまでの役者人生の枠を超えた、実りのある経験になったよ。（談）

高月 忠
たかつき ただし
1943年、北海道生まれ。東映の大部屋俳優であった74年、記念すべき『未亡人下宿』シリーズ第1作に主演。その後川谷拓三らの「ピラニア軍団」に参加。映画『仁義なき戦い』シリーズ、『鉄道員（ぽっぽや）』、テレビドラマ『相棒』など数多くの作品に出演する。

大ヒット当たり役・尾崎と仲間たち

山本晋也監督

「泥棒と映画監督は〝とる〟のが商売」とばかり撮り続けていた山本晋也……。

『女湯』『痴漢』『未亡人下宿』シリーズは大当たりで、俺と山本晋也監督は夫婦以上にお互いの気持ちがわかち合えた、アウンの呼吸って奴だ。

「トゥナイト」に出るようになってから有頂天になり、メジャー意識がさらに強くなったね。それも『未亡人下宿』の現場中からだ。今の山本晋也があるのは、一緒に釜の飯を食ってきた仲間達のお蔭ではないだろうか……。

『未亡人下宿』シリーズは日活でもドル箱で、日活の救世主と言われたくらいだ。

代々木忠、向井寛、電映商事……が制作者達。が、誰一人山本晋也を褒める人はいないのが寂しいね。

日活の権限をもつ担当者と裏マージンでよく揉めていた。

「久保ちゃん、今回はいくらマージン貰えるの?」

「今回はキャストも多いし、スケジュールも1日延びたから5万くらいしかないから、何とかこれで……」

「久保ちゃん、大人なんだからさ、その額は受け取れないよ」

「だから、次回作の時には少し多めに、じゃ、金額を提示してくださいよ、なぁ監督ぅ」

……俺も山本晋也も悔しくて2人で泣いた。こんなこと作品の度のヤリトリだ。この部長は許せねぇ、絶対に首にしてやる！と思っていたから首にしたよバカヤロ！

俺も未亡人下宿の尾崎君の役では、アドリブを使い、出ずっぱりだが裏マージンも考えたりで苦労したのさ（笑）。ギャラ取り過ぎだったかもネ。

でも、その当時から監督の部屋は資料の山で、山田勉のペンネームで脚本も書いていたし、天才派監督だね。「トゥナイト」に出演してる時は、『未亡人下宿』大好きが、途中から大嫌いに変わっていった。

アデュ〜。

『セミドキュメント　未亡人下宿』今だから語る

山本晋也監督の『未亡人下宿』1作目は、69年東京興映製作で、タイトルも『貸間あり 未亡人下宿』だった。ちょうど、社長の小森白さんの家を壊す話があって、これがきっかけで未亡人下宿を撮ることになった。白さんも喜び、撮影日数も10日近くあった。

この『貸間あり 未亡人下宿』から5年がたち、松浦康の紹介で代々木忠も腰をあげ、山本晋也が日活で『セミドキュメント 未亡人下宿』を撮ることになった。

代々木忠の本名、渡辺をもじり制作はワタナベプロで、1本目は学生の寮でも、大学名がなかったから、この作品からに心機一転で大学名を入れ、濡れ場などはそいつの大学の校歌をいれたらどうだろう……こんな打ち合わせをしたが、俺の役名、大学が決まらないのだ。俺も、山本晋也監督も悩んだが決定に

久保新二交遊録

『未亡人下宿』シリーズで初期に主役を務めた高月忠。当時のエピソードは本文を読んでくれ。

は至らなかった。

きっかけは、前作で歌手の尾崎紀世彦のモノマネをして、トレードマークのモミアゲを長くつけて「また逢う日まで」を唄った。『ポルノだよ！全員集合　(秘)わいせつ集団』(74年)で、もちろん監督は山本晋也。

こんなきっかけで役名は尾崎清彦に決まり、1作目の大学名は明治大学になった。

主演も東映の高月忠を抜擢した。ママ役は大人の雰囲気をもつ青葉純で、なかなか艶っぽい女優だ。おなじみの肉屋を松浦康、八百屋を東映の三重街竜が演じ、ロケセットは脚本家の池田正一の家に決まった。

高月忠も、それなりに面白おかしく演じていたネ……。下宿人の学生の中で高月忠が早稲田大学で硬派だった。俺は明治大学だから、後の尾崎君にはほど遠かったね芝居も……。

監督の山本晋也もこの頃は台本をもち、台本には縦に線を引きカット割りをしていた。

現場も6日かかっていたかなぁ。

カメラは久我剛、後々、現代映像企画を立ち上げた斎藤さんで、『未亡人下宿』をほとんど回している。

照明技士は近藤兼太郎さんで、ライティングも凝っていた。

キャストも多かったね。熊倉博、金子白洋児、たばこ屋の娘に可愛い子の林まさみ、ホステスに石橋和子、ママの亭主に佐川二郎、寺島一夫……と、どんだけ出演者がいるのか。いまピンク映画を撮ってる監督達は羨ましがると思う……。

この『セミドキュメント　未亡人下宿』が続くとは思わなかったなぁ。

日活の買い取り作品の担当者の小石部長、奥村氏も、出来上がり作品や興行収入も含め喜び、次回作は

『続・未亡人下宿 表も貸します裏も貸します』に繋がっていく……。『セミドキュメント 未亡人下宿』の公開日は74年12月4日だった。

アデュ〜。

女優に迫られて逃げ惑う山本晋也監督

山本晋也監督が、数多いピンク女優の中で一人だけ惚れた女がいた。かほりだ。

東京興映作品でローカルものだったかなア……。

群馬県の藪塚ロケで、撮影も順調で3日目の深夜、監督の隣の部屋が俺やスタッフが一緒で、現場が終わり、暗くした俺達の部屋はスタッフのイビキが始まっていた。

主演のかほりは細身でスタイルが抜群で、美人とは言えないが初々しさが可愛い。チョク（監督の愛称）さんはこういうタイプが好みなのだ……。

女優達の部屋は監督の部屋の向こう側で、

久保新二交遊録

ピンク映画の助監督・脚本家だった長嶺高文。最近まで一緒にイベントをやったりしていたが、まさか60歳で亡くなってしまうとは……。

明日も早いので、そろそろ全員が寝かかった。

俺らもうたた寝していると、襖の向こう側で何やら話し声がする。もう夜中の3時も回っている。聞き耳を立てると、どうも酔ったかほりがチョクさんにモーションをかけてる様子。

「ねぇ、監督ぅ……お願い」

ロレツの回らないかほりの悩ましい声が聞こえる。監督は「これから今日のカット割りするから……」と、逃げ腰の雰囲気だ。ややすると襖がソーッと小さく開き、監督が差し出した台本のうしろの白いページに走り書きがある。俺がライターの明かりで照らすと、「いま、かほりにやって！と迫られているが、こういう場合どうしたらいいか？」という内容だ。

助監督の三古谷も寄ってきて案を出し返事を書いた。

「こういう場合は、なりゆきで当然、やってやるのが礼儀、俺達は決して覗かないから早めにやってください」と送り返した。

また返事がきて、「俺は監督だぞ、お前と違って立場があんだろよ」とチョクさん。

何がお前と違って立場だ……イラつくから「いま非常事態の時は、ヤッテやるのが男！　代わろうか？お休み」と細く開いた襖の間から返事を送った。

監督の部屋がシーンとなり、物音ひとつ聞こえない。あれっ、2人はハマッてんのかな?と、思ったら、ドッタンバッタン始まった。

まるで出入りの騒ぎみたいだ。

「久保チン、かくまってくれ」

と突然襖が開きチョクさんが入り込んできた。チョクさんは俺達の部屋を通り抜け、どこかの部屋に潜り込んだみたいだ。

そこへかほりが乱れた浴衣姿で髪をかきあげ、「監督いますぅ？　ねぇ久保さん」陰毛丸出しでチョクさんを探すが、いないのを確認したのか、自分の部屋に戻った……。

それから数ヵ月後、男が原因か酒が原因か定かではないが、かほりは手首を切って自殺した。

ともあれ、監督とかほりは惚れ合っていたと思う……200本以上撮っている山本晋也監督も、「惚れた女優はかほりしかいない……」と、自分でも語っている。

アデュ～。

こんなとき、人間性が出る

過去は戻らない……過ぎた日を恨むな、振り返るな。み～んな思い出さ……。

『未亡人下宿』シリーズの撮影現場のエピソードは、助監督が数人の学生達と一緒にリヤカーを引きながらカメラに向かってくるシーンのとき。

何回かのテストの確認は、スピードや位置、人物がだぶらないためだ。

久保新二交遊録

稲尾実監督（中央）のピンク映画にも数多く出演した。稲尾ちゃんも現場で俺をうまく乗せてくれる監督だね。

俺もカメラ横にいて、山本晋也の「よ〜い、スタート」というかけ声が響いた。商店街の道をリヤカーがきた。記念にと学生やリヤカーの走りと一緒にビデオカメラを回しながら走る助監督。テストと走る位置が若干変わった。カメラの斎藤が「位置が少しずれたなぁ……歩道に寄り過ぎだ、もっと左を走れっ」と台本で合図する。俺も声をかけた。

瞬間、ビデオカメラを撮りながら走ってた助監が、放置してある子供の三輪車に足を引っかけ、カメラを持ったまま顔面から道路に落ちた。当然カメラはストップだ……俺らはそばに駆け寄り声をかけた。助監の前歯は唇を突き抜け、口元を押さえている指の間から血の固まりが噴き出している。

救急車を呼んでも多少時間がかかる。スタッフもみんな真っ青で人だかりも多くなった……。

このシーンはタイトルバックだから大事で、コースが外れたときにNGにしとけばよかったのだ。別の助監督が状況を説明し、次の部屋の絡みを後回しにし、先に久保さんのセンズリシーンからお願いします！と監督に説明する。

「ったくぅ……ケガなんかしやがって！　俺、知らねぇ」

この一言で、山本晋也監督の人間性をみたね。

アデュ〜。

故・たこ八郎のトロフィーは何処に

俺とケミが落合の火葬場近くのアパートで同棲してた頃の話。ケミも山本晋也の『女湯』シリーズや向井寛作品には数多く出演していたネ。

ケミは鳳蘭の店でバイトしてたが、酒と薬（ハイミナール）に溺れ、精神的におかしくなっていった……。同棲して3年が過ぎていた。同棲……というより半同棲だった。

久し振りに部屋に帰ったら、ケミは病人みたくなっていた。俺にも責任があるよね。いろいろ話し合ったが進歩がなく無駄だった。妹からの連絡で両親が近々ケミを連れて帰るという話だ。

たまたま、唐草の大きな風呂敷を担いだたこ八郎にバッタリ会った。泊まるところがないと言うので、たこちゃんに、俺とケミが住んでる部屋に泊まればいいよ、と部屋に案内した。

「い、いいのか、久保ちん、あ、ありがと、久保ちん」

あの舌たらずで、額にはノの字の髪型がトレードマークのたこは日本フライ級チャンピオンの経歴もあり、テレビで「河童の清作」斎藤清作は何度か見たことがある。コメディアンの由利徹への弟子入りから、まだそんなに経ってはいないと思う……ボクシングを引退して、殴られたりした後遺症が残ってる時期だ。

「なんだ重いなぁ……何が入ってんだ風呂敷に」

がちゃがちゃ音がするのはボクシング当時のトロフィーや楯がいくつか入っていたのだ。

俺は押し入れの下に大事な風呂敷をしまっておいた。

俺が向井組で京都ロケにいってる間にケミの両親が迎

久保新二交遊録

『トラブルマン 笑うと殺すゾ』の山下賢章監督。俺を東宝作品に引っ張ってくれた恩人だ。

えにきて、俺が部屋に戻ると、電化製品はもちろん、俺の私物もなにも、押し入れの中の大事なたこちゃんの風呂敷もなかった……。

両親が、いらないものはすべて処分したらしい。

俺は、大家に聞いた。「小さい坊主頭の男も一緒に連れて行ったよ」……。

数年してから、痴漢もの、『未亡人下宿』シリーズ他、かなりの数共演したが、唐草の風呂敷の話は一言もなかったネ。

TBSで「昭和のチャンプ～たこ八郎物語～」（90年）をオンエアしたが、たこ八郎のトロフィーや賞状、楯はワンカットも出ていなかった……当時はたこちゃんもかなり頭がおかしかったから、記憶喪失になっていたのだろうか……俺が悪い……悪かった、たこちゃん。

アデュ～。

今泉洋さんの死

2002年に大先輩、今泉洋さんが死去していたとは……。

JR大久保駅前も昔は三福会館があって、今泉さんはその近くで、かなり年配のおばちゃんと一杯飲み屋をやっていた。

ビールが大好きで水がわりだった。ピンクの役者の矢島浩や日野伸二もよく顔出しちゃ、今泉さんに芝居の説教をされていた。俺は説教よりも、むしろ褒められていた。

梅沢薫監督が、ワールド映画で撮ったとき。プロデューサーと助監督をやっている兄弟の弟と、現場で殴り合いの芝居をした後、今泉さんの玄関先で俺が仁義を切るのだ。けっこう芝居にうるさい梅沢監督も、絶賛だった。台本2ページ半くらいあるセリフも強弱つけ、「うまいね芝居が」と、褒めてもらった。今泉さんとの初共演だった。

一緒に店をやっていたのは今泉さんの女？か、2階が住まいで一緒に寝ている、と言うから男と女の仲だったと思う。

俺も、年配者が好き、人生経験豊富な女が好き。よく似ている。

夏も冬場も今泉さんは越中フンドシ姿で、普段着も着物を着ていた。

今泉さんが演じた『ニッポンセックス縦断 東日本篇』（71年、東京興映）で演じた大久保清の役はよかった。渡辺護監督の代表作でもある。俺の『未亡人下宿』シリーズでも、質屋の親父役は名演技もので存在感があった。

新宿西口の思い出横丁も、俺が若い頃……いや火事になるまでは小便横丁だった。定食屋、ゲテモノ屋、流しが何人もギターをつま弾きながら歩く光景はもう、お目にかかれないのだ。情緒があったなぁ……。

小便横丁のゲテモノ屋では、雀や蛙のカラ揚げや蛇を食べたりの経験も今泉さんに教えてもらった。

今泉さんは酒が入って気分がいい時は、鶴田浩二の「街のサンドイッチマン」を唄いながら小便横丁を歩く

久保新二交遊録

久須美欽一と一緒に林由美香の墓参りに行った。可愛い由美香とはたくさんの思い出があるね……。

のだ。

♪ロイド眼鏡に燕尾服ぅ、と今泉さんのうしろで行進するのだ。

♪サンドイッチマン、サンドイッチマン、おいらは……と今泉さんは着物をはしょり、右腕を上下に振るのだ。

「久保ちゃん、声が小さい」と、怒鳴られながら行進する歌は、いまでもときどき唄う。そ、今泉洋さんを思い出すのさ……。

アデュ〜。

カメレオンの異名の吉田純……死す

小森白監督兼社長の東京興映も、山本晋也監督の『女湯』シリーズから喜劇をやることになった。製作すればするほど興行的にも大当りした。

女湯のレギュラー陣は、野上正義、松浦康、堺勝朗、久保新二、そして吉田純だ。

先輩達の芝居はホントに参考になったネ。

吉田純は目だくりで白目が大きく、小島マリや大月麗子、美矢かほる等から、カメレオンの異名がついた。

趣味で、小道具やオブジェなども作り、また、刺青なども描く天才的才能がある。国分二郎や一星ケミなども純ちゃんに刺青を描いてもらったりした。

純ちゃんはガタイが大きいから、ヤクザの役をやらしたら、そりゃ迫力があった。『未亡人下宿』では肉屋の親父をやり好評だった。

野上、松浦、堺さん達から俺がメインになると、仕事の量も少なくなり、生活もあり、子供、母親の面倒も見なくてはならない……。食えない役者よりも、何か仕事をしなければ……と、日本蕎麦屋のバイトをしながら生計を立てていたが、親も歳を取り体が思うようにいかない……カミさんと揉めた。カミさんも自分の親の介護をしなければならない……そんな理由で離婚した。

中野の都営アパートは古く、エレベーターもなく、俺も何度か部屋に行ったが、階段を上がるのはしんどかった。ましてや年寄りには無理というもの……。

純ちゃんは舞台女優と一緒にストリップ劇場回りした。ストリップは10日間でギャラがきちんと出るから、生活も安定する。

巷では、吉田純はヤクザになったとか……そんな噂も聞いた……。もっと早くストリップ劇場回りをやればよかったのに。俺も当時は力があったから、どうにでもできた……悔いが残る。

ある日、博多の中洲にあるハリウッド劇場に、舞台装置や照明を見に顔出しした。

吉田純がSMの寸劇をやっていた……。

舞台袖にいた吉田純は顔中包帯だらけで、目だけを出しミイラみたいな扮装だ。そして松葉杖をついていた。随分凝ってるなぁ……、昔と違って見えた。

久保新二交遊録

渡邊元嗣監督の作品にもずいぶん出演したな。中央はたかとりあみ。
今は飲み屋をやってるよ。

なんか迷惑そうで、俺を避けてる雰囲気に見えた。「久保チン！」と映画で共演してる時は愛想がよかったのに。

俺の劇団にも昔は何度も出てくれ、ホントに助けてもらった。

俺は客席から本番を見た。純ちゃんが全身包帯姿と松葉杖で、本舞台にいる女に声をかけた。女は怯えた芝居だ。純ちゃんが足を引きずり女の衣装をはぎとると、すっ裸でマンコ丸見えの寸劇だ。

途中、場内から外へ出た。

社長が「吉田純さんも体がガタガタで、足も松葉杖がないと歩けなくて。でも、奥さんも頑張ってますよ。いいよね、２人で劇場回っているし……」

俺は社長に吉田純さん夫婦のことをお願いし、劇場を後にした……。

そっか、母親も亡くなり、純さんも女と寸劇をやりながら足を引きずり頑張ってる。よかった……よかった！　吉田純がヤクザになってないで……。

これが、吉田純と会った最後だった。

アデュ〜。

故・渡辺護VS犯し屋・港雄一

犯し屋男優の港雄一に電話したら元気な声で安心した。が、本人は認知症で、俺のことも覚えちゃいまい……だから、渡辺護監督が亡くなったことは伏せておいた。寂しいけど……。

昔のこと、港雄一（コンちゃん）が芝居の中で、りこの顔を目がけてドスを突きだし、りこがよけるカットの撮影だ。

コンちゃんのドスがきたら右によけて、もう一度きたら左に避ける……２人で綿密に打ち合わせをし、最初は右にドスを出すから、りこは左に避ける……ばっちしだ。監督の渡辺護の注文が入り本テスもＯＫで、「いまの感じでいい、よし本番いこう、よ～い、はいっ、」カチンコが大きく鳴った。

コンちゃんがセリフを言いながらドスを出し、りこを目がけて突きだした。本テスと同じ動きだ。ところが、どう間違ったのか、りこの顔はドスの方に向いてしまい、ドスはりこの目にモロに入ってしまったから大騒ぎ。

りこが目を押さえる、指の間から出血だ。りこの事務所のマネージャーも飛んできた。りこを病院に運んだのはいいが、かなりの金額がかかりそうだ。病院代は誰が払うかで見苦しく揉めた。

監督の護さんは「りこの目を刺したのは港だから、港が全責任をもつべきだ」と開き直り、港雄一は「現場の責任はプロデュースも兼ねてる監督が払うべきだ」……これまた開き直りの喧嘩だ。

りこの事務所の社長、代々木忠さんが間に入り、スッタモンダした。

数日後、りこの事務所に寄った時、り

久保新二交遊録

池島ゆたかは監督として役者として今のピンク映画を支えている存在と言っていい。まさにミスターピンクだな。

こが右目に大きな眼帯姿で入ってきた。

「ゴメンね、心配かけて……久保さんに連絡しようかと思ってたの」

りこに声をかけられた俺は、痛々しい姿を目の当たりにし、目頭が熱くなった。りこは言葉少なめで、事務所のドアを開けた。そして……そして……さよならも言わず業界を去っていった。

港雄一がぼやいていた……。

「現場の事故の責任は監督だよなぁ、な久保チン！　結局、俺40万払ったよ」だって。

りこが可愛そうだ……あの時、何で顔がドスの方に向いてしまったんだろ……りこは。魔が差した？では、俺は納得できない……。りこは何処で何してるんだろ、会いたいなぁ。皆も事故には気をつけてくれッ。

アデュ〜。

港雄一との3P

プロ鷹の木俣組ロケは、軽井沢の旅館だ。

木俣堯喬監督は、『相棒』を撮ってる和泉聖治監督の父にあたる。

オープン撮影でスタッフは誰も宿にいなく、俺が布団の中にいた時、女中の信子が布団を片づけにきた。まだ19歳で、映画に興味があり、俺の頭のとこに彼女の膝小僧があるので、手を延ばすと彼女も膝を開き、なりゆきでオマンコしてしまった、いや、やらされてしまった、と言った方がいいかも……。

コンちゃんにそのことを伝えると、「俺は一昨日やったよ、じゃ久保チンとマラ兄弟だな」と言う。

明日は東京に帰る日、撮影もすべて終わったので、挨拶がてら女中の信子の部屋をコンちゃんとたずねた。

万年床の上には少女雑誌が散らばり、宿の女将の小学2年の女の子もいた。

「お姉ちゃん、今日は2人なの？　じゃ外にいるね、エヘヘ……」

女の子は俺達の顔を交互に見ながら外から鍵をかけた。

コンちゃんは無言で信子の下着を剥ぎ取った。信子もこの瞬間を待ち望んでいた気配だ。

ちょうど、性に興味がある年齢だからね。

コンちゃんは、いきなり信子の股倉に顔を突っ込んだ。靴下の蒸れた匂いと生ごみのイガらっぽい匂いがミックスして、俺の鼻をつく。

犯し屋の港雄一は、映画と同じだ。信子もコンちゃんが音を立ててマンコを舐め回すから、気持ちいいのだろう、「ウッ、ウッ気持ちいい」と声をだす。

信子は俺のチンコをしゃぶりまくる。

港さんはガンガン呻き声を出し腰を躍動させる。俺はチンコをしゃぶる信子の口元を見たり、テレビを見たりだ。

「お姉ちゃ～ん、まだぁ……終わった？　入っていい？」

久保新二交遊録

シネキャビンの録音技師中村幸雄。中村さんの職人技がピンク映画を支えてきたのは間違いないね。

ドアを叩くのはさっきの女の子だ。

俺はビックリしながら発射した。

コンちゃんは「可愛いよ信子、可愛いぞ」が口癖で、映画の絡みでも必ずこの誉めセリフを言う。臭いのが可愛いかもしれないな、コンちゃんは……バカヤロ、臭い匂いにはキムコだろ!

「おぅ、もう終わるからな」

とコンちゃん。野獣のような声を発するとコンちゃんと信子は果てたのだ。ま、男の二輪車なのだろうが、俺の存在感は何もなしだ。子供と外で遊んでた方が良かったかも……。

軽井沢にきて、靴下の蒸れた匂いと生ごみの匂いはないよなァ……。

アデュ〜。

『未亡人下宿』五代目ママ 橘雪子

橘雪子のママ役は割烹着姿もサマになってるし、芝居も自然で、「よし! 『未亡人下宿』は橘雪子でいこう」と決め、山本晋也監督にも頼んだ。

橘は以前からピンクに何本も出演し俺とも共演している。その頃から橘は、芝居も間もうまかったね。

俺と橘雪子が『未亡人下宿』をやめた後も、その後にもすばる卿子や愛染恭子がママを演じたが、皆1、2本で終わっている。

青葉純、東裕里子、大原恵子、深美ジュン……の女優達は綺麗すぎたりして代わっているのだ。

俺の後の尾崎君の役を桜金造が演じたりしたが、所詮、俺の下品さは出せない。

俺は学園祭やストリップ劇場にも橘を連れて歩いた。

神戸の新劇ゴールドでは松浦康、堺勝朗らの出演。俺は、楽日のカーテンコールを短くし、なにか芸をやるように注文した。

橘はなんの芸をするかと思ったら、いきなり巨乳のオッパイをだして「自分のオッパイを吸います」とか言って、オッパイを持ち上げるとペロペロ舐めて乳首をふくんだ……。肌は白く、2階席の照明がピンスポで胸に当たる。

場内からは声援と拍手だ。

「俺も自分のチンコくわえまーす……」

とズボンとブリーフをおろし、自分のチンコくわえようと試みたがムダだった。

もう少しで背骨が折れるとこだったぞ、バカヤロ！

橘雪子も乳ガンになったが、そんな状態でも、明るいというか、覚めているのだ。

要は冷静ってことだ。

田代葉子も乳ガンで長い間苦労したが、芝居に打ち込み、銀座のみゆき館で元気

久保新二交遊録

山口真里と一緒に。芝居といい、色気といい、今ピンク映画界で一番いい女優じゃないか？

な姿を見たときは嬉しかったなぁ……。

『未亡人下宿』での橘雪子の芸達者な芝居をたっぷりと見てくれ。あっ……俺も出ているのかぁハハハハ……。

アデュ〜。

原悦子

原悦子は当時は若者達に受け人気絶頂だった。平凡パンチガールになると、さらに人気が出た……。

小川欽也監督の女?……の噂もあり、悦ちゃんだけじゃない、三条まゆみもそうだった……監督もなかなかやるもんだ。アハハハ、プレイボーイだね。

原悦子の代表作のひとつが、俺の主題歌が入る『ポルノ　チャンチャカチャン』（78年）だ。

電映商事がスポンサーで、監督の山本晋也の絶頂期でもある。

悦ちゃんも芝居は上手くないが、絡みでも照れながら演じるのが、若者の心に残ったと思う。

興行的にも当たり、続いて『アパートの鍵貸します』のパロディで『痴漢との遭遇』（78年）は今でも観たい作品だな。

『痴漢との遭遇』は井筒和幸がチーフ助監督で、セッティングが気にいらないから、俺は芝居ができねぇ！とダダをこねて現場を1日延ばしたりで、わがまま放題だった。

悦ちゃんのハト胸の乳首を吸うと、何気ない仕草で両手で顔を覆ったり、のけ反る悶えの表情や初々しい恥じらいの顔が処女みたいで、ファンは虜になった。

スターになって、「愛想がない」とか「女の一番醜い見本ネ」とか、仲間達から陰口を叩かれたが、大学の映研連中どころか、中学、高校生達もファンになった。

壇蜜も真っ青の人気者だったんだよ、原悦子は……。

でも、その後の悦ちゃんの日活作品は酷かった。目尻の下にはクマができ、身体の線もちょっと崩れてた雰囲気があったね。あの可憐で初々しい原悦子はいなかった……。

「悦ちゃんはスターだから、自分の思い通りに動けばいい」……監督の言葉をそばで聞いた俺は、悦ちゃん人気も、長くはねぇな、と思ったもんだ。

日活作品もなくなり、私生活の乱れを強調しているかにも感じたね。

日劇ミュージックホールに出演した時のオーラは輝いていたのに……。

その後、出版社に勤め、ピンク映画時代の資料を抹消しようとしたり、週刊紙の対談では「ピンク映画には出たことはありません！」とか言ってるのを聞くと、寂しくなるね……。ピンク……エロ映画……おま○こ映画、と言う奴も世の中にはまだいるからなぁ……。

アデュ〜。

「当たる当たる」って何に？

「1日1回しないと機嫌が悪くなる女知ってる？　でないと子宮が疼くんだっ

久保新二交遊録

ピンク映画で今一番の売れっ子女優倖田李梨。どんな作品に出ても、脇をビシッと締める存在だな。

てさ」

新人のリカちゃんのことで、久し振りの話題賞ものだ……。

一日一善てのは聞くけど、1日1回とは……マジか！　聞きしにまさるプッツンかまともか、興味津々だ。

『女高生下宿 熟れどき』（80年）の打ち合わせと顔合わせのとき……日野繭子、飯島洋一ら、現代映像企画の事務所の中は賑やかだ。

「久保新二でぇす、あんたが噂のリカちゃんか。子宮が疼くんだって？　エッチしないと」

俺は挨拶がてら聞いてみた。

リカちゃんは独特の舌たらずの喋りで独演会を始めた。

「この間さ、うっかりしてタンポン入れっぱなしにしてたらさ、奥に入っちゃって取れなくなっちゃったの……へへへへ～」

周りにいる監督の山本晋也や撮影の斉藤もニヤニヤ顔だが、シラ～っとした雰囲気だ。俺だけかい、興味あるのは。

「そんでね、つき合ってた彼氏とエッチした訳よ、タンポン引っこ抜いとけばよかったんだけどさ、彼氏が当たる、当たるぅって連発すんのぉ、ハッハハハ～」

何だこの女は、ちょっとオカシイんじゃないか！と思ったね、そりゃ当たるわな……。

「やってるときだし言えないじゃん今さら、彼氏、腰使いながら、お前の浅いな、とか言うの、笑っちゃうよね」。で、終わってトイレにいって詰まってるタンポン取ろうとするんだけど取れないのね。焦ってさ、四つん這いになったり片足上げたりさ、あいつが押っぺすから余計奥に入っちゃってさぁ……涙は出てくるし……やっと取れたの、どうやって取ったと思う？」

「う〜ン、耳掻きで取った？」

俺も、かなりの難問で答えるのがやっとだった。

「ブブ〜、ゆっくり深呼吸しながらセーノで気張るの、そしたらスポンと、もうひとつオマケが出てきたのキャハハハ」

「へぇ、グリコみたいだね」

「エヘヘヘ、前のタンポンがもう一個入ってたの……内緒にしといてネ。もう私のオマンコガバガバだよ、どうする？」

知るか、腐れマンコ……気がつくと事務所には誰もいない……もち監督もだ。

こんな人生で大切な話を聞かないとは、なんて不謹慎な奴らだ！

やっと打ち合わせに気がついたのか、リカちゃんもシラ〜っとなり、笑うと八重歯も見える普通の女の子になっていた。

アデュ〜。

久保新二交遊録

最近よく会う中田圭監督だ。新作では俺を使ってくれるらしいぞ。楽しみに待ってま〜す！

京一映画 主演男優賞

79年、第4回京一映画賞男優賞「マスマスのってます久保新二」特集が京一会館でオールナイトで始まった。

特集上映は『痴漢百年史』『新・未亡人下宿 すぐ入れます』『痴漢地下鉄』『ポルノ チャンチャカチャン』『痴漢柔道部』『女高生下宿 熟れどき』と傑作特集上映だ。

支配人の綿鷲さんの企画で、山本晋也、日野繭子も一緒。

新幹線が架線事故で、2時間以上の遅れだ。

表彰式の後挨拶だが、俺も監督もタカをくくっていた。平日で久保新二特集なんかに来る奴いるのか？て感じで遅刻も気にしなかった。

京一会館に着いた時、階段下の路上は若者がウジャウジャいるではないか、真っ青だ。

人、人で階段も上がれない、時間をかけて事務所で一服までかなりの労力だった。

壇上で支配人の挨拶がスタートした。「マスマスのってます……センズリ役者の久保新二さん、どうぞ壇上へ」……どうぞじゃねぇ、学生がギッシリで壇上まで行かれない。暑くて熱くて頭きたから上半身裸でやっとこさ壇上に上がった。

学生の轟音のような雄叫びは凄い、映研の力も全国的に強かったね。ピンク映画全盛はこんな時代だ。

ピンク映画にもコメディ、ドタバタの映画があっていいじゃないか。

今みたく、ドタバタコメディダメ、血糊もダメじゃ映画撮れねぇよ！

早稲田大学の学園祭や関西学院大学、大阪経済大学も凄かった。

早稲田大学の学園祭でも、隣の教室は松田聖子だったが、こっちは「見せます、笑わせます、勃たせます、生の裸見せます！」がキャッチフレーズだった。そりゃ俺でもそっちに行くさ。

思春期の学生に、センズリ談義や女の身体の仕組みやエッチ話。学生達は好感が持てたかもな。気取りはいらねぇ、男と女を語るのが俺の心情さ。ピンク、ピンクだい好きさ、ピのマルを取るとヒンク、貧苦になるなバカヤロ！

アデュ〜。

久保新二交遊録

元祖ジゴロ伏見直樹。今も映画制作、ライブ、イベント、演歌歌手プロデュースと精力的に活躍している。

嗚呼、クボチンと下宿友達になりたかった

●山下賢章

「久保新二」の話しになると、やっぱり、おれらを自己発酵させてくれた頃を語りたくなる。ありがたき御仁とあがめていたのに、くそッ、早々と死んだふりしやがって！　おい、おい起きろ、まだ先があんだ！

今や死語になりかけている「下宿」を7回移り、31種のバイトを経験した学生時代。癒しとまどろみの床は、映画館。食事もお茶も抜きにさせてくれた〝日活ロマンポルノ〟メニュー。勤勉と貧乏を両立させたくて、おのれと社会のつながりも分からないままのバイト暮らし。自分探しに必死の田舎者は、次の四度目の下宿先に期待をふくらませていた。

西武新宿線。オリンピック後間もない東京はグングン広がっていた。上井草駅前にはスポーツ施設が建設中。だが少し行くと、まだ武蔵野の畑や果樹園場の広がり。「杉並園芸高校」（今はない）を目標に15分歩いたところに、目指す下宿はあった。思いのほか大きい新築住宅。邸宅とも言える、しっかり車庫も抱えている。迎えに出てきたのは、司法試験目指して勉強している大学の先輩という。

「大家さんは留守だから、部屋を見せてやるようにと頼まれたんだ。ここは空気がいい、環境もいいんだ」と、懇切丁寧親切だった。帰りがけにちらっと見かけた、若い奥さん！　躊躇することはない。即決

した。ところが、引っ越した数日後、先の先輩は挨拶もなしに去って行った。独りの住人になってしまった。

「団地妻」か「未亡人下宿シリーズ」かのオールナイトを見ての朝方、田舎育ちは北原謙二の「ふるさとの～～」を声高に唄い、下宿の前に到る。玄関先の路上に、黒塗りの外国車。背広の青年衆が二人、佇っている。一目であの筋の方と直感した。「おっと、そんなお方が、大家さん?!」。なんとちゅうことぞ。おいら、久保チンが暮らしているような、あんな楽しみの湧く、やる気の出る下宿と思って引っ越して来たッちゅうに！　もう行くとこ、映画館しかないんといううんか！

して2年後。撮影所の演出部にもぐりこめた。助監督だ。ただ、与えられる現場を無心に走る。走りながら考えるのが、助監督の仕事のコツとも教えられた。長距離走には自信があったから、目立ったのかもしれない。監督の椅子は運んでも、自分の椅子のことなど思ったこともなかった。ある日突然、所内での立ち話のひとコマから、ことは始まった。

「君、喜劇をやる気はないか」、あるPから声をかけられた。まだ東宝に入って9年。仕事を教えてくれた先輩たちがわんさかいたけど、「Oh、NO！」とは言わなかった。

東宝喜劇の、社長シリーズ、クレージー、ドリフ作品の勢いにも陰りが射してきていた。「何か面白い喜劇を、いや面白いのは喜劇の常識。その常識から外れたドデかい、サラリーマン青春喜劇を仕立てたい」と、Pは言った。

1975年前後は、なんたって百恵ちゃんがアイドルの時代。一方、「コンピューター」なる電子怪物が世に姿を現し始めていた。まだデジタルという言葉もない、電子計算機の頃だ。高層ビルの一室を占拠して巨大なテープの輪が発電所のように廻っていた電算室。どこからコンピューターになるのか、まるで想像もつかない。そのコンピューターを、いち早く一般社会に売らんとする新入社員たちを主人公にする、サラリーマン青春喜劇映画。それが初監督の仕事だという。

新しい電子時代を生きていく新入社員たちの気宇壮大は、当然なるべし。体力も発想も行動力も並みのモノでは困る。そんな若い社員たちがいてこそ、電子社会には立ち向かえる。キャストも桁外れの人物であるべし、などと、新人監督は考える。誰が知恵してくれたか、第一回作品だけは好きなことが許される、思いのたけで走れと、励ましてくれた。後のことなんて考えない。今様に言えば、デジタルに勝てるには、アナログ人間こそキャスティングされるべし、と、そんな発想に新米監督は到る。しかも演出の7割はキャスティングに拠ると聞いてきたから必死になる。

撮影所でのオーディションなどはそこそこに、監督は独り京都へ走る。主役には「河島英五さん」をと、ひそかに願っていたからだ。「酒と泪と男と女」が世に出て間もない頃だ。Pすらまだ知らないから、コンサート会場へ「河島英五」を訪ねるのだ。あの偉丈夫な人が、長髪の下に真摯な瞳の輝きを見せて、こう言った。「オレ、芝居はできませんから、監督の近くに住んでいいですか」と。

翌日に下宿を決めた。芝居の練習などしない。そもそも芝居はリズムよと思っている方だったから、多摩川べりで、ランニングとぺしゃくりばかり。英五さんの口調や気配り、鷹揚さは、スケールの大きい大型新人「捕手」の実感しきりだった。

この捕手に向って投げるピッチャーを正統派速球投手にしたら、これじゃ喜劇にはならん。ノーコンで打ち気をさそって、はやらせ、しくじらせて、相手も観客もやんやの手玉に乗せる「投げ手」が要るのだ。誰や、そんな役者は？　無論東宝なんかにはいない。自分の「下宿友だち」しかいないじゃないか！　オレらの青春に癒しと勇気をくれた、あの人がいらっしゃるではないか！　「河島英五」に向かって投げるピッチャーこそ、「久保新二さまよ！」。

俳優部は「久保新二」を知らないという。なんたることか！われら田舎モンの歯ぎしりと衝動をしっかり受け止めてくだったクボチン様は、きっと越後西頚城あたりから来られた苦労人ぞよ、とあれこれ考えながら撮影現場へ向った。しかも場所は、東映撮影所だ。ＡＫＢの握手会ってなもんじゃない、「あんた、何考えてんだ、ざけんじゃないよ」と、いつテーブルを蹴り上げられるかも覚悟の、キンチョウ御対面。ところが、色白で、目には親しみをくれる柔らかさ。あのキーの高い、丸ろい声。〜〜えっ、この人、東京都出身！［編注：実際は千葉県出身］ええっ、児童劇団出身の、俳優さん！それは、いっぺんにフォーカスが狂う予想外の展開だった。田舎人《いなかびと》にもなれる都会の人なのだ。そうか、俺は垢ぬけした東京人の喜劇に魅せられてきていたのだ。だから、もっと隠されている「起爆力」がほしくなった。絶対マウンドに立ってもらねばならないから、久保新二というキャスティングは誰にもゆずらなかった。

どんなおいしい飯を食っても、喜劇肌は作れないだろう。天性の芸には代替がきかない。その人の牙城だ。それでも役者さんは、時に自分に弓を張るらしい。役者バカになりきる人たちだ。クボチンもそんな御仁の一人だが、わたしの「久保新二」には、首の皮一枚になっても「全身全霊」で、揺れる球を投げつづける「快人」でいてほしい。

山下 賢章
やました けんしょう
1944年、鹿児島生まれ。東宝撮影所に入社し、79年の監督デビュー作『トラブルマン 笑うと殺すゾ』に久保新二を抜擢。同時上映の三浦友和＆山口百恵を見に来た観客達の度肝を抜く。他の監督作に『ゴジラvsスペースゴジラ』（94年）など。

未亡人下宿　幻の第14作目

◉川上リュウ

久保新二さんの未亡人下宿は第13作「初濡らし」で終わっているが、次の14作目も製作される予定で山本晋也監督はストーリーを考えていた。その内容は監督が私だけに語ったものなので、知っている人はいないと思う。

路上ミュージシャンの先駆けとして原宿の歩行者天国でコミックソングを歌っていた私を見出した山本監督が、映画に出してくれた。それがシリーズ第13作目『未亡人下宿　初濡らし』だった。映画の公開も無事終わり、しばらく経ったある日、山本監督が私にこう語った。

「『初濡らし』でお前さんは、貧乏な青年が実は資産家のお坊ちゃまという役どころだったが、今度は実家が破産してホントの貧乏になったのに、未亡人下宿の連中は金持ちだと思ってお前さんをチヤホヤするというドタバタはどうだ?」

未亡人下宿第14作目のストーリーである。しかしこの映画は製作されなかった。原因のひとつに、久保さんと映画会社のトラブルがあった。

当時のポルノ映画の製作は過酷な上、様々な問題を抱えていた。黙っていられない性格の久保さんは、みんなの代わりに映画会社に文句を言っていたらしい。それを煙たがったおエライさんから「久保新二を映画に出すな」というお達しがあったという。

もうひとつの原因に、山本監督のタレントへの転身があったと思う。テレビ出演を理由に監督が撮影現場から早引きしたり、あまり良くないカットでもOKを出すようになったと、久保さんが寂しそうに語っていたのを覚えている。タレントとして忙しくなるに連れ、監督業にそれほどの情熱がなくなっていったのではないだろうか？

こうして久保さんの未亡人下宿シリーズはストップし、監督が撮る映画も少なくなっていった。『OL日記しゃぶり攻め』という久々の作品でお会いした山本監督は久保さんのことをしきりに気にかけていた。

「久保チンも、映画会社とケンカしないで、もっと大人になんないとダメだなぁ。せっかくの久保新二の大看板を自分で下ろして回っているようなモンだもん……川上はどう思う？」

意見を聞かれた私は、つい反論してしまった。

「久保さんは正しいことを言っていると思う。誰も言わないから、久保さんが一人で戦っているんだと思う」

みるみる間に監督の顔が真っ赤になった。

「お前さんに言われなくったって久保チンの気持ちは俺が良く分かっている！　俺と久保チンの付き合いは長いんだ！」

本気で怒っている姿を見て、監督は本当に久保さんのことを心配しているんだなと思った。しかし、これ以降、久保さんと監督が一緒に映画を撮ることはなかった……。

時は流れ、私は売れない芸人を休業し、テレビディレクターになった。

久保さんが脳梗塞になってしばらく経った頃、NHKの玄関で偶然に山本監督と再会した。パリッとした服を着て、肩で風を切るように歩いてきた監督に私は久保さんのことを伝えた。

「久保さんが脳梗塞で倒れました」

だが、監督は顔色一つ変えず
「とうとうアイツも頭へ来たか！　ハハハハハ！」

と大声で笑いながらそのまま出口へ向かっていった。そこにはあの顔を真っ赤にして、久保さんの事を心配していた監督の姿はどこにもなかった。

私の中の未亡人下宿第14作目が、永遠の幻となった瞬間でもあった……。

川上 リュウ
かわかみ りゅう
路上ミュージシャンからスカウトされ、久保新二が最後に出演した『未亡人下宿 初濡らし』(80年)に出演。強烈な個性で事実上の主役となった。現在は演出家として報道から娯楽、ドキュメントまで、幅広いジャンルのテレビ番組に携わっている。

対談

橘雪子×久保新二

『未亡人下宿』の思い出

『未亡人下宿』シリーズ最多の7作品でママを演じた橘雪子。
豊満な肉体に浴衣、割烹着、襦袢という大和撫子の色気……
それは当時の若者が憧れる未亡人の姿だった。今なお女優として活躍中の橘雪子が語る裏話。
伝説の「尾崎クン！」が炸裂する!!

笑いを堪えながらの撮影現場

――今日は『未亡人下宿』の思い出を中心に、久保新二についても語っていただきたいと思うのですが。

久保　褒め言葉はないと思うよ。

橘　ええ、ないわね（笑）。

久保　でもさ、『未亡人下宿』はいろんなママさんが出たけど、割烹着が似合って、芝居もしっかりできる、そんなママ役は橘雪子しかいないと、俺なんかは思うけどね。

橘　私は呑気なんですよ。『未亡人下宿』も山本晋也監督から仕事を依頼されて、なんとなく引き受けた感じで。後からみんながやりたがってた役だって聞いて、ぇぇそうだったの！って。最初は悪評も多くてね

久保　ええっ？

橘　そうよ。未亡人って淫靡な感じが必要なのに、私がやったらエプロンおばさんになっちゃうから（笑）。最初の頃はそういう悪評もあったんです。みんな私のことを40歳くらいと思ったようで、実際に会うと「こんなに若い方だったんですか？」って。私この頃まだ20代後半ですよ！

久保　俺なんかは橘だと呼吸も合ったからね。橘の芝居で出演者みんなが乗れるようになったという気がするよね。

橘　『未亡人下宿』というのはママというより尾崎クンの話だから。とにかく楽しいことをしようという感じだったね、みんなで。

久保　台本通り撮ってないし。

橘　台本はあったけど、忘れても平気だったよね（笑）。監督は台本とは別にノートを持ってるんです。見るとそのシーンのメモが書いてあるだけ。それでこのシーン、あのシーンって撮っていくんです。

久保　台本より雰囲気が大事ってことだよね。

橘　そうそう。で、アフレコで行くとまた全然違うこと言われて。いや、この台詞じゃ口と合わないですよって言っても、「いいのいいの」って（笑）。

久保　例えば最初の自己紹介のシーンで岩手太郎が映るじゃない。そうするとオフで「お前は学生か！おじさんじゃねぇか！」とか言える。アフレコって便利だよね。あれがいいんだよな。

橘　アフレコってみんな嫌がるけど、アフレコの良さを最大限に引き出していた作品でしたね。だってみんな違うこと言ってたもんね。

久保　口の動きなんか関係ないよ。

橘　同録じゃないんで、監督が本番中に指図したり、カメラの横で笑ったり。こっちは笑うの抑えて芝居しているのに監督がゲラゲラ笑ってるの。で、ちょっと下向いて笑うと「お前、笑っただろ！」（笑）。

――すき焼きのシーンで下向いているのは笑ってるんですね。

橘　そうですよ！　知らん顔してないといけないから。あのすき焼きも最初は本当に美味しそうなんです。それが本番になると、あっという間に食べられなくなる。

久保　それでも必死で食べてるヤツもいるの。それをアフレコで見つけてさ、「意地汚いな、豚みたいにガツガツ喰いやがって！」とかギャグに持っていけるじゃない。

橘　それとライオンスープ。映画では意外ときれいに見えるけど、実際はホントに汚いんですよ。

久保　みんな飲んでくれるんだよね。それが役者ですよ。飲んで「美味いです！」「美味い？　じゃあ俺も飲んでみるか」とかね。そういうギャグが次から次に生まれるという、それはやっぱり現場の雰囲気だよね。

橘　『未亡人下宿』は出演者がみんな仲良かったんです。楽しかったですね。ただスケジュールがきつくて、私なんか点滴打ちながらやりましたよ。次のシーンがどこになるか分からないから着替えもできない。「監督、これはさっきのシーンの前なの、後なの」とか聞きながらね。

――普通は現場に香盤表とか貼ってありますけどね。

橘　ないんですよ。だから逆に言うとね、出来上がると「ああ、こういう映画になったんだ」（笑）。そういう楽しみはありましたよね。それまで全然分からなくて。「ああ、あのシーンはこんなところで使われるんだ」とか。それが山本晋也監督の才能なんでしょうねぇ。監督とは『未亡人下宿』以外でもいろいろやりましたから。『痴漢柔道部』（77年、新東宝）では技を覚えさせられて。

久保　俺もやった？

橘　やったわよ。一本背負いとか覚えさせられて。久保さんはエルボードロップをやってました。私、久保さんに習いましたよ。頭突きとかアイアンクローとか。

久保　柔道じゃねぇし（笑）。

橘　その『痴漢柔道部』が山本晋也作品の3本目の出演だったんですよ。厳しかったですね。やることなすことすべてダメ出し。魔の3本目というのがあるらしくて、それを乗り越えればと言ったら大袈裟だけど、その後はレギュラーで出演が続くということらしいんです。小さい作品だったけど面白かったわ。南ゆきさんと私、久保さんと誰かがタッグを組んで戦うんですよ。久保さんにね、頭突きは自分の頭の跳ね返りが大事だって教わったの。久保さん、アクション上手だったからね。

久保　今は足は悪いわ、チンコは勃たないわ（笑）。

前貼りの思い出

――ママさんは作品の中でポルノとしての部分も支える役ですけど、カラミのシーンも大変でしたか。

橘　まずね、部屋のセットの作り方にこだわるんです。生活感に関してはホントこだわりましたね。

久保　でも、橘なんかだと、例えば電気スタンドに布をかけて薄暗くするシーンでも、自然に生活感が出ている感じがするよね。

橘　フィルムがなくてNGは出せない。で、前貼りは見えちゃいけない。カラミのシーンはいろいろ制約があるじゃないですか。そうするとカメラの横で監督がうるさいんですよ。「見えそうだからこっち向いて。違う！　あっちだ、あっち！」とか。もううるさくてうるさくて、私１回本番中に「うるさい！」って言ったことあるの（笑）。

久保　あの頃は前貼りもでかかったよな。

橘　ガーゼとガムテープでね。でも、ズロースを穿いたまま大股開きするシーンでは、前貼りの形が見えちゃうので取りましたね。剥がすときガムテープで皮膚が剥がれて痛い思いをしましたよ。

久保　女優さんが「お疲れさまでした」って帰るとき、ごみ箱にポンって前張りを捨てるわけ。それを拾ってさ、広げて、この毛は位置からすると肛門の毛じゃないか？なんてやってたんだよ。橘のもあったんじゃないかな？

橘　私は持って帰っていたからありません！（笑）『未亡人下宿』では私のカラミのシーンだけを一晩でまとめて撮ったりするんです。とっかえひっかえ相手の方を代えて撮るんですよ。それでね、川上（リュウ）君とのシーンだったかな。すごく暑いところで２人とも汗みどろ。で、私が上になって動くシーンで、２人とも汗だくでぬるぬるしてたから、動いたら川上君の前貼りがズルッと取れちゃったの。どうしようと思ったけど、カメラは止まらない。困っちゃったなと思って、自分の顔で相手の股間を隠すような体勢になって、なんとかやり遂げました。そのあとで相手役と大爆笑しましたけどね。

『未亡人下宿』の役者達

――出演した『未亡人下宿』の中で印象深い作品はありますか？

橘　強烈に覚えているのは、たこ（八郎）ちゃんのケジラミ騒動（『未亡人下宿　初泣き』79年）。あれは誰がケジラミを移したのか？って、それだけで１本の作品ですからね。

久保　ケジラミを調べるって言って、元ボクシングチャンピオンのたこちゃんを素っ裸にしてケツに絵を描いてさ。批判されたよ、俺（笑）。師匠の由利徹さんだってやらないようなことをやるんだから。アフレコのときにさ、「尾崎、お前、俺のケツに何書いた！」とか、あれはたこちゃん本当に怒ってたな。

橘　あと印象的なシーンって結構ありますよね。獅子舞を使ってのカラミとか、久保さんが何人かで楽しそうに道を歩くシーンとか。なにがそんなに楽しいの？って思いましたね。

久保　あぁ、岩手（太郎）とのヤツかな。

橘　岩手さんは私が誘ったんです。養成所の同期なんですよ。私が悪い道に誘ったの。昔から歌が上手でね。今でも時々会うから、もう40年のおつき合いね。

久保　岩手なんかも『未亡人下宿』の名物男だったよな。

橘　私の亡くなった旦那役で出たとき（『未亡人下宿　あの道この道教えます』80年）は、お化けの役だから、頭に白い布つけて、白いメイクして一晩中待ってたのに、出番が足だけだったとかね（笑）。

――岩手太郎さんは個性的な役者でしたよね。

橘　太郎ちゃんに電話して言っておきますよ。「あなた、映画見た人の印象に残ってるわよ」って。

――最後に久保新二さんに一言お願いします。

橘　久保さんは昔から現場でもどこでも威張ってたからね。これからもそのままで威張って生きてください、と。それだけですね（笑）。

橘 雪子
たちばな ゆきこ
1951年、東京生まれ。舞台女優時代、知人だった高橋伴明に誘われピンク映画の世界へ。喜劇調の作品には欠かせないセクシーコメディエンヌとして活躍する。現在も映画『おくりびと』やテレビドラマなど、多数の作品に出演している。

ピンク映画を超えて

河島英五との出会い

79年、東映セントラル作品で山本晋也組のアフレコをやってる時に受付から連絡がきた。東宝の山下賢章監督と製作部の高井さんの2人が、俺に出演交渉にきた。ちょうど、目だくりの大泉滉さんとのアフレコが終わってお会いし、喫茶店で話を聞いた……。

河島英五の最初の主演作品で、タイトルは『トラブルマン 笑うと殺すゾ』。サラリーマンもので、俺は河島の上司役。俺の上司が大坂志郎さんだ。

山下賢章監督のデビュー作で、出演者もそうそうたるメンバーだ。金子信雄、多岐川裕美、沖雅也、財津一郎……他。

監督には「未亡人下宿のように、アドリブを入れてお願いします」と言われてるので、伸び伸び芝居もできたが、河島には往生したね。

「台詞にないですよ、そんな言葉は。僕はどこで台詞言えばいいんですか?」と河島。

「俺が、喋ってんのが終わったら喋ればいいんだよ!」

こんなヤリトリで、呼吸も合うようになって、1ヵ月の現場はアッと言う間に過ぎた。

河島英五の「酒と泪と男と女」はいまでもカラオケでよく聞く唄で、つい河島を思い出さない訳にはいかない……。

山下賢章監督が言う、「トラブルマンで、僕がキャスティングしたのは河島英五と久保新二だけ、この2人とはどうしても一緒に仕事がしたかったから」と言ってくれ、嬉し涙だね、ホント感謝している。河島とジゴロの伏見直樹は類似してるところもある。唄うパワーのエネルギッシュは普通の唄い手には真似ができないね。

バカ話や飯食ったりの普通の奴が歌になると変貌するのだ！　あのエネルギーはどこから出てくるんだろ……やっぱミュージシャンなのだ。

河島が早稲田の学園祭で唄った時、「僕がお世話になった久保新二さん」と紹介してくれ、バカヤロ、照れたよ。そういう奴なんだよ河島英五は……。

河島が亡くなり、偲ぶ会は青山劇場で行われた。河島の娘が壇上でなんの曲か知らないけど唄っていた。「父が好きな唄」……これだけは印象的だった。とても美人でね、俺も挨拶だけさせて頂いた。『トラブルマン』の上映が終わり関係者が弔辞を述べているところを会場から離れ、煙草を吹かしながら、共演したありし日々を思い出さずにはいられなかった。

河島の病名は、肝臓疾患だった。

アデュ〜。

『コミック雑誌なんかいらない！』

滝田洋二郎監督が一般映画デビューした映画だ。脚本が内田裕也でプロデューサーも兼ねている。

実際に起きた事件などを取り入れて、

久保新二交遊録

三代目葵マリー女王様。最近はイベントで会うことが多いね。素顔は本当にいい女だ。

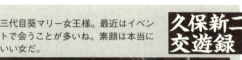

カンヌ映画祭監督週間で上映され世界的に高い評価を得た。86年2月1日公開だった。

キャストが凄かった。原田芳雄、小松方正、殿山泰司、ビートたけし、梨元勝、内田裕也の役名キナメリを買う女が志水季里子、桃井かおり、渡辺えり子、片桐はいり、伏見直樹とジゴロ軍団、螢雪次朗、ルパン鈴木、港雄一、下元史朗、池島ゆたか、橘雪子、しのざきさとみ、藤井智憲、おニャン子クラブ、桑名正博、安岡力也、片岡鶴太郎、郷ひろみ達ほか、亡くなった俳優も数人いるが、俺の友人の三浦和義もロス疑惑で注目されていた頃だ。

こんな豪華なキャストは日本映画であっただろうか！

出演当日はクラブのエキストラを店のボックスに配置したが、どう嗅ぎつけたのか、野次馬の女性達が郷ひろみに会えると入り口に押しかけてきたもんだ。

これから撮影が始まるってのに、俺が「撮影の邪魔、帰って帰って！」と追っ払い、現場に戻った。たまたま郷ひろみがいたので、スタッフにお願いし、ツーショットを撮らしてもらった。当時はスターだけあって、バカヤロいい男だ。

俺の役はホストで、郷ひろみがホステス達に囲まれワイワイやっている。売れないホストの俺は郷ひろみの真似をしたり、煙草吸ったがむせたりで笑いを取る芝居だ。

チークダンスをエキストラの女と踊るシーンでは、隣りが片岡鶴太郎で俺が女の尻を撫でたり遊んでいたら、「久保さんやってらぁ、まずいすよここじゃ、エヘヘヘ」

和気あいあいの中、撮影もテンポよく進む。滝田も神経使いながらカット割りだ。時には大笑いしながら滝田演出が冴える。

鶴太郎がファンだったのが俺の弟子・川上リュウだ。川上のライブには必ず鶴太郎がいて、川上に鶴太郎を紹介してもらったのさ。

裕也さんのプロデューサー感覚を初めて知ったのもこの時だ。

「お時間は取らせません、この金額で出演お願いします」

と、交渉は上手いものだ。封筒を開けると、トッパライでよしやるか！という気持ちになる。

面白い作品なのでぜひ観てほしいね。

世界の滝田洋二郎は健在だ。

アデュ〜。

「疑惑の銃弾」三浦和義

疑惑の銃弾が週刊文春で連載されてた真っ只中、渋谷の雑貨店「フルハムロード」に時々顔を出し、三浦和義に美味しいコーヒーをよくごちそうになっていた。快楽亭ブラックや夢月亭清麿、記者の佐藤達と店の外で写真を撮ったりした。

三浦和義は一般映画デビューの滝田洋二郎監督『コミック雑誌なんかいらな

久保新二交遊録

夜羽エマ女王様とピンク映画によく出ていた桃井早苗。出歩いてると意外な店でバッタリ会うもんだ。

い！』で出演もしている。

が、ますます疑惑はエスカレートしてテレビによく出演し、出演するにはギャラも法外だった。ロマンポルノにも出演していた美智子は三浦の共犯者と言われ、マスコミから逃げ回り、子持ちで銀座のホステスをやっていたが姿をくらました。

もの静かな口調で語る三浦も女が好きで、俺とは感性が合った。いまさら細かくは語らないが、歌舞伎町で店をやってるときは毎日放送の報道が俺のとこに三浦の件で取材にもきた。

逮捕される前の三浦はＳＭの女と遊んでいた。その女は友里ちゃんで、俺が紹介した。

マスコミは「逮捕直前、最後の女遊びの女はＳＭ嬢」と報道していて、その取材で店にきたのだ。フルハムロード前で三浦が逮捕されたときは、俺もその現場にいた。テレビ中継もありヤジ馬の姿もすごかった。人ごみの中、三浦と目が合ったような気がしたが、三浦は笑みを浮かべていた。三浦和義とはこれが最後の別れになった……。

友里ちゃんも以後は消息不明。テレビで見る限り、三浦はタイだか台湾からアメリカに護送され自殺した報道があったが、三浦は自殺するような奴じゃない。これも疑惑……、疑惑だ……。

アデュ〜。

木村一八＆渡辺護監督

『キタの帝王 闇の法廷伝説』（96年、ミュージアム）の監督は芝居にもうるさい渡辺護だ。

弁護士同士が法廷で争う社会派作品……弁護士役の木村一八と加賀まりこの芝居も迫力がある。

キャストも西岡徳馬、石立鉄男ほか豪華メンバーだ。

加賀まりこの秘書役が俺で、一歩下がって常に出番は一緒。俺がうしろで変わった芝居をすると監督がアハハハ、カーットOK、としょっちゅうだ。その度に「久保さん、ちょっと、うしろで何してるの？」と注意された。が、加賀まりこもベテランだけあって芝居の内容がよく分かっているから、さすがだ。

加賀さんは集合場所に1時間前には衣装を着けて、マネージャー、お付きを連れ現場に入る。台詞も入ってるし、芝居も上手ぃ。

木村一八の親父は横山やすしで、一八も取り巻き連中を5人程引き連れ、格好いい奴だ。

やすし、きよしの漫才の話や、ヤッさんの暴力沙汰事件の話を聞いたりで、親近感も出て、一八や取り巻きの元暴走族の彼らと親しくなり、徹夜の現場でも、彼らと六本木の行きつけの店を教えてくれ、一八も、「六本木を案内しますよ、溜まり場に久保さん招待します、絶対きてくださいよ」と連絡先も教えてくれた。ホントに波長が合う連中だ。

撮影6日目、高級料理店の門前で石立鉄男と女中とのヤリトリだ。俺のカットが終わり、監督が女中の芝居をどやしつける。路上には噂を聞きギャラリーや、野次馬の数が多い。

テストが何度も続く、バカヤロ！と監督の罵声が野次馬達にも届く。

監督の護が演技指導で熱くなり、しまいには台本で女の子を殴りつける。ピ

久保新二交遊録

元平凡パンチの記者でライターの佐藤政司。昔からのつき合いだ。この本の PR もヨロピクにゃん。

ンクの現場でも台本で役者を叩いたり蹴るのは定評があり、俺はよく知ってるから、また始まった程度の感覚しかない。

女の子はますます萎縮し、泣きながらテストを繰り返している。

なかなか本番までいかない、なおも台本で叩く護だ。そこへ一八が「監督よぉ、人が大勢見てるとこで、女の子を叩くのやめろよ、みっともないから！」

「何を！　オレは監督だぞ！」

「だから女の子殴るのやめろよ、可愛そうだろ」

「何を！」

危うくケンカになるとこだ。一八もその気になりかけた。

「おい久保、何とかしろ！」と監督。俺も交通誘導したり仲裁したりで大変で、2週間ロケも終了した。

我々の宿泊ホテルでは『ミナミの帝王』組も一緒で、チャンバラトリオの結城哲也と時々会う。哲もプロデューサーだからたいしたもの。

ある日スポーツ新聞を読んでたら、〝木村一八、タクシー運転手とトラブり、運転手にケガを負わせて逮捕〟……あの気立てがいい一八に何があったんだろ！

アデュ〜。

最初のホモ体験は日景忠男

昭和40年、劇団ひまわりに在籍してた頃、バイトしてたのが四谷三丁目の「白亭」というウリセンのゲイバーだった。

白亭でバイトしてた時は、ウリセンだが、女性に買われ毎日オマンコ三昧の生活で、いまチンコが勃たない原因はこの頃に発射しすぎたせいかもしれない。

ある夜、店のドアが勢いよく開いた。チーママの哲ちゃんが、常連の日景忠男＝竜ちゃんを接客した。

竜ちゃんは、「ナンバーワンの男のコを呼んでちょうだい」と、俺が呼ばれ、竜ちゃんとは初対面だった。

「あらぁ、いい男ねぇ、哲ちゃん外出するわ！」

竜ちゃんは店に外出料金を払い、俺が男とＳＥＸしたことがない、と言うと竜ちゃんは俺に興味を持ったようだ。女で言えば、処女を頂くと類似してるかもしれない……。

竜ちゃんが利用してるホモ旅館に入り、ブルドッグみたいな顔して激しいキスをした。竜ちゃんは赤坂の店、霞町の自分のマンションも教えてくれた……。

風呂上がりの後、全裸の俺の体を酒臭い息で唇と舌で舐め回す。

最初は男同志なんて気持ち悪い……と思っていたが、萎んだチンコを喉奥までふくまれ前後すると、竜ちゃんの濃い顎髭が玉袋をジョリジョリする。これが心地よい快感で癖になりそうだ。

俺も竜ちゃんにお願いされ、竜ちゃんの大きいチンコをしゃぶった。お金のため、と思いやってみた。初体験だ。そんな違和感もなかったなぁ……。

久保新二交遊録

写真家の都築響一と。なんだ、役者の飯島洋一も写ってるじゃないか！

霞町の竜ちゃんの部屋は豪華だ。赤坂、六本木を飲み歩き、竜ちゃんの店にも寄り、着飾ってもらった。日景さんはムード派でネ、赤いライトで、友達の越路吹雪の音楽をかけ、♪こ〜の世の喜び、それはアンタよ、名誉もお金もいらないわ……♪

越路吹雪の曲を流しながら、竜ちゃんは俺のを尺八する。

日景忠男にホモを教えられ、俺も若かったから女、オカマ……からお座敷がかかればお金、と、1日16人も相手したことがある。SEXっていいなぁ……日景忠男には可愛がられた、長い間……感謝している。

この期間にも、お座敷がかかり、俺の20歳代はまさに性春だった。

女、ホモ、オカマ、ブルーボーイに買われた毎日は充実し、「今日、飯はなに食べた？」と言う時は「女喰ったわよ」と自然にオネェ言葉も身についていた。

嫌われないようエッチも命懸けだった。相手するのはホモが多く、肌で感じ取ったのは「穴と銭」、これだけだ。

ホモの3原則……ドケチで淫乱で口は出す。

干からびた女性器、白髪混じりのチンコ……みんな下半身に歴史があった。下半身に学歴、人格はいらないのだ。

テレビ、映画によく出演していた藤村有弘サンからお座敷がかかった。通称バンサはベロベロに酔っぱらうと男が欲しくなるのだ。

バンサの高級マンションの部屋ではオネェが身の回りのことをやってくれる。それだけじゃない、エッチする時も2人がかりなのだ。

大型のキングWベッド、オーディオが並び、赤のライトにビデオカメラも装置してある。

バンサとオネェ

男の肌は汚ないから、赤のライトで消す……。俺を責める時は、酒と睡眠薬で神経を麻痺させ、あのダミ声で唸るように悶えるのだ。まさにバンサの部屋は淫乱館だ。で……バンサを責める時は、俺とオネェと2人がかり。

日景忠男も店を次から次に閉めた。最後は新宿二丁目の喫茶店も閉めた。数年後、五反田の風俗の店の看板に名前を貸したが、看板料の金が取れず、怪しい奴に頼み、恐喝で逮捕され、務めを終えてきた……。

沖雅也は日活のニューフェイスで出てきた時は、二枚目でホント美男子だった。竜ちゃんも俺を捨て、雅也に乗り換えた……。

後に沖雅也が京王プラザホテルで飛び降り自殺し、「涅槃で待つ」と言葉を残したのは知っている人も多いと思う……。

バンサ藤村の話は『その男、エロにつき アデュ～！ 久保新二伝』で世志男が熱演している。監督は奇才、池島ゆたか監督だ。

アデュ～。

横山ノック＆上岡龍太郎

「ノックは無用！」は生放送で午後12時から関西テレビでオンエアしていた。もう何度出演したろ！

初めて出演した時だ。多少不安で廊下の隅の公衆電話で東梅田にっかつの館

久保新二
交遊録

ゴールデン街で新宿タイガーと。タイガーは女のいる飲み屋が大好きだな。

長と話をしていた。

今日の司会者で、テレビでもよく見ていたノックさんの「パンパカパ〜ン、今週のハイライト」から始まり、上岡龍太郎がネタを振る。絶妙なコンビだった。

廊下からノックさんがキョロキョロしながら俺のとこにきた。俺はうしろを向き電話だ。ノックさんが通りすぎ、また今きたところを見ながらキョロキョロキョロしている。

俺のとこにきて、「今日の司会の横山ノックです、今日は楽しみですわ、宜しくお願いします」。

俺は戻ろうとしたノックさんの背中に声かけた。

「ノックさん、ちょっと待ってくれ！　声かけてくれたのは嬉しいけどさ、ノックさん誰もいないのを確認してから声をかけたよな、俺は犯罪者かい！」

ノックさんは大のピンク、ポルノ映画ファンで、帽子にマスクをしてお忍びで、俺の痴漢映画や『未亡人下宿』なども欠かさず観てくれていた。

この頃、俺は関西新聞や大スポなどのコラムを毎日執筆していて、エッチ話を面白可笑しく書いていた。それを毎日読んでいたと言うノックさん。

番組ではピンクの撮影現場の話を振ってくるので俺のトークも冴えて爆笑だった。

太平サブロー・シローや元宝塚の加茂さくらサン達とは番組で仲良くなった。サブロー・シローも出番は俺の後だから、「先にやりたかったわぁ、久保サンの後はやりにくいわ！」とボヤいていた。

ノックさんが選挙カーの中で、ウグイス嬢の太股を触りセクハラで訴えられ裁判沙汰になった時があった。あの原因は俺にもあるかも。

ピンク映画の場合、痴漢でもなんでも簡単に胸とか太股や尻などを触れる。最初は嫌がるが、その後はラブホでSEXだ。

この辺がオーバーラップしたかもしれない。

アデュ〜。

タモリ、ナインティナインのジャングルTV

娘が中学3年後半、高校受験で勉強、勉強でイライラしてた時期だった。

毎日放送の「ジャングルTV」に出演した。最後は、一世風靡したこの方です！と言うバラエティ番組だ。タモリ、ナインティナインの司会で、出演者も、粉ミルクの赤ちゃんのモデル、戦隊もので活躍してた俳優とさまざまだ。

打ち合わせの時、ディレクターと司会のタモリが楽屋にきて、「久保さんのことはよく知ってるし、久保さんにはあまり振らないので……すいません！」

オンエアの日、俺もテレビを見ていた。

翌日、娘がいつも通り学校に行って帰ってきた。玄関、リビングの音がうるさい。娘が俺の顔みてワーッと号泣

久保新二交遊録

陣内孝則は会うたびに「コミカルな芝居は久保さんを参考にしてます」と言ってくれる。いい奴だね。

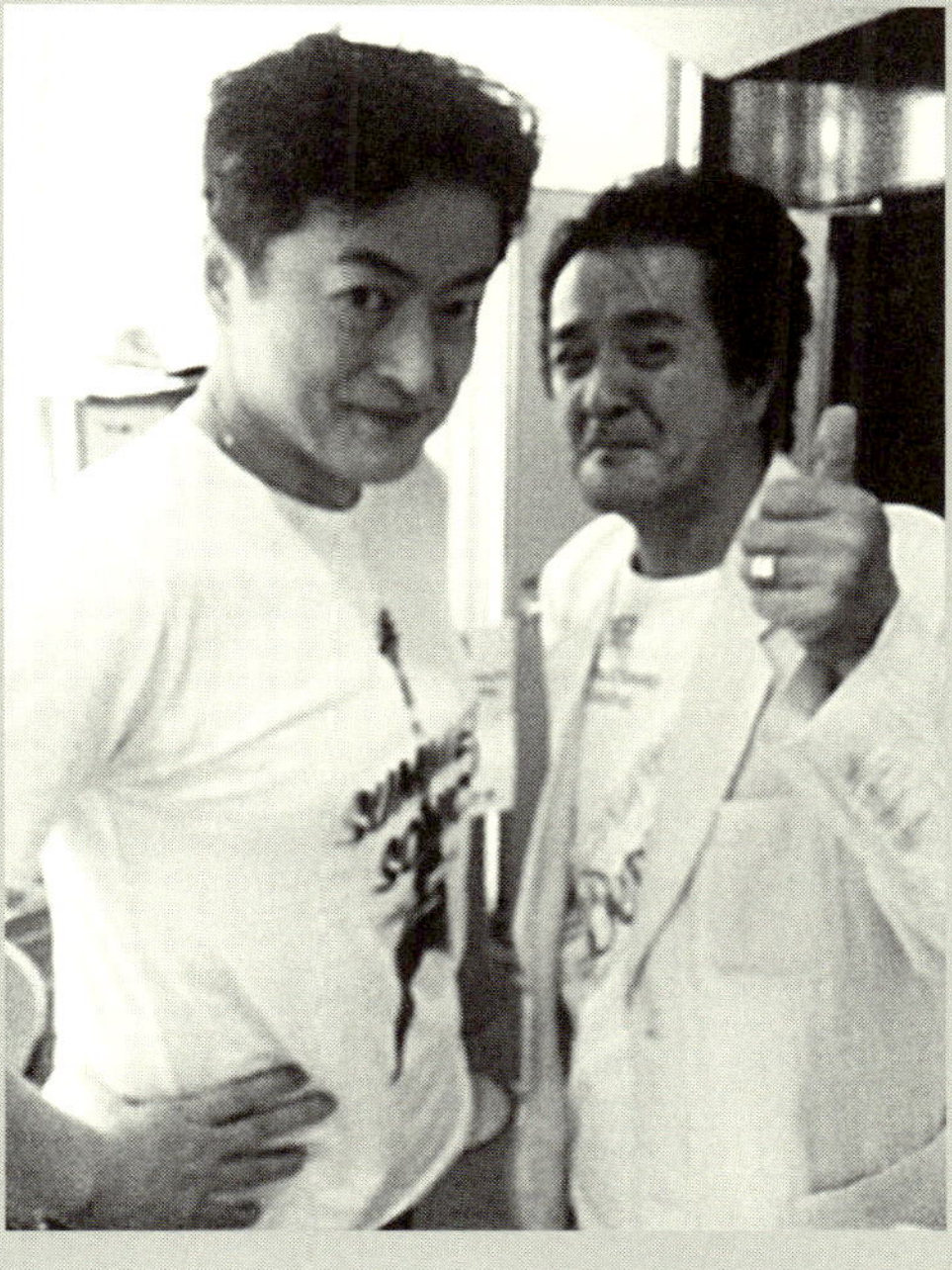

した。

「パパ！　ポルノの仕事やめてよ！　学校で皆にどれだけ冷やかされたと思うの、私、すっごい恥ずかしかった。娘の私の気持ちもわかってよ、お願いだからポルノなんてやめて！」

娘はその辺にあるものを投げて大泣きだ。母ちゃんの敬老会の時も、バスの中のビデオに俺が出てきて、泣かれたっけ。俺もジュワッときた。

「先生だって、お父さんポルノの帝王か、凄いな。先生も女性紹介してもらおうかな！　よく言っといてよって。どれだけ冷やかされたか、パパにはわからないでしょ、パパの馬鹿！」

俺は辛かった、進学校受験で大変なのに……俺ももらい泣きだ。

「ジャングルＴＶ」の最後はタモリが、「この方です」と紹介すると俺の顔がアップになり、下に「元祖、ポルノの帝王」とテロップが長く出る。

娘に説教した。仲良くしてる友達のお父さんはペンキ屋だろ、○君の親父は豆腐屋だろ！　パパはポルノの仕事してるよ、昨日今日ポルノやってるんじゃない、知ってるでしょ！　どんな仕事でも一生懸命やればいいんじゃないか、職業の差別したらダメ。だから近所にもない広い家に住めるんじゃないか。もう分かる年頃だろ、職業を差別するなら、家にいなくていい！

娘は涙ながらリビングを出ていった。一人ぽっちになった俺は号泣した……辛い悲しい日だった。

アデュ～。

まさご座の楽屋から28年前のビデオが出てきた

「兄さん、楽屋から兄さん達のショーのビデオが出てきましたよ」と、ストリップの素人大会を引っ張る松本格子戸から連絡がきて受け取った。

28年前のショーのビデオか……お宝もので感無量だね。さっそく見た。

いまはゴールデン街で店を2店舗経営してる田代葉子らの出演で、岐阜の柳ヶ瀬にあるストリップ劇場まさご座でのショーだ。

葉子もピンク映画で活躍してたとき、日テレの深夜番組「TV海賊チャンネル」にレギュラーで出演していた。

ある日、葉子が収録スタジオで山本晋也とバッタリ会って、「監督ぅ、有名になるにはどうしたらいいんですか？」とたずねた。そしたら「簡単だよ、久保新二とつき合わなきゃいいんだよ！」と山本晋也のバカが……次元が低い奴だね。

田代葉子とは「おかゆコント」、他にシルエットショーや「愛染かつら」のコント……そんな内容が入ってる28年前のビデオだ。

田代葉子も学生時代はバトンガールをやっていて、バトンを使う手さばきは上手いものだ。葉子も可愛いかったネ。

たま～に店に顔出すと「煙草やめなさい」といつも怒られるけど、俺は禁煙

久保新二交遊録

東京ボーイズの仲八郎。昔から俺の大ファンで、最近はイベントにも呼んでくれる。嬉しいね。

しない。

俺の生前祭に出席してくれたときは、抗がん剤で髪の毛が抜けて落ち込んでいるときだったが、「病気なんかに負けるんじゃない」と励ました。

被災地の気仙沼で頑張ってる旦那の身の回りの世話と、新宿の店にも顔出す葉子は偉い。呑む……いや酒に呑まれる、と言った方が当たってるかも。酒を呑むと笑って昔の話題に……俺は酒が呑めないから羨ましい。呑み過ぎて忘れ物の失敗談も数多い……葉子も頑張ってることだし、俺も脳梗塞をやってる身、いろいろやりたいなぁ。ストリップ時代のネタもあることだし……夜這いコント、性感マッサージ、ダッチワイフ48手、おかゆコント、愛染かつら、国定忠治……他の役者ができないネタが何本かある。こんなイベントをやりたいなぁ……。

アデュ～。

陣内孝則、シャ乱Q

数年前のこと、金沢市片町の赤羽ホールで陣内孝則が出演している舞台「男嫌い」のポスターを見かけたので、ホール受付でコンタクトを取り、舞台がハネた後で楽屋に案内してもらった。

陣内も俺を見るなり、「しばらくです久保さん」と挨拶をして握手だ。

「久保さん、何で金沢にいるんですか？」

「バカヤロ、俺がどこにいようが勝手だろ！」

こんな会話から久しぶりに世間話した。

陣内孝則もロックバンドあがりで役者になって、みるみるスターになり、いまやテレビ界のドンと言われている。

97年、滝田洋二郎監督が『シャ乱Qの演歌の花道』を撮った。シャ乱Qは映画初出演で、つんくを始め皆燃えていた。滝田監督と俺は日活撮影所でシャ乱Qの演技特訓だ。現場でスムーズに進行するように、何日間か演技特訓が続いた。

シャ乱Qも初出演のわりには自然な芝居と動きでよかった。陣内孝則も出演していて、現場が押せ押せで、陣内の大事な芝居は翌日になり、衣装着けたまま ひたすら待機だ。助監督が陣内に徹夜になることを伝え忘れてしまったのだ。陣内は怒ることなくコミカルな演技で存在感を出した。さすがだ。

箱根ロケも終わり、『シャ乱Qの演歌の花道』の打ち上げが京王プラザホテルで盛大に始まった。シャ乱Qのメンバーが挨拶とお礼をし、俺とつんくで芝居の難しさや苦労話の後、壇上に陣内孝則が呼ばれ、第一声が「現場で1日半何も助監督から連絡がなく、長い役者人生の中で初めての経験だ、おい助監督！　お前だ……」と怒り心頭だ。そうか、俺らが部屋で尾藤イサオさんや松尾貴史達と盛り上がっていた時、ひたすら役者魂で出番を待っていたのだ。

壇上から降りた陣内孝則が俺や滝田監督、女優達がいるところに向かってきた。多分、トイレにでも行くのだろう。

俺の前にきて、「久保新二さん、陣内孝則です！」と挨拶した。

「オウッ、テレビで観てるよ、大変だったんだな現場」

久保新二交遊録

♪わたしゃも少し背が欲しい〜の二葉しげると三味線の松木ぽん太。玉川カルテット は明るくて大好きだな。

陣内が一歩前に出て、「久保さん！」て言うからビックリすんじゃねぇか、バカヤロ！　そしたら「僕がコミカルな芝居をするのは、すべて久保新二さんの芝居を真似させてもらってます！　握手させてください！」。陣内孝則はサラッとドアを開けて消えた。

格好いいなバカヤロ！　これが陣内孝則との初対面だった。

シャ乱Qの皆さんから、お世話になったお礼にと、ン十万の商品券や折り畳み式自転車をプレゼントされ照れた。シャ乱Qの皆さんも格好いい！

アデュ～。

チョコボール向井と女優の逮捕で石動三六が取材に

六本木駅近くの会場で、AVの筋肉マン「駅弁ファック」で一世風靡したチョコボール向井イベント。チョコも、なにかと話題が豊富だった。新宿二丁目で「チョコボール向井の店」をやったり、エイズ疑惑があったと思えば、プロレスやったり……。

俺がクリスタル映像で単体の女の子をいれたときも、チョコと加藤鷹を推薦した。なぜなら、いい女だし、やるなら一流の男優と言うことで、チョコと鷹に相手をさせた。女もチョコ相手にイキッぱなしで、普通の男とAV男優のテクニックの違いをまざまざと経験して、感謝してたもんだ。

チョコボール向井のセックス講座を六本木のそのイベントで実戦した。AVファンがたくさん集まった。ピンク映画で俺と共演した笑《えみ》ちゃんとチョコで実戦が始まった。フェラ、シックスナイン……と男と女が快楽を求め合う。そして体位の数々を披露し、笑のヨガリ声がファン達を興奮させた。そのとき、警察が入り「はい、そこまで、動かないで」と現行犯逮捕だ。

数日して取材にきたのが「ＳＰＡ！」で、サラリーマン向けの雑誌だ。席を用意するので取材を……と来たのが、現在の劇団玉の湯の石動三六だった。

チョコボール向井と笑のワイセツ事件の取材は、俺にふさわしく渋谷の料亭で行われた。石動の質問に応対し、宮台真司、松沢呉一らと飲食しながらの取材は和やかなうちに終わった……。なかなか頭の切れるライター……と思った。

笑は、東京で仕事したかったのだが、親が実家に連れて帰ってしまい、再び映画に出演することはまずない……。

アデュ～。

小森白、向井寛監督死去

ピンク映画は東京興映の小森白、向井プロの向井寛が盛り上げた、と言っても過言ではないネ。渡辺護監督が13年のクリスマスの日に大腸癌で亡くなり、お別れ会や偲ぶ会もやってほしいものだ。

悔いが残るのは、向井寛が亡くなる1

久保新二交遊録

「日本全国酒飲み音頭」を作曲したベートーベン鈴木はピンで活躍している。最近分かったが、俺の高校の先輩だった！

年半くらい前かなぁ……向井寛監督のことを、みんな「親分」と呼んでいた。

「久保チン、東京興映の小森白さんと会わせてくれないか？　どうしても1本映画を撮りたいんだ。久保チンが間に入って話を進めてくれないか？」

親分から連絡があり、京王プラザホテル2階の喫茶室で待ち合わせした。親分も真剣だった。

製作費は3千万で、プロットも小森白先生に持って行くと言う。

向井寛が金に汚ないのは百も承知だ。今までも製作費の半分で現場を撮り、残りの半分でマンション買ったりしてた。いいじゃないか、プロデューサーと監督を兼用してるんだから……裏マージンでゴタゴタするより、よっぽど格好がいいさ。

三軒茶屋に小森白さんが住んでいるので、先生と食事したりお茶したりしながら、向井寛が映画を撮りたいという話を伝えた。この話に白先生も乗ってくれ、先生も「久保、お前が段取りしろ！　向井に会おう」。小森白さんは機嫌よく引き受けてくれた。

数日して、小森白、向井寛と俺で、白先生が行きつけの割烹で食事した。

向井監督も小森白さんと会うのは初めてだ。親分も映画のストーリーやら和やかに話が進み、「3千万でいいんだな」「それで充分です」と親分。

映画製作資金の話もすんなり進行して3人で乾杯もした。

「先生もワンシーンでもツーシーンでも、撮ってくださいよ」と親分。

「俺、撮れるかなぁ……どう思う、久保」

小森白先生も、その昔は新東宝で戦争映画を撮ったり、東京興映でピンク映画も何本か撮っている。

製作費の受け渡し日も決めた。親分……向井寛も俺にお礼を言ってた。

俺と向井寛が店を出たところで渡辺護とバッタリ会った。

「おぅ、久保、向井ちゃんと何？」

と言うから、先生と久しぶりにお茶しただけだよ、なっ親分！と別れた。

護監督も、時々白先生と映画の話をして、飯を食ったりお茶したりしていた。

小森白さんが自慢気に「向井で1本撮る。製作費は3千万だ」と護さんに伝えた。

小森白さんは、護も喜んでくれると思っていたが、護は「先生！　ホントに撮るの？　やめた方がいいよ、先生は向井を知らないだろうけど、向井寛は詐欺師だよ、先生、久保も同じだよ、騙されちゃダメだよ先生！　あいつらは詐欺師！」

渡辺護は自分が撮りたかったのかどうか……バカヤロ、向井寛には散々世話になったろうに……向井プロで撮らせてもらったじゃねぇか！

護さんは小森白さんにもお世話になってるし、なにも決まった話を壊さなくても……小森白さんも、約束した手前、ずいぶんと悩んだとか……。

そして時間が経ち、小森白監督も高齢で体調を崩し亡くなった。

向井寛監督も内臓を壊し、すべての内臓がガタガタで手術のしようがない……。そして亡くなった。偲ぶ会は京王

久保新二交遊録

グレート義太夫もお笑いや音楽の世界で活躍中だ。糖尿病と闘いながら頑張ってるよ。

プラザホテルで東映と合同で豪華に行われた……偲ぶ会の総合司会は俺が務めた……。

アデュ〜。

生前祭の裏話

2010年5月29日午後2時、銀座のパセラリゾーツB1で俺の生前祭本番だ。

前々日、最後に「阿部定」の芝居をやるのに里見瑤子、日高ゆりあ、酒井あずさ、PAの三浦、石動達が結集し稽古する……予定が、生前祭の集客の件で焦りもあって、セリフ合わせと、動きだけチェックして、近くのファミレスで飯を食って解散した。酒井あずさは、今回の阿部定の芝居が舞台デビューだ。なのに、稽古もつけてあげられず、ホントに申し訳なかった。

本番当日は朝11時に全員集まり、音響、照明、稽古、楽屋で衣装や小道具などの確認でバタバタだ。

「昼の弁当がない？　ふざけんなよ」と大声で騒いでる奴がいる。俺もすっ飛んでいくと「弁当代がないから昼飯はないよ」と、堂々と言ってるのは生前祭の主催者の桑原だ。ふざけんじゃねぇ！　俺は女優達に皆の分の弁当を買いに行かせた。初っぱなからこれだから俺も辛いとこだ……。

会場のパセラの料理をロケハンにきた時に食べたら、ハッキリ言って美味くなかった。当日は8千円会費でこんな料理出されたらブーイングものだ、とかの声も出たくらいだ。久保新二が恥かきますよ、とか言われて、確かに思い切り赤っ恥をかいたね。

俺のOVの話は決まっていたから、その収録用にカメラも3台で撮る。

司会の野上正義はボーッとしてて大丈夫か？　もう一人の女司会者・愛染恭子はまだ姿が見えない。

ガミさんのきっかけでお経が入り、ピンスポが俺に……。「ガミさん、声を大きく」と言っても、この時点で声は目一杯なのだ。進行の石動に、5分前迄待て、愛染も来ると思うが最悪は石動！　お前が司会やれ！　池島ゆたかにも司会やらせろ……里見瑤子にも原稿だけ渡しとけ！　この慌ただしさが現実だ。

俺は青白くメイクし、白装束、ワラジを穿き2階席に向かう。

本番5分前、石動が愛染さん来ません、里見さんにやってもらいます！と楽屋に走った。

客席も落ち着いたところで野上正義の挨拶の声が聞こえる……はずだが、バカヤロ声が小さくて聞きとれない。

酒井あずさと日高ゆりあが、ピンスポが当たったら両サイドからカーテンを引くと、三角巾をつけた俺がいる段取りだ。おっ、里見の声が聞こえる……愛染はドタキャンか、腹が立つ……ありがとうな、瑤子！……照明がきた、「開けろ」カーテンが真ん中からサイドにゆっくり開いた。

ピンスポと同時にお経が鳴った、俺は手を合わせ礼をすると、涙ぐみながら階段を1段ずつ降りた。

三角巾と白装束ワラジ姿でテーブルの合間を壇上に進むと、懐かしい友、ピンク仲間が大勢見えて、声援や拍手で壇上に上がった。

うしろには三角巾をつけた遺影がある。か細い声のMCの野上正義。やっぱり石動か池島ゆたかに司会をやってもらうんだった、と悔やん

久保新二交遊録

若手女性芸人達に囲まれて一枚。なに？ ハーレム？……そんな可愛くねえっつーの！（笑） でもみんな頑張れよ！

だ。

若松孝二監督の主賓の挨拶、滝田洋二郎監督の献杯の発声だ。滝田も面白おかしく挨拶し、会場に笑いが……。

生前祭の趣旨は、俺も脳梗塞をやってることだし、いつどうなるか分からない。だから、元気なうちにお世話になった人達にお礼を言いたかったのだ。

俺のデビュー作、若松孝二監督の『血は太陽よりも赤い』は忘れてはいない。客席の中には東宝の山下賢章監督が見えた。山下監督の『トラブルマン 笑うと殺すゾ』は、河島英五の上司役で出演した思い出深い映画だ。実に30数年振りの再会だ。

欠席者の数も多かったな、陣内孝則や所ジョージは出席出来ない理由をちゃんと葉書に書いてあった。佐藤慶、梨本勝は入院中で、中島みゆきにも迷惑をかけたので事務所に案内状を送ったがなしのつぶてだった。

吉本興業に案内状を送ると、なかなか本人に届かないのがネックだな。桂三枝、西川のりお、浜村純は欠席の内容をきちんと書いてあった。

歓談の時間に着替えるため楽屋に入ったら、携帯の着信が何本もあった。「いま松坂屋のとこにいるんだけど会場の場所が分からない」。こんな問い合わせが続いた。

外には、入口、途中の交差点や松坂屋近辺にも案内係がいるはずが、草加大介をはじめ、外の案内係の奴ら、会場で飲んだり食ったりしてやがんの。呆れて屁もでねぇ！

乳ガンで抗がん剤を打ってる田代葉子、『未亡人下宿』シリーズ五代目ママの橘雪子、浜野佐知監督もいた。代々木忠、鬼闘光監督……。ジゴロの伏見直樹、ライターの名和広、新宿タイガーと１４０名ほどの列席者が顔出してくれたのは感謝だ。村西とおるもアイドルのオナホールをお土産に持ってきてくれた。三上寛も唄ってくれて盛り上がった。野上正義さんは手を震わせながら酒を飲んでいた……。

生前祭の壇上は次から次へと挨拶などで盛り上がっていた。が、舞台の下手寄りの高い椅子の上で、野上正義はタバコを吹かし、酒を飲みながら夢遊病者みたいに揺れている。高い椅子で背もたれがないから危ない……第一邪魔なのだ。

「阿部定」の寸劇が始まった、女優達の裸が見れるとあってファンが舞台前にドッと集結した。

野上さんは変わらずキョロキョロし視線が定まっていない。この時点でかなり病状が悪化してるな、と俺は読んでいた。

「阿部定」は色気あり娯楽ありで楽しんでいただけたと思う。

フィナーレの後、汗だくで芝居の最後のフンドシ姿でお礼の挨拶……をした。

長々と話をさせてもらった……なぜか、溢れんばかりの涙が出て止まらなかった。後で、感激で泣いていたじゃない？とか、褒められたりもしたが、壇上で流した涙はそんなんじゃない。不甲斐ないバカなスタッフ達、案内係が会場で飲んだりしてどうする、バカヤロ！　愛染恭子の司会ドタキャン、病人野上正義の司会といい、足を運

久保新二交遊録

浅草21世紀の看板女優しのはら実加。
見ろ！こんな可愛い子とラブラブだぞ！

んでくれたお客様にダラダラした進行で申し訳ありません！　そういう涙だった……。

生前祭も終わり、二次会は歌舞伎町の俺の店「あいうえお」でやることになっていた。

銀座から皆さんが来てくれたのには感謝だ。40人以上いたかなぁ。女優の志水季里子が野上さんを連れてきたのにはビックリだ。

会場の外で、ガミさんに挨拶はした。店にはガミさん連れてくるなよ！　あれほど念を押したのに。ガミさんの手が中気のように激しく震える。ボーッとしてガミさんは一言も喋っていない。誰かが「野上さんお酒は何にする！」とたずねる声が聞こえた。

「ダメ！　ガミさんには酒を飲ますな」

むしろ叫ぶように言った。

たまたまライターの名和広が帰ります、と言うので、ガミさんを送ってくれ！とお願いした。名和広はこころよく引き受けてくれた。

夜10時を過ぎた歌舞伎町は人でごった返している。無事に帰れたのだろうか……だいぶ経ってから名和から連絡がきた。店の下から家までず～っとオンブしてた、と言う。アルタ前の東口の階段をオンブして、山手線の中も……駅も上はエスカレーターがあるのに、降りるエスカレーターは意外に少ない。にしても、名和の体力はどうなってんだ……偉いね。「困ったのは、オンブしてる頭の上でタバコ吸うんですよ、野上さん。えっ、家までの道案内以外、一言も喋りませんよ」

無事に野上さんを家まで届けました、と言う名和広はすごい奴だ、感謝してます。

この日が、野上正義さんとは最後のお別れとなった。

そして7ヵ月後の12月22日、深夜に野上さんの息子のトニー大木から連絡があった。

「おやじ……野上正義が亡くなりました……0時12分に。久保さんだけに連絡しました」。

俺は石動三六に即連絡し、ネットで流させた。が、ガミさんの奥様には迷惑……逆に恨まれてしまうとは……。生前祭の裏話もまだまだある。会費を持ち逃げ？　俺は怒ったぜよ！

アデュ〜。

年忘れハレンチ公演、魅せます！　笑わせます！

2010年12月22、23日、ザムザ阿佐ヶ谷で公演のとき……。

22日の0時過ぎに電話がきた。

「久保さん、親父、野上正義が0時12分に亡くなりました。久保さんだけに連絡しました」

息子のAV男優・トニー大木からだった。野上正義が亡くなった……。

その日は朝7時集合で後藤大輔組の撮影で千葉の港ロケだった。俺の相手役の女優は松井理子でこれがピンク映画デビュー作だ。

現場を15時に出てザムザに向かった。ハレンチ公演初日で舞台では石動三六を始め、スタッフ達がライトを天上で吊ったり暗幕を吊ったり、三浦は音響のきっかけなど、自分のポジションの責任感で一生懸命だ。ホント素晴らしいスタッフだ。

久保新二交遊録

浅草21世紀の座長大上こうじと副座長のめだちけん一。浅草の笑いの灯を消さないよう頑張ってる。みんなも応援してくれ！

舞台の最後は「阿部定」の芝居だ。定役が里見瑤子で、あとは日高ゆりあ、酒井あずさ。きっかけの音楽だけやって、後は石動に任せた。

皆にも野上正義が亡くなったことを通達。石動から「久保さん、野上さんの追悼にしましょう」と意見が出て、追悼公演にした。

今回のゲストは池島ゆたか、白川和子、愛染恭子らだ。

俺がロビーに行くと、客もそこそこいて、和子、恭子ちゃんもすでにいた。挨拶をした後、恭子ちゃんが土下座して「久保さん、生前祭のときはドタキャンして申し訳ありませんでした、許してください」と頭を深く下げていた。ついこの間の生前祭ではいろいろあったが、もう済んだこと。端からみたら、俺がいじめてるように捉えられるっての……。

初日1回目の舞台が始まった。挨拶、野上正義の話をした後は、ストリップショー、芸人の南野やじ、西村、大村小町……俺のシコシコソングの後、ゲストの女優の胸を揉みながら、女を絶頂に導くイカセ術を披露……。

「阿部定」の芝居では、野上さんの死を想いだしたりでいまいちのれなかった。が、定の里見がフォローしてくれてね、後半の最後は絡みで戯れながら、首を絞められ、「吉つぁん、気持ちいい、誰にも渡さない、吉つぁんは私だけのもの」とさらに着物の紐で絞められて息絶えるのだが、涙が溢れて止まらなかった……。野上！　どこまで邪魔するんだ、と思ったこともあった……。

フィナーレの挨拶まで涙がとめどなく溢れた……。

アデュ～。

友松直之監督

『レイプゾンビ』シリーズで頑張ってる友松直之を語らずにはいられないなぁ……。

俺が東梅田日活地下で、毎月いろんなイベントをやっていた時期があった。

友松もまだ自主映画を撮ったりしていて、イベントをやってる時に「ぜひ、ワンシーンだけでも出演を」と出演交渉にきた。これが縁で、友松も俺がイベントやってる時は必ず顔を出し、楽屋で他にも取り巻きがいる中、いろいろと手伝ってくれたりもした。
○月×日の土曜日。どうしても稲尾組の撮影で山梨に行かなければならないので、友松に「俺と同じようにイベントを進行しとけ」と打ち合わせをし、俺は翌日山梨に向かった。
現場でドタバタやってる午後に携帯が鳴った。「いま、東梅田日活に警察が入り、全員逮捕されました。モギリ、テケツのおばちゃん達も連れていかれました。曾根崎警察です……いつ帰ってきます？」こんな内容だった。俺はピンとこなかった。

映画館でのイベントは、池袋のミカド劇場のストリップ嬢「サキ」ちゃんが踊り、ベッドショーの後、女性器をポラロ

久保新二交遊録

ストリップ、演劇、映像と大活躍の若林美保。今度一緒にイベントをやってみたいね。

イドで1枚千円で撮らせる。これで関係者全員逮捕された訳だ。

留置1日の人もいれば、サキちゃん、友松は2日間留置された。友松に「悪かったなぁ、申し訳ない」と謝ると、友松は「監督として、貴重な体験をさせてもらいました」と言ってくれたのには頭が下がった。

サキちゃんには「一生恨みます!」と言われ辛かった。

友松が「映画を撮りたいんです」と言うので、「じゃ撮れば? 俺が段取りしてやる」。そんなノリで、ENKの薔薇族を撮らせた。

友松直之も映画青年で、監督としての器があったんだね。

そして俺がプロデュースした新東宝の『ザ・妊婦』(92年)の脚本も書かせた。監督は川村真一。俺の助手役で、監督として有名になった井口昇、歌手の三上寛にも出演してもらった。

友松も作品を撮りまくった……そして『ミナミの帝王』シリーズでは脚本を書き、あの逮捕された時を俺が再現している。東梅田日活の故・吉満屋支配人役は佐藤蛾次郎が演じている……。

アデュ〜。

柄本明

13年4月、スポーツ紙、テレビのニュースで「柄本明が前立腺ガン」と取り上げていた。

俺もえもっちゃんと同い年だし、脳梗塞2回目、他人事じゃない、奥様の角替和枝さんに電話した。

和枝さんも落ち着いていて、「ごめん久保さん、ご心配かけて。間違いだったのよ……どうしてああなっちゃったのか……」。なにはともあれ、ガンでなくてよかった。ホントは前立腺肥大症なんだって……。

東京乾電池を結成してからは、奥様の和枝さんも出演していて、ベンガルや綾田俊樹、高田純次等と芝居が好きで、苦労しながら今の地位を築いた。

東京乾電池の舞台も評判が評判をよび成長した。

柄本明も『赤塚不二夫のギャグポルノ 気分を出してもう一度』（79年）の初主演で熱演していた。

俺も柄本も、昔と今とはかなり違う。なんでこんなに汚なくなったの？て感じだな。

下北沢をホームグラウンドにしての舞台が有名になった。何処へ行くにも、自転車にまたがり半纏姿で格好を気にしないところがいいのかもネ。

俺が花園神社に、女と腕をくみお参りに行こうとしてたとき、「久保さ〜ん」と声がした、柄本だ。いま神社で撮影してる途中、俺を見つけたので飛んできたのだ。そんな気配りする奴なんだよ。

また、たまたま俺が電話したとき、「いまね、久保さんの『未亡人下宿』を息子の佑と見てて、久保さんのセンズリシーンの真似してますよ！」と柄本。「バカヤロ、俺の品格が落ちるだろよ。見せるんじゃねぇ、センズリ映画なんて」。こんな会話もしたなぁ。

「映画秘宝」に目を通して、柄本佑君のコメントを読んだ。「僕がオナニーシーンを演じてるのは、久保新二さんのビデオを見ながらそっ

久保新二交遊録

女優の千葉美紅とモデルのmarron。美女に囲まれていれば俺はご機嫌なのさ。

くり真似しました」とある。

13年に封切られた『フィギュアなあなた』に主演して自分でシコシコやるシーンは俺と同じだ。

みろ、バカヤロ！　センズリ役者の俺も役に立ってるのだ……。

柄本明の芸風も凄い……親子で映画にドラマに出まくっている柄本家を俺は応援……いやファンだから。

アデュ～。

『女子トイレ　エッチな密室』裏話

俺の最新出演作は『女子トイレ　エッチな密室』（14年）。監督は苦節10年の助監督を経て、これが長編デビュー作の中川大資。

オーピー映画では珍しくピンクドタバタ作品だ。

監督の中川から「いつものように好きなようにやってください、ぜひ……」と言うことでシネキャビンにホン読みで集合した。

AVの由愛可奈、里見瑤子、水原香菜恵、世志男、本多菊次朗、カメラマンの飯岡聖英、助監督3人。

製本はしてないが、表紙には「ある清掃員の生き甲斐」のタイトル。

初めて会う由愛可奈もAVでは人気があり、中川がシーンの内容を説明しながらホン読みが始まった。

和気あいあいの中……本の内容も面白く、久しぶりに気合いも入ったかな（笑）。

出番もそこそこ多いしな、山本晋也か稲尾実調でいくか、と、役作りもした。

数日して、製本の台本を受け取りに喫茶店で中川と待ち合わせした。が台本をサーッと流すと、本読みのときの内容、セリフなど大幅に変わっていた。なぜ？　そのへんを突っ込んだら、オーピーの方でチェックされたので、脚本の小松公典に書き直しさせて、そしたらＯＫになったのがこの台本で、スケジュール表も目一杯詰まっていた。しかもイン初日からだ……俺の出番でフィルムを多く回そうとしたのかは定かではないが、たぶんにあり得る。

まだ2月のメッチャ寒い時期にイン。朝7時に集合したときも寒いし、辛かった。

まして、俺は脳梗塞2回目の身。特に寒いのはこたえるね病人は……。

スタジオを借りての撮影だが、1番手から会社の外の撮影。

ガードマン姿だが、日陰だから余計に寒い……とにかく寒くてセリフもガチガチで思うようにいかない。水原香菜恵もいろいろ身体のことを心配してくれる。

デビュー作の中川大資監督も「久保さん、台本無視でいいですから動きやすいようにやってください」と気を使ってくれる。カメラの飯岡も、助手に「久保さんは本番では動きも違うからピント送りは……」の話も聞こえた。

俺は長回しの方が好きなので、撮影ワンカット目は長回しで、本番にいく。

寒ぅ……ソチオリンピックの金メダルのこと、45年振りの雪で東京は大パニック、都知事が替わった話など一人芝居してるとこに、主演の水原がおはようとフレームインしてくる。水原とのヤリトリで長台詞がスポンと飛んでしまった。

久保新二交遊録

人間国宝の竹本駒之助先生に義太夫を教えていただいたが……俺にはさっぱり分からねえってえの！

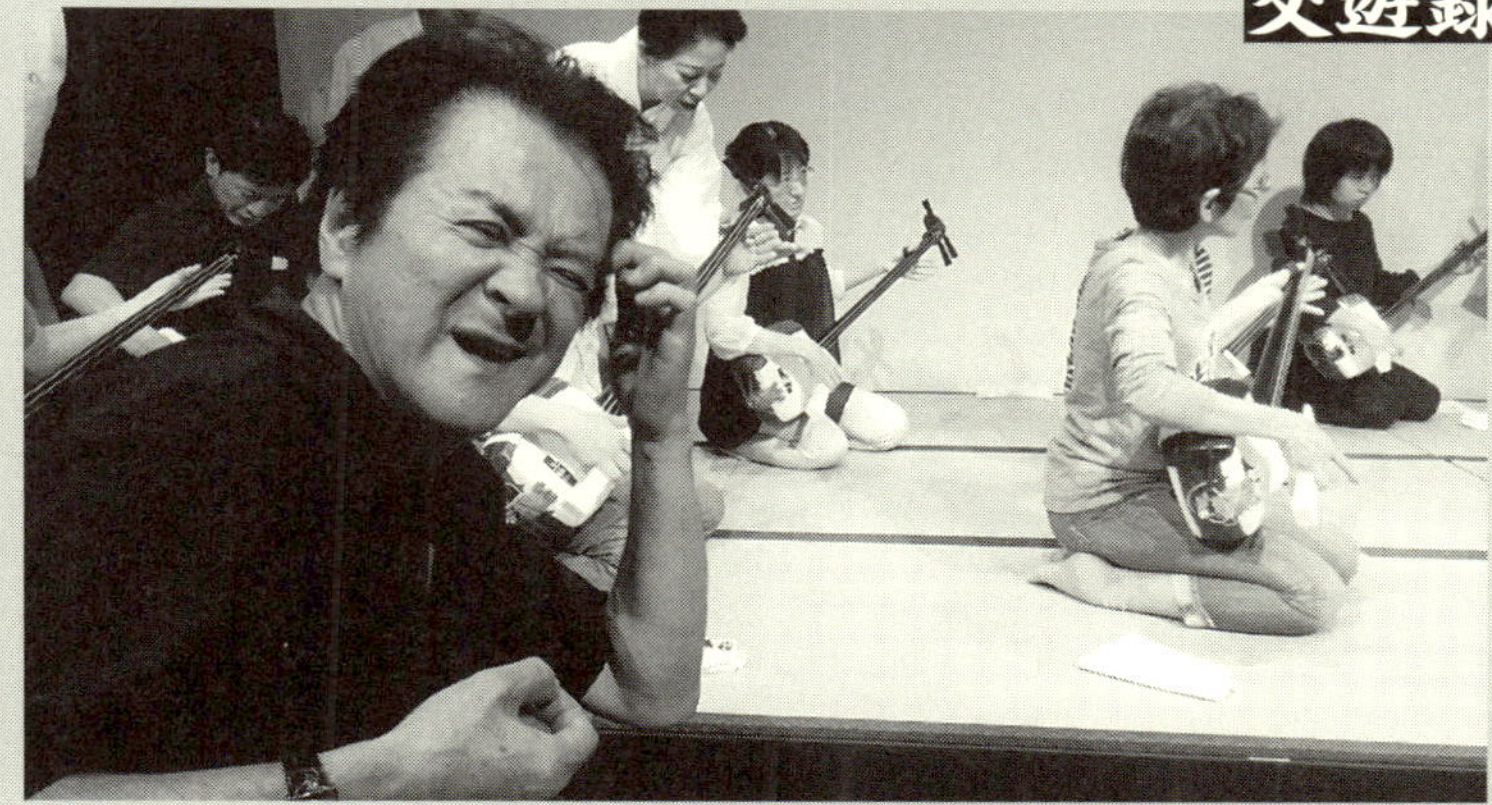

マコト、ノゾミ、ユリアちゃんなどのセリフでごまかし、水原も俺の性格を知っているから、大事なセリフは水原もカメラに向かって言う。

俺は、うしろ向いたりして、後でアフレコで繋げようとごまかす。こういうごまかし方は得意だからね俺。

「カーット！」の声で俺もホッとした。

そこへ「おはようございます」ときたのが飯島洋一だ。洋ちゃんが、初日だからと言って陣中見舞いの差し入れをしてくれた……ありがたいやね……そこでちょうど昼飯タイム。

里見瑤子もバイト先からパンを持ってきてくれ、控室のテーブルは食べ物、飲物でいっぱいだ。

由愛可奈のメイクはビューティ★佐口で、ビューティには俺も女装メイクを頼み、なかなかいいセンスだ。

由愛可奈はゲスト出演みたいなもので、先に帰さなくてはいけないから、由愛押しで現場が進む。世志男と由愛の絡みや、菊次朗と水原の夫婦のシーンなどを撮ってはいるが、助監からは番手表の順などの説明もなにもない。

途中からプロデューサーの池島ゆたかが顔を出し、世間話をしたが途中撤退で、飯島洋一も帰ってしまった。

次に菊次朗が帰り、俺と由愛可奈の濡れ場も板付きから始まり、フィルムも回さないといけない。この時点で夜10時を回っていた。

俺のスケジュールも2日間飛び飛びにあったのが、朝一からの出番で結局1日撮りみたいなものだ。

お笑いとかドタバタ喜劇などはノリでやるもんだと思う……山本晋也、稲尾実監督達ともそうしてきた。

特に『未亡人下宿』シリーズなどは典型的だったネ。

役者のノリで喜劇は左右されるから……初監督の中川もドタバタを知らなかったんだろうね。

オーピー作品で池島ゆたかの監督作品は、そんなに喜劇もなかったから、助監についていた中川も感性がわからなかったと思う、いま思えば……。

由愛可奈の絡みは、たいして時間はかからないが、しんどかったネ。……時間が時間だけに、すでにダレている俺。

ヤバ！　血圧下げる薬もそろそろ飲まなくてはいけない。が、こんなに遅くなるとは夢にも思ってない……。

夜もふけた……と思ったら片づけしてから車で池袋のラブホに移動だ。移動はいいけど、スタジオは元通りに綺麗にしとかねばいけない。これがまた時間がかかった。使えねぇ助監督達だ……。

機材を積み込み現場に向かう途中、水原が「コンタクトレンズを替えたいから部屋に寄ってね」と案内しながらやっと部屋についたのはいいが、俺も血圧を下げる薬が欲しいと思っていたが、水原がタイミングよく戻ってきたので、ワゴン車は池袋のラブホに向か

久保新二交遊録

お世話になってる新橋のSAKE BAR蓮の夏子ママと俺……じゃなくて新宿タイガーじゃねえか！　なんでお前がいるんだ、バカヤロ！

う。

俺のイライラもＭＡＸに達してしまった。運転している助監督達に、「お前ら、どこまで引っ張るんだよ、ふざけんなよこの野郎！　帰るわ！　体がしんどいんだよ。脳梗塞２回やってんだぞ、薬も飲みたいしよ」てなこと言って、また俺の悪い癖が出てしまった……メイクのビューティには迷惑をかけてしまい、申しわけなかった。

撮影現場のラブホに到着し、控室に案内された。、里見瑤子も水原も衣装を着けて待機だ。ここは本来なら３人の絡みの３Ｐのシーンで、フィルムも１本くらいは回さないといけない。

助監が「お願いしま～す」と迎えにきた。里見も水原も、雰囲気が違う俺を見て、一言も喋らない……。現場の部屋に入った、カメラもスタンバイだ。一瞬気が狂った俺は「お前らそこに並べや、この野郎……いいか……」と文句を並べてしまった……監督、スタッフが一生懸命やってるのはわかる。なら、遅くなるならちゃんと説明しろと言いたい。

結局、２、３カット撮って全部終わって撤収したが、手を出さなくてよかった……家の近くまで送ってもらい、部屋に入るなりオイオイ泣いてしまった……また大人げないことをやらかしてしまった。皆に、申しわけなかったね……スケジュールの関係もあるだろうけど、最初のホン通りならスケジュールも余裕があったのに……脚本の小松君にも迷惑かけてしまい悪かった。

大体、こんな感じで終わった撮影現場だった。そ、俺、初号見てなかったんだ。

アデュ～。

私にとって久保新二とは〇〇である

◉里見瑤子

私は「さとみ」と呼ばれることが多いのですが、「さとみさんの苗字なんて言うの？」って、聞かれることもあって、紛らわしい名前なんです。音の響きとしては「さとみ」も「ようこ」も気に入ってるんですけどね。久保さんは「ようこ」と呼びます。その「ようこ」にはいろいろあって、聞こえる音を文字にしてみると「ヨーコ」「ヨォーコッ」「ヨゥコゥォ」とかね、色々で幅広いんです。

幅広いっていうとね、例えば「私にとって久保新二とは〇〇である」って考えてみようとするとね、〇〇には、何でも当てはまってしまう気がしてくるんです。あれもそれもこんな存在も全部ハマってくる。あれれ⁉って。なんて不思議で素敵なことでしょう？　具体的な〇〇を言葉にするのは、もったいないので控えておきます。が、久保新二とは里見瑤子である。これも心情的にイケル。

久保さんの「ようこ」には説得力があって、あぁ、私は「ようこ」なんだなって実感がわいてくる時があるんです。

久保さんとは10日間の舞台を何度もご一緒させていただきました。終演後の舞台挨拶、久保新二さんの華やかに響きわたる「里見瑤子」の声。お客様がぐっと熱くなる。紹介した私までをも華やかな存在にしてくれる。人生には始まりがあって、終わりがある。まるで、人生最後の日のような神聖な時を、久保新二は誠実に生きていました。その隣で私は、抑えられずに震えていました。長い眠りから覚めたようで、身体の奥の蕾が花開くようで。そんな事が何度も何度もありました。そうやって、人はその人になっていくものなのだと感じながら、次の日の舞台で私は、台詞「ヨッ、久保新二」って言うのが嬉しくて、誇らしくて、何度も何度も、繰り返す。

「ヨッ、久保新二！」

里見 瑤子
さとみ ようこ
ピンク映画の祖・小林悟監督に見出され98年にピンク映画デビュー。約120本の作品に出演。卓越した演技力で舞台でも活躍している。久保新二とは映画のみならず、ストリップ劇場での『阿部定』公演、イベントでの夜這いコントなどでも共演。

僕のアイドル

◉池島ゆたか

僕にとって20代の演劇青年だった頃のアイドルというのが2人いまして、1人はまだ有名になる前の梅沢富美男さん。で、もう1人が何を隠そう久保新二さんね。当時たまたま時間が空いて、どこかのピンク映画館に入ったんだよ。そのときに見たのが、久保さんが大暴れするコメディで、それから気になって『未亡人下宿』は何度か足を運んだ記憶がある。山本晋也監督という名前もすり込まれたし。

2人ともいわゆるメジャーシーンではない。梅沢さんもまだメジャーへいく前で大衆演劇のスターだし、久保さんもピンク映画のスター。まぁ、そんな2人が半端なメジャーな役者より人気があったというのも凄いんだけど、世間的にはマイナー。だから余計入れ込む気持ちがあったな。俺だけが知っているみたいな。「えっ、梅沢富美男見てないの？　久保新二見てないの？　ダメじゃん。あの2人を見ないと役者を語れないよ」と（笑）。

何で嵌ったかというと、例えば梅沢劇団はコメディ、歌謡ショー、舞踊ショー、シリアスと4本立なんだけど、梅沢さんはその全部に出る。コメディはデン助（大宮敏充）みたいな不細工なメイクで機関銃のようなアドリブの嵐。そこが俺の中では久保さんとイコールなんだよね。で、歌が上手い、踊ると色っぽい、シリアスな芝居もする。四変化の振り幅ね。それに一番近いのが久保さん。『未亡人下宿』ではもの凄い不細工な男じゃない。でも、素顔はハンサム。梅沢富美男と久保新二という役者の振れ幅、それが俺の中ではインパクト大だったね。

自分がピンク映画の世界に入って、久保さんに会える！と思ったらあんまり一緒になる機会がないんだよね。最初はたぶん稲尾（実）組、それから滝田（洋二郎）組の『痴漢電車 ちんちん発車』……（共演したのは）10本もないんじゃないかな。みんなが「久保チン、久保チン」と呼ぶけど、俺はいまだに呼べないな。恐れ多くて「久保さん」になる。若いときに受けた衝撃があるからね。稲尾さんが「俺には久保時代と池島時代があった。だから最後の映画はこの2人を主役に撮りたい」と。7、8年前から言ってたけど、結局果たせなくて。久保新二と池島ゆたかがW主役、それはある意味稲尾さんの集大成だし、ピンク映画を支えてきた2人の集大成だから、それを果たせないまま今に至るというのは、悔しい思いがあるんだけどね。

91年に監督になってから久保さんにはチラチラ出てもらって、初期の頃は大蔵映画で主役もやってもらった（97年『目隠しプレイ 人妻性態調査』）。それから忘れられない作品としては『アデュ～』（OV『その男、エロにつき　アデュ～！久保新二伝』11年　マクザム）。あのときは久保さんから突然呼び出されて監督に指名されてね。

久保さんというのはエネルギーがやっぱり凄い。肉体から発するパワーというのかな。例えば『アデュ〜』の久保さんとしのざきさとみのシーン、あのときはカラミも芝居もほぼ長回しなんだけど、久保さん汗みどろでやってるんだよ。髪の毛なんか汗で風呂上がりみたいになって。でも、へこたれないんだ。俺も役者やってるから大変さが分かるんだけど、弱音はまったく見せないで、ひたむきにエネルギッシュに役に入ってるんだよね。あれを見て感心したというか、凄いなと思ったね。俺はもうあんな芝居できないよ。現場で感銘しました。

世阿弥が言ってるのね、『花伝書』で。「花」っていう言葉で表現しているんだけど、年齢に応じて咲く花は違う。晩年になったら役者は何もするな、と。立ってるだけでいい。いるだけでいいんだ、と。名優と言われる人達は、ほとんどがそうだよね。でも、久保さんはそれに抵抗している希有な俳優。そんな久保さんに、例えば娘を誘拐された刑事みたいな設定で、嫌でもシリアスにならざるを得ないような役なんかどうだろう。どんな久保さんが見られるか楽しみだよね。（談）

池島 ゆたか

いけじま ゆたか

1948年、東京生まれ。舞台役者を経てピンク映画にデビュー。現在は監督、役者、プロデューサーとしてピンク映画を支え、自他共に認める「ミスターピンク」である。14年には初の一般映画『おやじ男優Z』が公開され、好評を博した。

久保新二は虹色に輝く

◉伏見直樹

久保ちゃんとはもう30年以上になるのかな。お互い、夜の歌舞伎町の帝王だったからね。それが今でも一緒にいるというのは、これは本当に素晴らしいことですよ。

桃色キッチンという名前で久保新二、港雄一、伏見直樹で活動したこともある。大変なこともあったけどね。寄席の高座で大暴れして追い出されたり。久保ちゃんがSMの女王様を怒らせて、一本鞭で200回のお仕置きなんてこともあったね。久保ちゃん1人じゃかわいそうだというので、俺も一緒に鞭で打たれて…あれは先っぽが巻きついて痛いんだよ。俺は今でもライブをやったり、映画を作って上映したり、いろいろ活動しているけど、そのたびに久保ちゃんは来てくれるの。それでMCやってもらったり、挨拶してもらったり。これは嬉しいですよ。また久保ちゃんは上手いしね。

久保ちゃんというのは、一言で言えば虹みたいな人なんだ。よくオーラがあるとかいうけど、オーラって普通は一色じゃない。久保ちゃんはさ、本人にいろんな要素があるから、そこから発するものも7色だったり、14色だったりするの。だから、いろんなジャンルの人を引き寄せる力も持ってる。そこが虹みたいな人。これからも身体に気をつけて、まだまだ大暴れしてほしいよね。(談)

伏見 直樹
ふしみ なおき
1955年、北海道生まれ。億単位の金を貢がせ「ジゴロ」と呼ばれた伝説のホスト。現在もCD『十字架』リリース、本『伏見直樹のジゴロ聖訓』出版、ドキュメントムービー制作、演歌歌手プロデュース(岡村奈奈『三本杉』)など精力的に活動中。

愛と平和と久保新二

◉田代葉子

「あのね、ピンク女優はね、幸せになっちゃいけないんだよ」

辛くて、闇に消えてしまいたいような夜だった。くぼちんは、ポソリと、私に、そう、つぶやいた。

私は、「えっ？」と、彼の顔を見た。

くぼちんは、少し寂しそうに笑って、月夜に揺れる秋桜を見ている。次第に、私の胸に、じんわりと暖かいものがこみ上げてきた。

それは、くぼちんのピンク女優に対する、精一杯の愛情のことばだと気づいた。この人は、悲しみの底に残っている、わずかな幸せを、すくい取ることができる人なのだ。そして、それが、久保新二という男のエロ愛だ。

人の心の底ったまにあるエロ愛の扉を開け、出て来いよ！と、眩しいお天道様の下に、恥ずかし気もなく、さらすのだ。

そう、彼にとってのエロとは、草原に咲く野の花。さんさんと降り注ぐ太陽の下で、無欲に無邪気に咲く花なのだ。

「ほらね、幸せなんて、所詮、チ◯コ、マ◯コ。世界平和も、それよ！」

そんな、くぼちんを見ていると、どんなに情けない人生でも、生きてることが、無性に愛おしくなってくる。

くぼちん、私、忘れてないよ。

いつか、クリスマス・イブに、高野山で、坊さん集めて野球拳やろうって、言ったよね。

くぼちんのエロは、宗教をも越えるんだって、思ったよ。

だからさ、くぼちん、お願いだ。

もう少し長生きして、次回の東京都知事選に立候補して、東京オリンピックを、「エロ愛のエロ愛によるエロ愛の為の平和の祭典」にしてくれ。EROTIC&PEACE！

田代 葉子
たしろ ようこ
深夜番組『TV海賊チャンネル』の人気アイドル。ピンク映画にも多数出演。久保新二一座のストリップ興行にも参加している。現在は、新宿ゴールデン街に「シネストーク」「シネストークYoYo」の二軒の店を持ち、舞台女優としても活躍。

マブダチ以上ホモ未満

●新宿タイガー

（久保チンとは）古いよ、古い。地球生誕以来の知り合いですよ（笑）※実際は約40年。

俺、男とはあんまり喋らないほうだけど、久保チンとはよく話すよ。特に素晴らしいのはさ、久保チンはいろんな女優を知ってるし、そういう人をイベントに呼ぶじゃない。白川和子、愛染恭子、里見瑤子……大変ですよ、これは。で、そういう女優さんに俺を紹介してくれるの。「友達のタイガーだ」って。

だから、俺も花を持っていってさ。綺麗な女優さんに似合うのは美しい花、わかるかね、君。それで女優さんと写真を撮ってね。ホント嬉しいですよ。

その久保チンと共演できたのも嬉しかったよ（OV『その男、エロにつき　アデュ〜！　久保新二伝』11年、マクザム）。俺なんかセリフ言えないけど、池島（ゆたか）監督が上手く使ってくれたよ。

俺、映画好きだからさ。新宿国際もよく行って久保チンの映画を観ましたよ。愛染（恭子）さんの出てる作品で、最後に電車の中で久保チンが真面目な芝居するやつ（『髪結い未亡人　むさぼる快楽』99年、川本真一監督）。あれもよかったね。今は新宿にピンク映画館がないじゃない。寂しいよな。

今でも久保チンとよくお茶を飲んで話をするよ。時間の経つのを忘れるね。とにかく久保チンの素晴らしいのは「長いものに巻かれない」。大変なことですよ、これは。これからもマブダチ以上ホモ未満の関係を続けていきたいね（笑）（談）

新宿タイガー
しんじゅく たいがー
1948年、長野県生まれ。半世紀にわたり、派手な扮装で新聞を配る新宿の超有名人。映画と酒を愛しており、映画館や飲み屋での目撃情報も多い。喫茶店や道端で久保新二と談笑する姿を見かけると幸せになる、という都市伝説があるとかないとか。

ピンク道驀進中

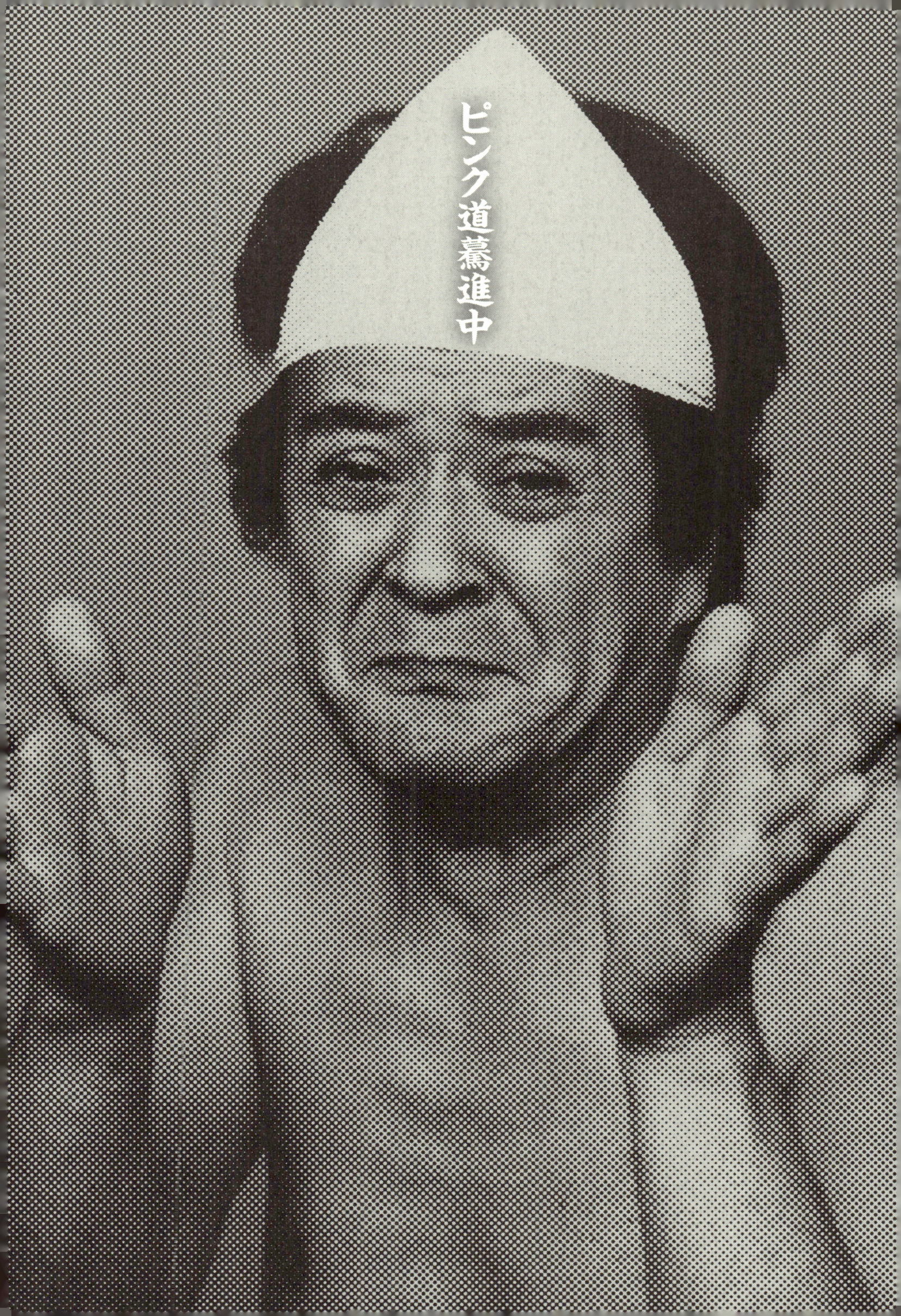

本宮映画劇場上映会とトークショー

2014年3月29日、「場末のシネマパラダイス 本宮映画劇場という奇跡」のイベント会場、十条駅前のシネカフェsotoに飯島洋一と顔を出した。

予約30人のはずが、60人になり熱気ムンムンだ。今回のトークショーの「独居老人」の著者で写真家の都築響一氏、評論家の柳下毅一郎氏の人気だろう。

福島の本宮映画劇場の館主、田村修司氏がピンク映画初期からの作品を短く編集した映画を上映。都築さんがポスターやタイトルを説明したりして笑いを誘ってたが、俺は「?」が何ヵ所かあった。いろんな作品のワンカットとかを繋げて編集した作品。裸がメインだから「エロ」の発想も当たり前かもしれないが、ストーリーがない、単なるエロ……それはないだろう。たかがピンク映画、エロ映画の時代だったが、当時出演していた俺がいるのだ。

ストーリーがない映画などないのさ。映倫だってストーリーや濡れ場のチェックはうるさい。フィルムをブツブツ切って繋げるとこういう結果になるのだが……これじゃ日本シネマの鷲尾さんが、何本かの作品の濡れ場だけを集めてラブホに流して儲けていたのと変わらないのでは……。

黒沢明の名プロデューサー・本木荘二郎にしても、晩年は俺が女優を紹介し、好きなこととして部屋で孤独死した。もちろん、大好きなピンク映画を撮って……。断片的でなく、そのへんの語りがあったらもっとリアリティがあったのでは……俺は生き証人だからね。

歌謡曲作品もあって、かしまし娘やフランク永井も唄ってたが、大蔵映画の副社長・近江俊郎も♪伊豆の山やーま……と唄ってたのにネ。

俺はエロ、裸、濡れ場……人間の原点が好きなんだよ。人間も動物も……。

独居老人……いまの俺と同じだアハハハ……。葵映画のカメラマンの話をしていた方もいた。会場のお客はピンク映画をよく知ってる……。いや本宮映画劇場に興味があるのだ。

こういう構成なら、俺が都築さんとトークをやりたい。たまには真剣にトークするときもあるんだぜ……。

今日の上映、トークショーは素晴らしかった。最後に俺と飯島洋一で、金沢の葡萄夜でやるイベントの話をしてお開きになった。にしても、田村館主の三女・優子さんの話も聞けたし、会えてよかった。意味ある楽しい１日だった。

アデュ〜。

福島の本宮映画劇場へ飯島洋一と向かう

前日夜遅くまで伏見直樹の上映会の二次会で遅くなり、部屋に帰ると深夜１時を回っていた。朝６時半過ぎに飯島洋一が車で迎えにきた。何だか眠れず寝不足だ。

２０１４年４月、飯島洋一の車で福島の本宮映画劇場に向かう。本宮映画劇場の館主田村修司さんとお互いが会いたく、今日が約束の日。

久保新二交遊録

本宮映画劇場の館主・田村修司。100 年続く映画館の建物を守り通している素晴らしい方だ。

俺も飯島も「独居老人」の仲間入りした（笑）。福島に行くにあたり、田村さんの三女、優子さんには俺の体調を愚痴り納得してもらった。正直、ここのところいつも浮わつき、いつ倒れてもおかしくない状況の中、毎日を過ごしている。

飯島はず〜っとカメラを回しっぱなしだ。

高速のサービスエリアに入っても、トイレに入ってもカメラがついてくる。飯島が「いつ亡くなってもいいですよ」と本音とも嘘とも言えない発言。飯島洋一の出版社・ポット出版から本を出すことが決まっているからその方が売りやすいのかも……バカヤロ！

4時間近く車は走り、本宮出口を出た。なんなんだこの緊張感は……産みの親や女と会うわけじゃねぇぞ。

「久保さん、本宮映画劇場に着きましたよ」と飯島。

いろんな資料や写真で見てる本宮映画劇場とはちと違う。

色が剥げたような汚ねぇ劇場が目の前にある。築百年の歴史がもの語っている。俺は電話をした。ドキドキしていた。電話は留守電で、伝えると心臓の鼓動もおさまった。飯島も世紀の一瞬をカメラに収めようと車から降り、構えている。

午前11時前だ。「出かけているんだろ、帰ってくるまで待つか」と俺。

何分くらいだろ、劇場の中から一人のオッサンが出て来て俺達を見ている。俺も見つめた。

その間、何秒くらいだったろう。「田村社長ですよね」。俺は声をかけた……。

田村さんの笑顔が出た。俺はかけよりお互いに握手した。

感動的な一瞬だった。

劇場の中に入り、さっそく世間話もなく、映画の話が始まった。俺のデビューからまあよく知っていること。劇場内を案内してもらった。映写室もカーボンを使用していて、昔ながらの活動屋がそのまま生きている、宝ものだ。入り口にある映写機も常に手入れを怠らない田村館主。時代錯誤もなきにしもあらずだが、おそらくこういう人はいないだろうね。

77歳の田村さんは若い……走るし……その走りが速いこと。

カメラを回してる飯島も、田村社長が速いので、前から撮るにも撮れず呆れてた（笑）。

フィルムをいじり、ネガを触り、書き物も達筆で、いかにも活動屋が身にしみついているのだ。

東京興映の小森白監督、山本晋也、宮下順子、谷ナオミ、美矢かほる、内田高子等の話をするときは、いい顔している田村さん。だから若いのだ。俺みたく女を抱くのが生き甲斐みたいな最低な奴とはスケールが違う。もう職人気質だね。

俺と同じピンク一筋の田村修司さん。いまの時代にこんな貴重な人がいていいのだろうか、勲章ものだね。

いま脚光を浴びている田村さんに取材も殺到していて、トークの依頼も数多い。俺の夢も決まった。田村社長と一緒にトークをやりたいね。

久保新二交遊録

本宮映画劇場の館主の娘さん田村優子。最近は俺のイベントにもよく顔を出してくれる。嬉しいよね。

元は自動車会社のサラリーマン。奥様を40代で亡くし、映画の魅力にハマリ、今日まで……。このボロ映画館だからこそ歴史がある。トイレも軍隊の兵舎よりも汚ないが、ここまで保つか？って感じだ。場内に入り、俺もスクリーンの前に立ってみたが、そこから客席を見渡す光景は優越感に浸った。住まいに案内され45年前のポスターを鑑賞。俺のもたくさんあった、若かりし日のが。田村さんが編集した、美矢かほるの10分ものの作品も上映して観せてもらった。懐かしい仲間達が出演していた。ほとんどの女優、男優の名前がわかる。おもわずグスンときた。亡くなってる仲間もいるからだ……。

谷ナオミのポスターは素晴らしかったね。へぇ……俺も共演しているのか、思いだせないけどね……貴重な時間はあっと言うまに過ぎていく。夢、奇跡？とでも言うのか。逢いたかった本宮映画劇場の田村修司館主とサヨナラすることにした……。ありがとう優子さん。

念願がかなない感謝してます。

アデュ～。

金沢にて『未亡人下宿』を観る

２０１４年２月の金沢滞在は１週間だ。元気なうちにお世話になった人達に感謝をこめて会っておこう……が主旨だ。

最近知りあった通称ヂョーさんは金沢の住人で、俺が駅前シネマのエッセイをフェイスブックに書いたことがあった。「あ〜、駅前シネマに来るんだったら一度、久保新二さんに会いたかった」

ここからメールや携帯のヤリトリが始まったのが縁で、今回金沢で会うことが実現したのだ。

バカヤロ、遠距離恋愛じゃねぇっての。

このヂョーさんが俺の行動やブログなどを過去からよく知ってくれていて、警察か弁護士みたく、俺が知らないことまで知っている。熱烈な俺のファンなのだ。嬉しいよね。

早速、ヂョーさんが車で迎えにきてくれ、行きつけの「うまいぞいや哲」さんの店に案内してくれた。常連達がいて、次から次と客がくるたびに挨拶をし、無愛想な哲さんだからと忠告されていたが、真逆で楽しい哲さんだった。

哲さんの料理も、他では食べられないものだった。うまいぞや！……哲。

ヂョーさんは、伏見直樹、飯島洋一のこともよく知っていてくれて嬉しかったね。あの日本一のＤＪと言われる永田一直も哲さんの店に顔出すとは、何と奇遇なことか……。

俺もファンデーションやルージュの口紅にマスカラでバチっと決め、哲さんの店に乱入した。

哲さんは『未亡人下宿』を観ていた……オナベ化粧のあ、た、しは先程射止

久保新二交遊録

金沢駅前シネマの館主・藤岡紫浪。昔ながらのピンク映画館は大変だと思うけど、いつまでも続けてほしいね。

めた猪鍋料理をいただく。オナベが鍋を食う……。

常連達が集まってきた。ヂョーさんが『未亡人下宿』シリーズをかけた。小野さんや花屋の丈君、素敵な金沢美人ののぞみさん、有里亜さん等他の方々と『未亡人下宿』シリーズのＤＶＤを観た。

俺の下品な演技に皆が笑う。ガヤガヤ喋りながら大きな声で笑う。

当時、学園祭などでの学生の轟音のような笑いがオーバーラップする。この光景には「あ〜、生きていて良かった……」とつくづく思ったものだ。

ファンは俺に生きる活力を与えてくれた。活力はオマンコだけかと思った浅はかな俺は勉強になった。

『その男、エロにつきアデュ〜！　久保新二伝』も皆で観た。次から次へ、何本観るんだっての。

懐かしさと先輩達の芝居も素晴らしかった。今は先輩達も亡くなり、昨年の盆に偲ぶ会をやって心残りはない。

最後は『新未亡人下宿　奥の間貸します』(75年) をジックリと数年ぶりで観た。ママ役は青葉純で、鯉のぼるが出演。

ストーリーもしっかりお涙の話だが、俺も涙がジワッときた。悲しさと切なさが……涙が出てきた。鯉のぼるの執事役の堺勝朗は亡くなった。周りは笑っているが、観ていた俺は故人に偲びなかったなぁ。

これがホントの上映会では……？

夜もふけた……外は大雪だ。

隣近所の店は一軒もやっていない。

見渡す限り雪、雪が降っている。歩くと靴が踵までズッポリ埋まった。雪景色は奇麗で吸い込まれそうだ。

都内では考えられない景色で感動した。

5月のGWにのぞみさんの店で『未亡人下宿』のイベントをやろう、という話になり、有里亜さんに引率され、店をロケハンしに向かう。

ボタ雪の中、踵まで埋まりながら歩いた。寒い……脳梗塞は大丈夫か？　そんなこと思いながらしばらく歩いた。おい、絵になるだろ？　カメラを回したいくらいだ。

ヂョーさんと知り合い、フェイスブックつながりだった金沢の映画ファンと知り合え、最高の金沢だった。皆さんありがとう……。楽しい土産話ができた……。

明日は駅前シネマの藤岡社長と食事会をして、金沢とはお別れする。

大丈夫か？　飛行機は！

アデュ〜。

金沢でのイベントに行く

2014年5月5日に金沢堅町「葡萄夜」のイベントに飯島洋一とお邪魔したが、多分これが最後かもしれない。と言うのも、体調がすぐれないから。これは本音だ。今年の初め、雪が降る中「うまいぞいや哲」さんの店にお邪魔した。暖かい皆さんと知り合え、またヂョーさんが哲さんに声をかけ、いきなり

金沢にある葡萄夜のママ・のぞみ。金沢では本当にお世話になりました。また会いに行くよ〜！

久保新二交遊録

『未亡人下宿』のDVDをかけた。店にはヂョーさんの仲間達も数人いて会話させてもらった。のぞみさん、有里亜さんも同席で『未亡人下宿』シリーズを3本観た。

俺ね、東京でも必ず側には誰か知り合いがいて、1人ではよっぽどでなければ他人と接触しない。自分を棚にあげ、人が嫌いなのさ。常に冷静でいる俺も2回の脳梗塞には勝てない。普段から右半身の痺れとフワっとして行動する自分にギブアップだ。当然男の機能も失われた。寂しいものだネ。

適当に仕事のオファーがあるが、なにかあったら迷惑かけてしまうから断ってしまう。俺は最低な男。病院でも、原因は脳なので保証できない、と言われ、かなり落ち込んでいるのも事実だ。ならば……ならば動けるときに会いたい人に会っておこうとできる限り会うようにしている。いつまでもつか？　大阪で精神科病院を開業している石田先生等……数人会っておきたい人がいる。もう、そんなに時間の余裕はないのだ。

福島の本宮映画劇場の田村修司さんにも飯島洋一に引率され会ってきた。感無量だった……。ピンク映画を愛する人で、時代錯誤と言われるほどピンク映画が好きな田村館主、生きてるうちに会えてよかった。ヂョーさんも同じく、ピンク映画をこよなく愛する人である。ポスター、チラシ、予告編などを作り、仕事、家庭があるのにやる仕事は完璧というかファンの枠を越えている。飯島洋一といつも話をしている。「すっげえ奴だな、ヂョーさんは！」と……。真剣なんだな、と思う。俺は映画、挨拶、舞台……なんでも遊び半分さ。

要は肩の力を抜けっていうことだから、何事にも動揺しない俺。

飯島洋一もフワっといつもしているが、アイツもポット出版の会長で、出版の件でもスズバズバと要点をはっきり言う。挨拶やトークでも、飯島洋一のパワーは俺も負けるほど凄い。でなきゃ『特攻任侠自衛隊』（77年）でも『戦争の犬たち』（80年）でも製作資金を集められない……。でも案外シャイなんだよ、彼は……。だから飯島洋一は好きなんだよ、俺。俺がチンコ勃たねぇとボヤクと、「俺なら勃たせてあげる」と真剣に言ってくれる（笑）。

♪花の命は短くて、飛び散ることのみ多かりき……♪

「マスマスのってます」の唄は好きだな。山本晋也のバカは嫌いだけどね！

イベント本番の日は肌寒く、あいにくの雨。雨降って地固まる……そんなコトワザもあるくらいだが、やはり出演する俺達が一番気になるのが客の人数だ。俺らよりも主催者側の方がもっと気になるはず。まあ、俺達が出演するんだから客は入るさ。それよりも、まず最初にヂョーさんが作ったチラシに惚れた。飯島と二人で「これはいける！」と。ポスターのデザイン、レイアウトのセンスもこれまた素晴らしい。チラシは誰に見せても見た人が褒めてくれた。俺達の強力なブレーンが誕生した瞬間でもある。そしてヂョーさんのブレーン達がチケット売り場を5ヵ所も開設したり、並々ならぬ努力に感動した。

有里亜さんもチラシ、ポスターを常に持ち、配ったりしていた姿を俺は知っているのに、俺達は、イベントで宣伝したり、フェイスブックに載せることぐらいしかできない無能者……。

久保新二交遊録

金沢で大衆演劇を上演しているおぐら座の社長・鷹箸直樹。今度は俺も出してくれ！

恥ずかしいくらいだった。次に俺と飯島が惚れたのが、イベントの予告編だ。手のこんだ編集は、観た人達を呆然とさせた。これまた素晴らしい作品だ。映画ファンもベタ褒めだ。

「こんな予告編みたことがない」。歓喜の声が嬉しかったネ。

頭蓋骨の先端からオッピョが発射したくらい衝撃が強かった。

この予告編で飯島洋一が熱くなったのも事実だ。エッ、俺？　そんなものは俺のオーラさ、と冷静だよ。

勉強、努力、根性、頑張るって大嫌いなのだから……見たい、舐めたい、やりたい、の下三段活用は好きだけどね……。

イベントが開場した。東京から桜美林大学の小川晋、ピンクボーイズ軍団の加藤君の姿も見えた。芦原ミュージックから踊り子の結城綾音も……マジか、ここは石川県の金沢だぞ。飯島洋一も軍団の番長だから喜んでいた。もう顔射した快感だね。

北陸一の大衆演劇「おぐら座」の鷹箸社長、金沢映画祭の方々他、大勢の皆さんが顔を出してくれた。

入口には滝田洋二郎からの花も届いている。感謝だね……。

開場時間から10分、15分と過ぎていく。次から次へと客がくるから開演できない嬉しい悲鳴。

肌寒い雨もやんだ。場内のポスターがひときわ目立つ。すべてマニアの飯島洋一が用意してくれたポスターなのだ。満員御礼で客達がカウンターの中にも詰まっている。

ヂョーさんの司会で始まり、飯島洋一の出演作品『特攻任侠自衛隊』から上映した。白黒で飯島洋一の熱演が光る。飯島のトークも面白可笑しく終わった。

休憩の後、俺の『未亡人下宿 ただのり』（78年）の上映がスタートした。場内は大爆笑で、笑い、笑いの轟音は、昔の早稲田大学の学園祭や、京都の京一会館とオーバーラップした。

立ち見どころじゃない、うしろで俺も映画を観ようにも、あの数百インチあるスクリーンが見えないのだ。

聞こえるのはヤリトリする俺らの声と笑いだけ。AV女優だのピンク女優の裸なんざで集客には頼らない。ピンクの帝王、キングオブピンク、シコシコマンの久保新二で充分だ。ピンクとバカを演じるセンズリ役者は世界広しといえ、いない。

早ぇ話センズリ映画、変態映画だよ、『未亡人下宿』なんて。監督の山本晋也も含めて奇人変人の集まりだよ、観てる人はもっと変態だ(笑)。

本音としたら、若い学生達に『未亡人下宿』の映画を観てほしかったかなぁ。駅前シネマの脚本の山崎浩治には、今回どれだけ動いたのか聞いてみたい。ピンク大賞と重なって営業ができなかった、と言い訳したら俺は切れる?と思う(怒)

終わったことだからもういい、でなく、終わったことは始まりなんだよ。

8ヵ月の淋病生活。より一層女を喜ばせようとチンコにシリコンを入れ、神戸の風俗遊びが原因でお土産に淋病をもらった。

俺の子種は撒き散らし……をモットーにしていたからなァ。オマンコするのに学歴人格はいらねぇのさ。愛はやること、

久保新二交遊録

おぐら座で公演していた劇団三桝屋座長の市川市二郎。全国を回っているから、名前を見かけたら、ぜひ見に行ってほしい。

恋はハメること。同じ意味じゃないってとこがミソなのさ（笑）。やがて歳をとると生き物は衰退するから、使える道具は使っておかないと錆びて使えなくなるのさ（バカヤロ、なんの話してんだ）。

俺は最低男だから最低のことをやるのがマニュアルさ。人間の原点を追究する映画が『未亡人下宿』さ。いじる、こする、シゴク、だ〜い好き。半病人が言うんだから間違いない。

「今日1日楽しく生きる」。漫談家の故・牧伸二のサイン色紙はいまでも飾ってあるよ、大事に。笑いと拍手……素晴らしいではないか。気取りはいらねぇのさ。♪あ〜ぁやんなちゃった♪てか！

『未亡人下宿』の上映会も混雑で、うしろで映画を観るにも観れなかったよ俺。この光景が気持ちいい。前で座ってる人はトイレにも行かれない、ワンカットでも見逃したくないから。後で哲さんの店で観るか？

「葡萄夜」での飯島洋一との上映会とトークショーもあっという間に終わってしまい、東京に帰った軍団連中も俺の帰りを待っている。嬉しいやら迷惑やら……。

「葡萄夜」ののぞみさん、音響の素晴らしいスクリーンがあってのイベントだったと思います。ありがとうございます。有里亜さん、タケル君。ほんとにありがとう。生涯忘れることはないと思います。イベントに係わった人達。こんな最低の男に優しくしていただいて感謝してます。なんか、東京に帰りたくない気持ちです。涙は出てくるし……最後のお別れみたいで申し訳ないです……ヂョー！　お前とは熱いキスをしてから帰る。

ありがとうございました、まずはお礼まで。

アデュ〜。

愛しの久保チン

異色の男優、久保新二

◉田村修司・優子（本宮映画劇場）

成人映画の初期は20代後半～40代くらいの男優が主だった。

そんな中、ある日突然、久保新二が出てきた。

まだハタチくらいなのか、若くていい男でハッとした。

ものすごく異色な存在だった。


（館主：修司）


父のピンク映画ポスターコレクションを見ることが昔から私の趣味でした。

ポスターに男優さんの写真はあまりないけれど「久保新二」という名前がたくさんあるので、自然とおぼえてしまいました。

場末の映画劇場の娘の私が、こうして実物の久保さんにお会いできるなんて！


（優子）

本宮映画劇場

福島県本宮市にある築造百年を迎えた映画館。現在は閉館中だが、映画全盛の時代を今に伝えるレトロな建物は、各種イベントに使われたり、様々な媒体で採り上げられたりしている。昔のピンク映画のポスターやフィルムも多数所有。

ドキュメント「北陸戦争」

●ヂョー

憧れの俳優・久保新二さんに地元金沢でお会いする機会に恵まれたのが平成26年2月。その時に地元の友人たちと共にこの久保さんのキョーレツなお人柄に触れ、「ぜひ（久保さんの）イベントをやってみたい！」「この滅茶苦茶さを多くの人に知ってもらいたい！」という思いに駆られた我々。久保さんにも快くノっていただき、あれよあれよという間にその3ヶ月後の5月5日（こどもの日）に金沢葡萄夜《ぶどうや》にて久保新二さんのイベント「北陸戦争」が行なわれた。このタイトルは、この日もうひとりのゲストとしてお呼びした、70年代末~80年代初頭にかけ、『特攻任侠自衛隊』や『戦争の犬たち』という破天荒な作品を引っさげ自主映画界で大暴れされていた、（これまたメイン・ゲストの久保さんに負けず劣らずのめちゃくちゃ人間・怪優である）飯島洋一さんが大の任侠映画好きであること、そしてこの御二方が顔を揃えるイベント……失礼な言い方になってしまうが、もはやキチガイVSキチガイの様相……暴力とエロの祭典……これって戦争以外の何ものではないではないか！という気持ちを込めたものである。手前味噌ではあるが、こどもの日にポルノの帝王、キング・オブ・ピンク久保新二を招いての下品極まりないイベント決行……そういう皮肉めいた因縁もまた、粋なのではないかと思った。

蓋を開けるまでは心配で仕様がなかった。自分がいかにこの久保新二、飯島洋一両名のスゴさを分かっていたとしても、客観的に考えて、御二方のことをまったく知らない方からすれば、これ、いったい何のイベントなのか？　どんな人物がやってくるのか？　なんてことはサッパリ分からない＝興味を持てないと思われたからである。しかしイベントに先立ち、すでに久保新二および「未亡人下宿」にハマりまくっていた葡萄夜さん、スタッフ、お手伝いさん……同志の皆々様の熱意溢れる周知活動により、当日は想像を遥かに上回る、会場から溢れんばかり……いや実際溢れて立ち見続出、ギュウギュウ詰めになるほどのお客さんが集まってくれた。

この異様な地場の力か、はたまた何が何だかよく分からない期待感からか、イベントは頭っからヒートアップ。ゲストによる簡単な挨拶から始まり、飯島さん製作・主演の『特攻任侠自衛隊』の上映にかけて、ありがたいことにお客さんは爆笑の渦である。確かに『特攻任侠自衛隊』は笑える映画であるし、闇雲なパワーが最高な大傑作ではある。しかし「これでここまで笑ってもらえるのなら、メインである『未亡人下宿』（当日は『ただのり』（78）を上映した）の上映時はどうなっちゃうんだろう？　笑い死んじゃうんじゃ……？」と感じたのもまた事実。そして案の定、『ただのり』の上映では割れんばかりの爆笑に次ぐ爆笑、時折拍手も巻き起こるほどの盛り上がりを見せ、僕は「ざまぁ見ろ……『所詮ポルノだ』『AVと何が違うの？』などと揶揄されてきたピンク映画の底力を多くの地元の人たちに見せつけてやったぜ」という喜びに浸り、心で泣き、映画を観ながらお客さんと共に笑った。

映画の後はいよいよゲストをお迎えしてのトークショー。久保さんのトークも絶好調！　初めて聞く人には驚愕であろう久保さんの破天荒で不謹慎すぎるトーク、飯島さんが語る映画愛に対して「俺、映画嫌いだしィ」と返すピンク映画８００本出演の久保さん。「北陸戦争」の看板はダテじゃなかった！　そんな調子で映画上映終了から、気付けば４時間以上話し続け、最後は葡萄夜ママからの「カーンカーンと鳴るボクシングの鐘」ならぬ「ちーんちーんと鳴る呼び鈴」で強制終了。19：00にスタートしたイベントは

26：00に終了……。7時間にも及ぶイベントとなってしまった……。お客様、スタッフの皆様、ご迷惑をおかけしました。そして心からの感謝を！

チョー

北陸在住の映画ファンであったが、生で会った久保新二のパワーに触発され、2014年5月金沢で「北陸戦争」というイベントを企画。超満員の盛況で大成功となった。力のこもったイベント予告編はYouTubeで見ることができる。

男優で観客を呼べるただ一人の男

●金沢の久保新二ファンクラブのみなさま

どれだけ無茶苦茶やっても、「まあ久保さんならしょうがないかw」って思わせるのが素敵です！　映画上映中に目を細めて、満員のお客さんを嬉しそうに眺める横顔が印象的でした。（花屋のタケル）

いきつけの呑み屋（うまいぞぃや哲）で『未亡人下宿』のビデオを観ながらマスターや皆が爆笑する様に無邪気に喜んでいたと思ったら、亡くなった出演者たちのことを想い出し、爆笑のさなか一人涙されていた姿に心が動かされました。（イベントのオフショットより）（小野健一）

久保新二の全貌を知りたくなった！

（カナザワ映画祭：小野寺生哉）

久保さんと『未亡人下宿』に縁あって出会った金沢のファンの期待に、見事応えてくれた久保さんや飯島さんと名画の数々。絶対面白いからと、やりたい奴らがやりたい事をしているのを見せてもらいとても楽しかった。

（シネモンド：上野克）

久保さんは天才的〝全身役者〟でいらっしゃいます！　十一面観音も真っ青の多面性!!　煩悩聖さま万歳!!!!

（北陸戦争スタッフ：篠田有里亜）

最高に濃厚だったあの夜、20歳そこそこの小娘はおじさま方の色気と熱気に終始クラクラでした。悪いおじさまは女子大生の永遠の憧れです。

（葡萄夜スタッフ：はつみ）

慇懃&色香&破天荒を足して割らない高速回転。久保さんがそこにいるだけで金沢にいる気がしない存在感でした。

（葡萄夜ママ：のぞみ）

久保新二さんが主演したピンク映画のシナリオを1本書いたことがあります。

２００３年に公開された「美少年のまなざし」というホモ映画です。

このなかで久保さんは渋く重厚かつ、哀愁たっぷりに初老のインテリ教授を演じています。

たまに久保さんの切ないシリアス演技も見せて下さい！

（ピンク映画脚本家・山崎浩治）

ピンク映画の五十年近い歴史の中で、男優の名前で観客を呼び込めたのは、久保新二ただ一人と言っていい。代表作と言えばもちろん、国士舘大学の尾崎クンに扮した『未亡人下宿』シリーズであるが、70年代後期には、にっかつロマンポルノの正月・旧盆には必ず登場していたのだから、その圧倒的な人気ぶりが伺えよう。

80年代に入ってアダルトビデオが出現すると、久保新二が八面六臂の活躍をする『未亡人下宿』は姿を消してしまう。それは、ピンク映画がアナーキーなまでの革新性を失って、伝統を重んじる保守性に走ったことの象徴と言っていいのかも知れない。

しかしながら、芸能は本来、河原乞食と蔑まれた昔から、権威に逆らって猥雑なエネルギーに満ち溢れた存在のはずである。その正統な伝承者である久保新二が脚光を浴びるような映画界が、再び到来することを願ってやまない。

（駅前シネマ館主・藤岡紫浪）

対談

杉作J太郎×久保新二

セックスのフィニッシュは笑いだ！

『未亡人下宿』の大ファンであり、監督作『やる気まんまん』で久保新二をキャスティングした杉作J太郎。活躍のフィールドは違えど、「笑い＆エロ」の第一人者である二人が、ユニークなセックス談義を繰り広げる‼

日本の三大喜劇スター

杉作　お会いできて感激しました。

久保　またまた（笑）。

杉作　（『未亡人下宿』シリーズは）物心ついたころには始まっておりまして、見られる環境になったときにはもう終盤だったと思うんですよ。

久保　そうか、そうか。最後に出たのが80年かな。所（ジョージ）なんかが出たやつ（『初濡らし』）。

杉作　それは見てます。あと田辺一鶴さんの古本屋に久保さんが入っていくやつ（『あの道この道教えます』）。

久保　ありましたね。

杉作　あれはゲリラ撮影ですか？

久保　ゲリラです。田辺一鶴さんが店にいるときにね、向こうからカメラ回して、「なんだこの本は面白くねぇな」なんて言いながら、本をブン投げれば、師匠が出てくるわけじゃないですか。「なにやってるんだ、お前ら！」ってね。それを勝手に撮るわけですよ。

杉作　凄いシステムですね。あのやり方なら誰でも映画に出せますよね

久保　出せますね。あとで話して「どうもすいませんでした、特別出演ということで」って。

杉作　出演料は出るんですか？

久保　出ないですよ（笑）。ピンク映画は貧苦映画だから。お金ないんだから。あとは知恵ですよ。

杉作　僕はですね、日本の映画界で喜劇スター、渥美清さんみたいにしんみりさせる感じではなくて、爆笑を呼べる喜劇スターというのは、菅原文太さん、久保新二さん、飯島洋一さんだと思ってます。

久保　おおーっ！(笑)。

杉作　この3人は男の憧れというか、男性社会の中の頂点にいる3人だと思うんですよね。なぜなら、怒って怖い人はたくさんいるんですけど、笑わせてるのに怖い。

久保　俺なんかは(文太さんみたいに)突進するタイプではなくて、ここは笑わせるところだと思えば、フレームアウトするギリギリに一言二言言うとかね。もう台本なんていうのは無視ですよ。男同士のカラミとかセンズリとか、そんなことを台本に書けますか？　どんな素晴らしい脚本家だって書けないと思いますよ。そこで飛び出すセリフは俺の生き様の中からポッと出たものですよね。

杉作　(台本のない喋りというのは)ラジオの深夜放送のＤＪみたいなものですか？

久保　はいはい。

杉作　頭の中のコンピュータみたいなものが相当動いているってことじゃないですか。

久保　くだらないけど面白ければいい、と。

杉作　脚本家はそれで大丈夫なんですか？

久保　脚本は山本晋也本人が多いから大丈夫。俺なんか長回しで撮ってもらうから。抜きでアップとかそんなの必要だったら後から撮ればいいだけでね。こっちがカメラ前に行けばアップになるんだから(笑)。俺は映画でも舞台でもトークでも遊び心です。半分は遊び。トチったらトチったでいいじゃないのというのが俺の考え方ですよね。

杉作　その時その時、生きている瞬間をかなり大切にされている……ドキュメントですね。

久保　かもしれないね。

財津一郎がキレた

杉作　『トラブルマン 笑うと殺すゾ』（79年、東宝）を観たときに、日本で一番笑わせるためだけに存在している映画だな、と。久保新二さんの東宝殴り込みという感じの映画でしたけど、（ピンクから東宝に出るって）前例がない話ですよね。

久保　東宝映画でいきなりケツ出してさ（笑）。あれは監督の山下賢章が『未亡人下宿』を何本か見てキャスティングしてくれたね。

杉作　映画の印象の9・5割が久保さんで、残り0・5割が河島英五とあと錚々たるメンバーという感じで。

久保　俺の上司が大坂志郎さんで、河島英五の上司が俺だよ（笑）。監督も言ってましたよ。普通ああいう錚々たるメンバーに入るとみんな多少はビビるって。その点、久保さんはマイペースでやってますよねって。財津一郎さんとも喧嘩じみたことをしましたけどね。

杉作　財津さんとですか？

久保　財津さんはカット尻で「〇〇してチョウダイ！」という自分のギャグを入れたいから。でも、俺はテストやるたびに違うから（財津さんがギャグを）言えないんですよ。だからちゃんとカット尻決めてよって。でも、監督が「それでいい」って言ってるんだから、お前にいちいち言われることはねぇだろって。

杉作　（財津さんに）お前って言ったんですか！

久保　そっちは有名人なんだから（こっちがどうやろうと）そちらで受けてくださいということですよ。で、結局本番でまた違うことするから向こうもキレるよね。

世界セックス連盟名誉会長!!

杉作　高校生からポルノ映画見てましたけど、その頃は（久保新二は）僕らのアイドルでしたよね。センズリの歌を出したり。
久保　「マスマスのってます」。
杉作　あれは大ブームでしたね。
久保　今でもイベントのときは歌ったりするけどね。あれは有線でも1位になったんだよ。広島のほうでね。センズリって下ネタと言われればそれまでだけど、俺らにとっては下ネタじゃないんだから。俺らの作品は裸なんだからさ。芸人がやったら下ネタになるだろうけど、俺らにとってはこれが仕事なんだから。下ネタじゃないんだよ。
杉作　久保さんがセンズリの歌を歌われたってことは、やはりそれだけ『未亡人下宿』のセンズリシーンが大人気だったということですよね。
久保　世界中にどれだけ俳優がいるか知らないけど、センズリ俳優っていうのはないんじゃないの。でも、誰でもやってることじゃない。
杉作　誰でもやってることのチャンピオンだから強いですよね。
久保　その当時は学園祭も回って。
杉作　まさかセンズリショーじゃないですよね？
久保　ストリップじゃないんだから。「あの久保新二が語る」みたいなトークショー。考えてみると『未

杉作　亡人下宿』シリーズに人生の3分の1くらいを費やした感じだな。なるべく下品にブ男に。歯をむき出してましたよね。

久保　よく言うんだけど、虚像と実像を変えたいんだよ。本来は二枚目なんだよ、俺は。

杉作　当時、歌舞伎町でお見かけしたんです。女性を3、4人連れてました。さすがスターはモテるんだな、と思いましたね。

久保　でも、若い子はダメなんだよ、俺は。

杉作　昔から？

久保　昔から。と言うのも（若い子は）仕事で年中絡んでいるから。付き合うのは年輩者が多いよね。そりゃあ肌なんか若い子にはかなわないですよ。でも、そういうことはどうでもいいの。股ぐらを広げたときに色々な形の女性器がありますよね、それを見て「あ〜、いろんな人生があったんだな……」というのが俺は好きなんだよ（笑）。

杉作　僕らはね、この間「世界セックス連盟」というのを立ち上げたんですよ。セックスの話を出すべきところは全面的に出していこうと。毎日毎日セックスの話ができる世の中になったら性犯罪が減ると思ったんですよ。

久保　俺もその「世界セックス連盟」に入れてよ。

杉作　もう名誉会長です！　もしかしたら儲かるかもしれませんよ。

久保　やろう！　やろう！（笑）

セックスのフィニッシュ

杉作　『やる気まんまん』の撮影のときに久保新二先生がお出でになるというのでとにかく驚いたんです。世界の偉人だと思ってますから。僕にとって野口英世とかベートーベンみたいな超ビッグネームですから。

※07年に作られた実写版ＯＶ（オリジナルビデオ）。監督・杉作Ｊ太郎、中野英雄、金山一彦、加藤鷹、久保新二らが出演。

久保　だからといって、監督が玄関先で土下座するんじゃねぇよ（笑）。

杉作　久保先生のセンズリの手の動きを見て「あー！　これだ！」と。あれは映像用に開発されたんですか、それともご自身の動きなんですか。

久保　両方だね。もう大分小さくなったけど、指にシコシコだこがあるんだよ。

杉作　え～っ！　ペンだこじゃないんですか？

久保　シコシコだこだよ、ホラ。

杉作　これができてる方って世界にそんなにはいない（笑）。

久保　俺の場合、Ｈしたあとの仕上げはセンズリだからね。

杉作　えー！

久保　もちろん発射してるんだけど、なんか違うんだな。残ってるものがあるんだよ。それで仕上げはセンズリですよ。（女に）あんたおかしいんじゃないの？って言われて。でも、何事も笑えなきゃダメ。

杉作　セックスのフィニッシュは笑い！

久保　そうそう。

杉作　これはもう「世界セックス連盟」の標語にしたいくらい（笑）。

今の時代こそ、『未亡人下宿』が必要だ

杉作　『未亡人下宿』みたいな世界をなくしていいものだとは思わないんですよ。久保さんが生きている間に『未亡人下宿』シリーズを再開しないといけないんじゃないですかね。

久保　もう下宿もないからなぁ……。

杉作　でも、今はシェアハウスみたいなのも増えてるわけですよ。あれは一種の下宿ですよね。だから、この『未亡人下宿』シリーズには時代が求めているものがあるかもしれない。こういう映画があると人間嫌いにならないし。

久保　今の若い人なんか、歌も歌わない、酒も呑まない、話もしない。

杉作　麻雀とかもしないし。みんなで一緒にいることが苦痛だって言うんですよ。お茶なんかも一人で飲むほうがいいって。でも、その一方でシェアハウスじゃないと家賃が払えないという人もいる。若い人達が共同生活しないと生きていけない。一方、一人暮らしのお年寄りは増えてきている。そこでお年寄りと若い人が共同生活するとね、いろいろな問題が解消できると思うんですよ。『未亡人下宿』みたいに、人のいい下宿人を住まわせておけば、独居老人の問題とか、若者の住宅問題とか、いろいろ解決しますよね。社会政策的にもこれは脚光を浴びていい作品じゃないかと。

久保　いいこと言うね。

杉作　『未亡人下宿』をプロデュースして作っていかないと。

久保　今は作るような会社がないからな。

杉作　やりましょう！　監督・プロデューサー・主演、久保新二で！

久保　それ儲かる？（笑）

杉作Ｊ太郎
すぎさく じぇいたろう
1961年、愛媛県生まれ。漫画家としてデビュー後、タレント、ライター、映画監督など、マルチな才能を発揮。サブカルチャーの申し子とも言える活躍で多くのファンを持つ。現在、男の墓場プロダクション代表。

『未亡人下宿』シリーズ ●全解説

『未亡人下宿』とは

『未亡人下宿』シリーズは、久保新二の膨大なフィルモグラフィーの中でもひときわ輝きを放つ、彼の代表作。1969年6月、作品の原型である『貸間あり 未亡人下宿』（主演：森美千代）が東京興映製作／新東宝配給で公開され、その5年後の1974年12月、日活ロマンポルノの配給で第1作『セミドキュメント 未亡人下宿』が封切られる。まかない付きの下宿内で繰り広げられる、ナンセンスなドタバタ喜劇が映画ファンの中で話題となり、たちまちシリーズ化が決定。もともとロマンポルノは1971年に旗揚げ後、自社・日活が製作した作品の2本立てであったが、翌年以降になると2作品のほかに、日活が購入した他社製作の作品1本を加え計3本立ての興行が主流となる。本作品はその後者にあたる、いわゆる買取り作品でワタナベプロダクションや電映商事、太平洋映画社といった独立プロダクションが製作を担当した。

監督は1965年『狂い咲き』でデビュー以来、60年代から80年代中旬まで約250本の成人映画を手がけ、『女湯』『痴漢』シリーズといった佳作や、後年のピンク映画にも受け継がれた『痴漢電車』の記念すべき第1作でもメガホンを握った山本晋也。前述の『貸間あり～』のオープニングでは、下宿屋のママが大学を卒業する学生のお祝いとして、豊満な躰を彼にプレゼントする場面が既に存在し、久保新二扮する学生がシコシコマンとして、早くも登場している事が宣伝材料によって確認できる。

約10年間にわたって製作された本シリーズを作品順にざっくり分けると、東映・ピラニア軍団のひとりである高月忠が主演の第2作『表も貸します 裏も貸します』までを【黎明期】、下宿のママ役が作品によって異なる第3作『新未亡人下宿』から第6作『いろ色教えます』までを【発展期】、橘雪子がママ役を務めた第7作『下も貸します四畳半』から第13作『初濡らし』までを【安定期】、久保新二が降板した第14作『初開き初入れ』から、第16作『愛染恭子の未亡人下宿』までを苦悩の【停滞期】、という4つに分類出来る。エロスの女王・愛染恭子をママ役として抜擢したものの、そのままフェイドアウトしてしまったのは非常に残念である。

ちなみに1986年12月、深町章（稲尾実）監督によって『新未亡人下宿 間借り穴借り』を皮切りに、シリーズは全面的にリニューアルが施され、97年まで合計6本の新生『未亡人下宿』が製作された。

※日活買取りシリーズ全16本と差別化を図るため、東京興映製作の『貸間あり 未亡人下宿』は【第0作】と表記する。

【第0作】貸間あり 未亡人下宿

74分
1969年（昭和44年）
6月10日公開
（〜6月16日 7日間）

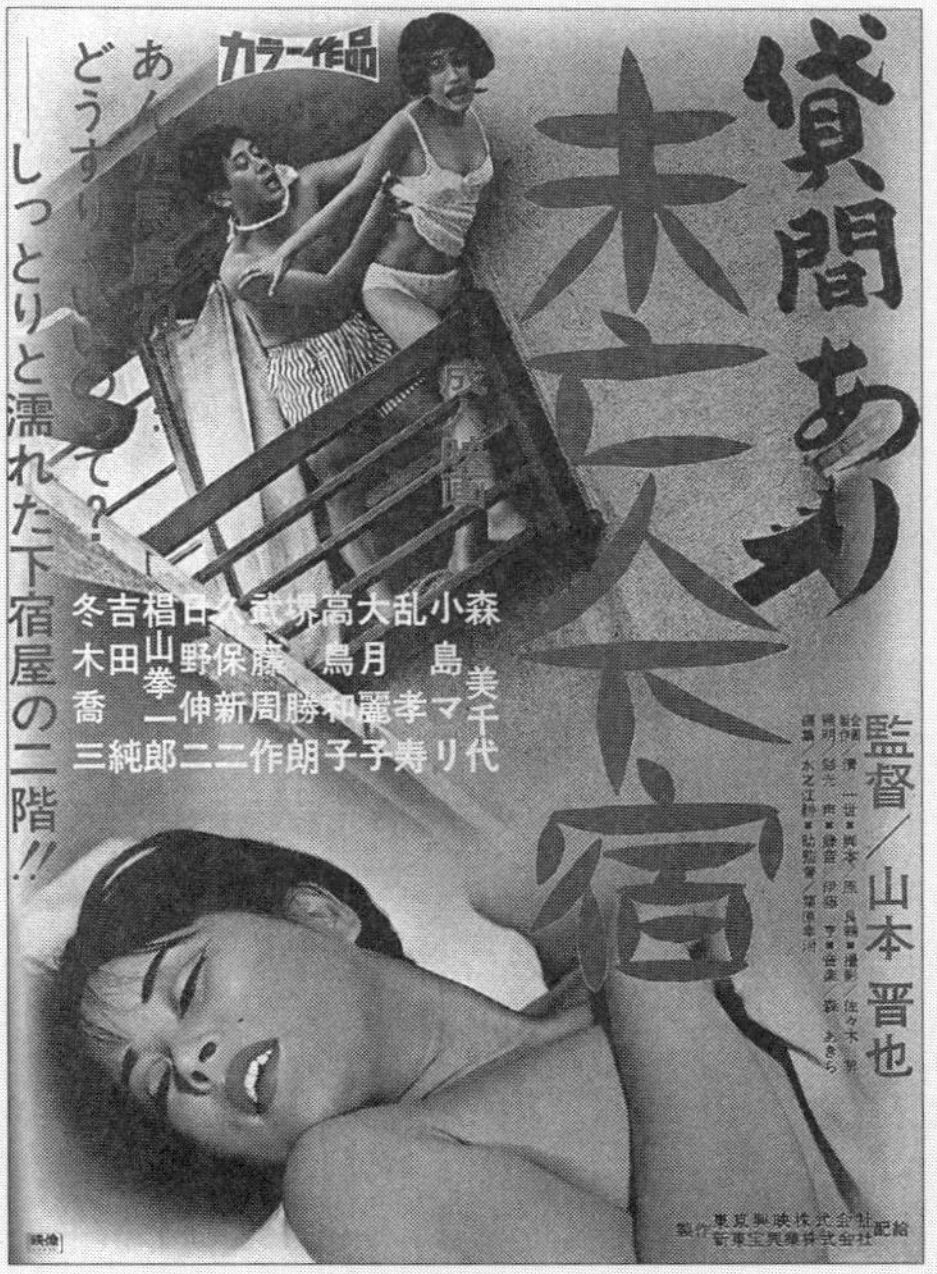

▶ポスター

製作●東京興映
配給●新東宝興業
併映作品●『寝とられた女』（監督：結城康生 主演：辰巳典子 配給：日本シネマ）／『競艶おんな極道 色道二十八人衆』（監督：武田有生 主演：珠瑠美 配給：六邦映画）
キャッチコピー●「あんた馬鹿ね……どうすりゃいいのって？ こうすりゃいいのよ しっとりと濡れた下宿屋の二階!!」

ビデオ・DVDソフト●なし
スタッフ●
企画製作…清一世
脚本…原良輔
撮影…佐々木昇
照明…彩光声
音楽…伊藤亨
録音…森あきら
編集…水之江耕
助監督…栗原幸治
監督…山本晋也
キャスト●
ナミ子…森美千代
ケイ子…小島マリ
ヒロミ…乱孝寿
ヤスヨ…大月麗子
サユリ…高島和子
武男…堺勝朗
田中…武藤周作
小島…久保新二
平井…日野伸二
前田…椙山拳一郎
小野…吉田純
警察署長…冬木喬三
解説●シリーズになる以前に製作された、実質上の第1作。ビデオやDVDソフトは勿論、フィルム自体も現在は所在不明のため、映像で詳細を確認する事は不可能。現存するプレスシートとシナリオをチェックすると、久保新二は本作でも下宿屋に入居する学生を演じているが、後年のシリーズと比べてシャイな印象が強く感じられる。
あらすじ●男性専用の下宿屋を経営する伊東ナミ子（森美千代）と、女性専用アパート・白雲荘の経営者・逗子武男（堺勝朗）はその昔、深い仲だったが双方の意地っ張りから現在はお互いにヤモメ暮らし。さて、武男のアパートにハイミスのヤスヨ（大月麗子）が部屋を借りにやって来る。このアパートには、場末のバーでホステスをやっているヒロミ（乱孝寿）と女子大生のケイ子（小島マリ）が住んでいた。ヒロミは時折、男を部屋に連れ込んでよろしくやっているのだが、「男は不潔」と普段はツンとすましているヤスヨであっても、この時ばかりは彼女の部屋から聞こえる2人の会話を聞きながら、布団の中でモゾモゾさせていた。ケイ子の方は、ナミ子のアパートに下宿している芸大生の前田（椙山拳一郎）の部屋で夜な夜なフリーセックスを楽しんでいる。前田の隣室には、女性に関してはまるっきり奥手の青年・小島（久保新二）が住んでおり、ケイ子達の一戦に聞き耳を立てながら自家発電によってウサを晴らしていた。次第に下宿の男どもは彼のことを〈コギマ君〉と茶化す毎日。ある日、女にモテないと思い込んだ小島が睡眠薬を飲んだ。それを哀れに思ったナミ子は彼に躰を提供するのだった…。

◀プレスシート

表面

裏面

【第1作】セミドキュメント 未亡人下宿

66分
1974年（昭和49年）
12月4日公開
（〜12月17日 14日間）

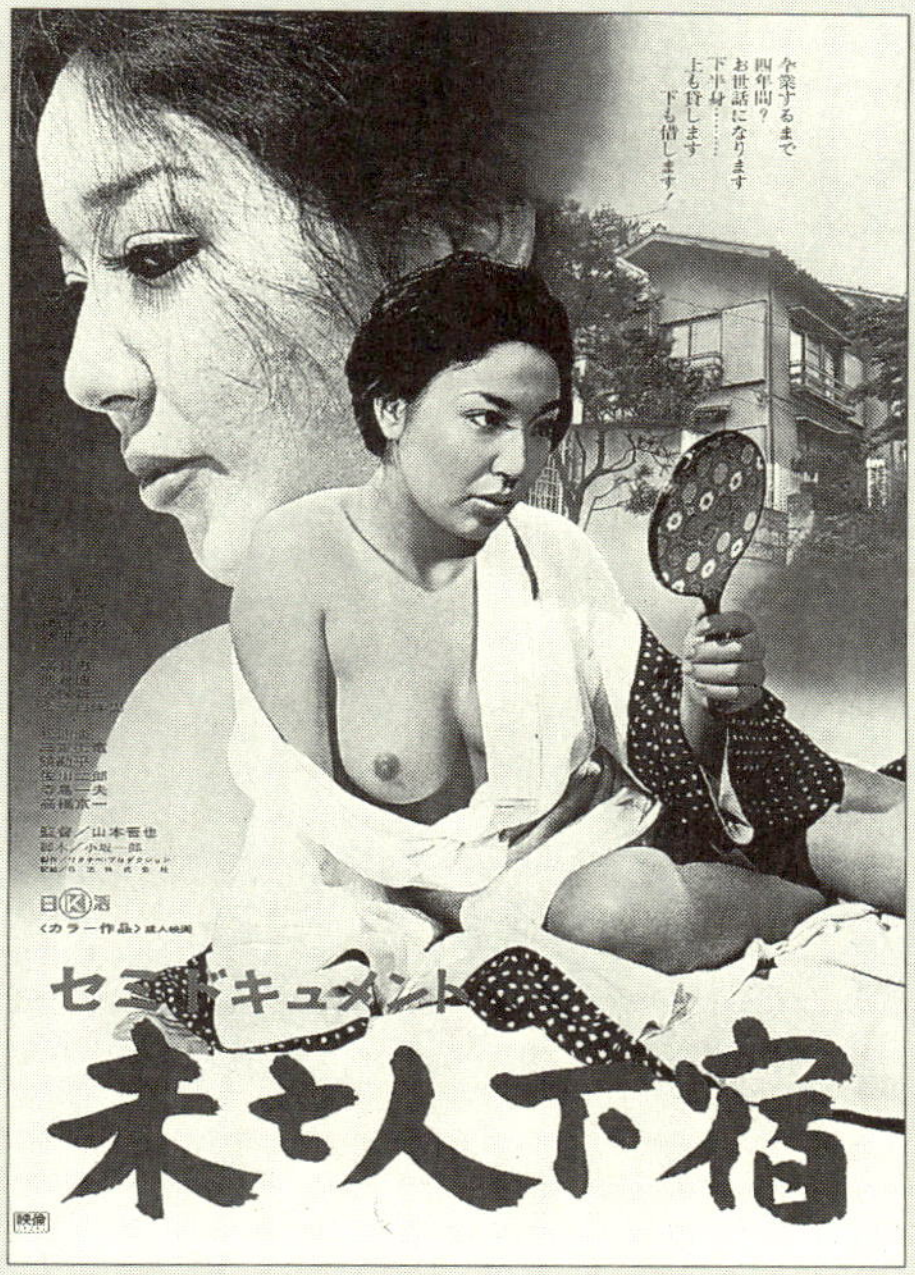

▶ポスター

製作●ワタナベ・プロダクション
配給●日活
併映作品●『制服の処女 男狂い』（監督：遠藤三郎 主演：内藤杏子）／『女調査員 SEXレポート 婦女暴行』（監督：近藤幸彦 主演：丘奈保美）
キャッチコピー●「卒業するまで四年間？お世話になります下半身……上も貸します下も貸します！」
劇中に登場する食事●夕飯のすき焼き（4回）、朝食
ビデオソフト●にっかつビデオフィルムズ（株）／品番：LA-115［廃盤］（DVD未発売）
その他●ビデオソフトの際、『セミドキュメント未亡人下宿 行きますいかせます』に改題。

スタッフ●
製作…真湖道代
企画…渡辺忠
脚本…小坂一郎
撮影…久我剛
照明…近藤兼太郎
編集…中島照雄
音楽…多摩住人
効果…秋山サウンド・プロ
助監督…栗原幸治
美術…日本芸能美術
小道具…高津映画
記録…前田よし江
製作主任…城英夫
監督助手…高橋和宏
録音…大久保スタジオ
現像…東洋現像所
監督…山本晋也

キャスト●
カツ（下宿のママ、大脇女学院卒）…青葉純
太田（早大生、下宿の学生）…高月忠〈東映〉
尾崎（明大生、下宿の学生）…久保新二
山下（慶大生、下宿の学生）

…熊倉博
みどり（雪ヶ谷高校卒、タバコ屋の娘）…林まさみ
順子（東大生、山下の恋人）…志摩京子

ルミ（足立五中卒、バーの女給）…石橋和子
宮川（日大卒、下宿の学生・後に警官となる）…金子白洋児

肉屋（一高卒）…松浦康
八百屋（北大卒）…三重街竜
定食屋（台平国民小卒）…鏡勘平
亭主（早大卒、カツの死んだ亭主）…佐川二郎
タバコ屋（錦明小卒）…寺島一夫
学生（早大生、入所する下宿の学生）…高橋京一

◀プレスシート

表面

裏面

解説●未亡人の美人ママさんが営む、男子学生専門・まかない下宿を舞台に珍騒動を繰り広げる、記念すべきシリーズ第1作。下宿していた学生が大学卒業のお祝いとしてママから《男女の営み》をプレゼントされ、翌日は別れを惜しんで涙ながらに下宿を去っていくオープニングから始まって、ラストシーンで新しい学生が下宿するためにママを訪ねてくるというストーリー展開はこの1本目から既に出来上がっており、（例外もあるが）基本的にこのスタイルがシリーズの流れとなっている。本作では東映から招かれた高月忠が主人公で、尾崎クンを演じる久保新二は明治大学へ通うインテリ学生を演じた。また、食事のシーンはシ

リーズ全盛期の様に派手な立ち回りがないものの、すき焼きのスタミナによって性欲の助長へと導く、食に対する表現がとにかくストレート。これでもかと美味そうに食べ物を口の中へと詰め込む学生達、グツグツと煮えるすき焼き鍋……空腹時の閲覧は注意されたし。

あらすじ●ある日、太田（高月忠）と名乗る早大生が下宿を求めてやってきた。ママのかつ（青葉純）は既に下宿へ入所している山下（熊倉博）と尾崎（久保新二）達と共に、すき焼きを囲んでささやかな歓迎会を開く。女性に対して奥手であった太田はその晩、かつに誘惑され、初めて異性との交わりを経験する。女性に目覚めた太田はタバコ屋のみどり（林まさみ）に一目惚れするが、その淡い恋は下宿の同居人によってあっけなく引き裂かれてしまうのであった……。

【第2作】続　未亡人下宿 表も貸します 裏も貸します

68分
1975年（昭和50年）
3月19日公開
（〜4月11日　24日間）

続
未亡人下宿
表も貸します　裏も貸します
若い体のセイシがうずく
お世話かけます下半身
表も貸します、裏も貸します

▶ポスター

製作●フタナベ・プロダクション

配給●日活

併映作品●『トルコ㊙悶絶』（監督：林功　主演：ひろみ麻那）／『セミドキュメント にっぽん痴漢五十年史』（監督：山本晋也　主演：桜マミ）

キャッチコピー●「若い体のセイシがうずく　お世話かけます下半身……表も貸します、裏も貸します!!」

劇中に登場する食事●夕飯のハンバーグ（2回）「梅村のみ餃子」、朝飯（3回）

ビデオソフト●にっかつビデオフィルムズ（株）／品番：LA-117［廃盤］

DVDソフト●復刻シネマライブラリー／CPDM-10310［発売中］

スタッフ●
製作…真湖道代
企画…渡辺忠
脚本…山田勉
撮影…久我剛
照明…近藤兼太郎
編集…中島照雄
音楽…多摩住人
助監督…堀ノ内透
効果…秋山サウンド・プロ
美術…日本芸能
小道具…高津映画
衣裳…京都衣裳
製作進行…安部良三
タイトル…ハセガワ・プロ
記録…前田紀子
製作主任…一条英夫

▲プレスシート

表面

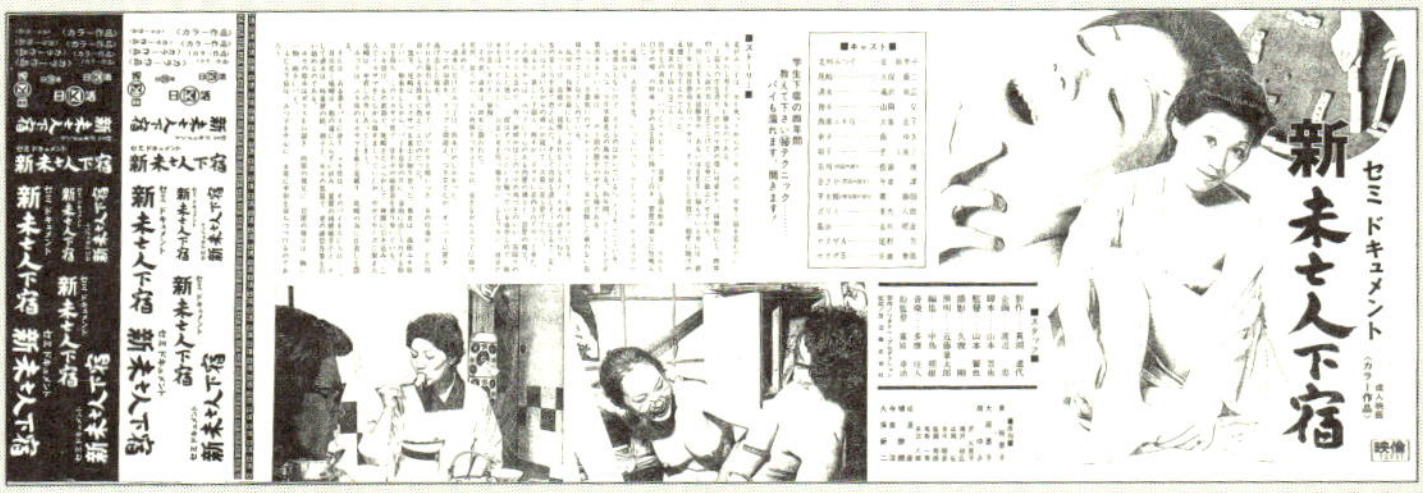

裏面

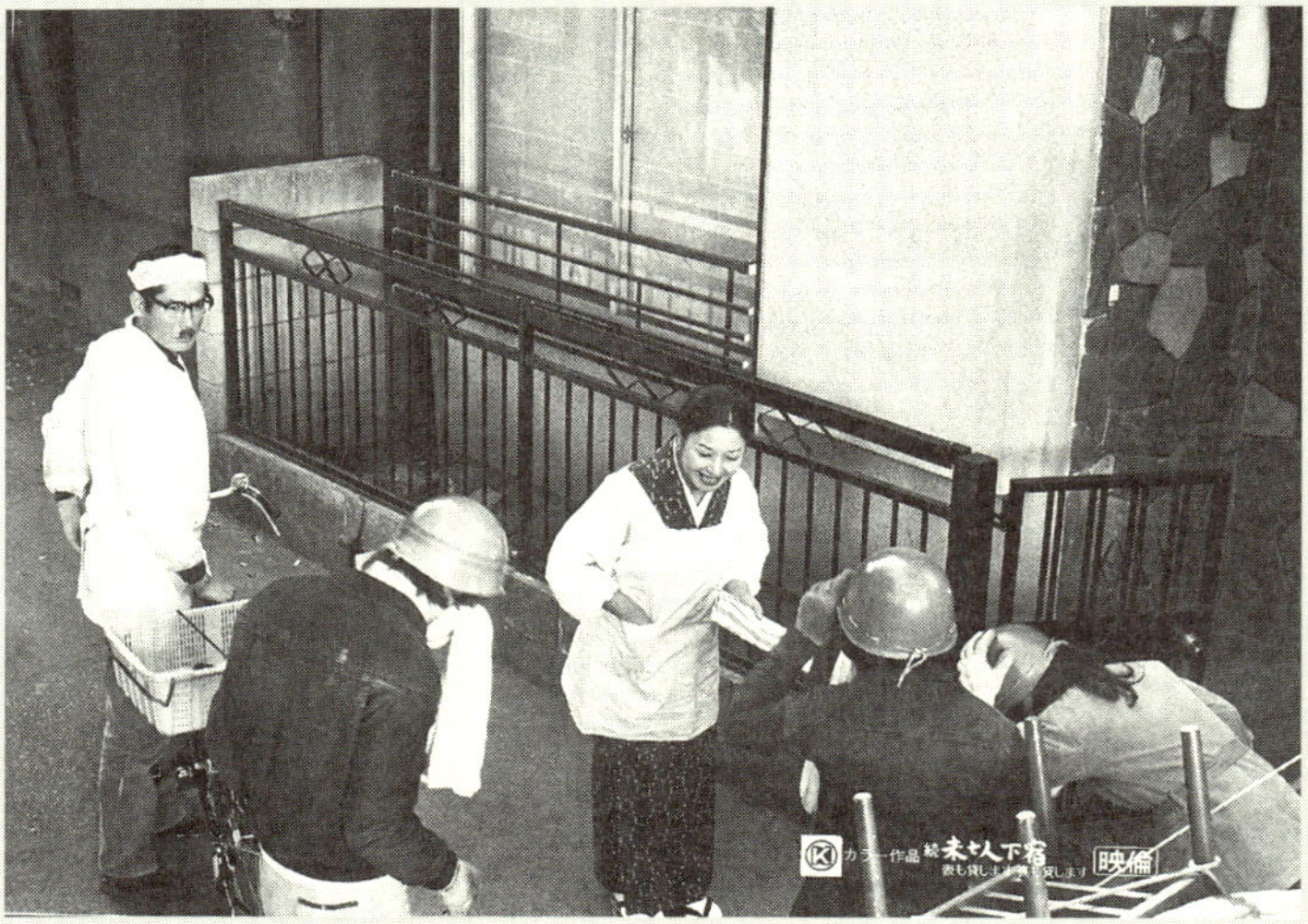

録音…大久保スタジオ〈*クレジットなし〉
現像…東洋現像所〈*クレジットなし〉
監督…山本晋也

キャスト●
かつ（下宿のママ）…青葉じゅん
深井洋子（歯学部生、西村の恋人）…リリー冴子
梅村（東大ゲバ学生）…網厚子
薬屋の幸子…吉美奈穂
尾崎が部屋に連れ込む彼女…今井佐智子
番台の満子…岡崎由美
尾崎（国士館《ど》大生）…久保新二
西村（日大産婦人科）…鯉のぼる
太田（早大生）…高月忠〈東映〉
山下（下宿OB、現・警官）…熊倉博
梅村のゲバ友達A…佐藤敏郎
梅村のゲバ友達B…峯徹次
亭主（カツの死んだ亭主、写真のみ）…佐川二郎〈*クレジットなし〉
肉屋のおやじ（一高卒、市川精肉店主）…松浦康〈特別出演〉
風呂屋の主人…鏡勘平
今井（テンプラ学生）…たこ八郎

解説●前作のヒットでシリーズ化が決定、第1作から僅か

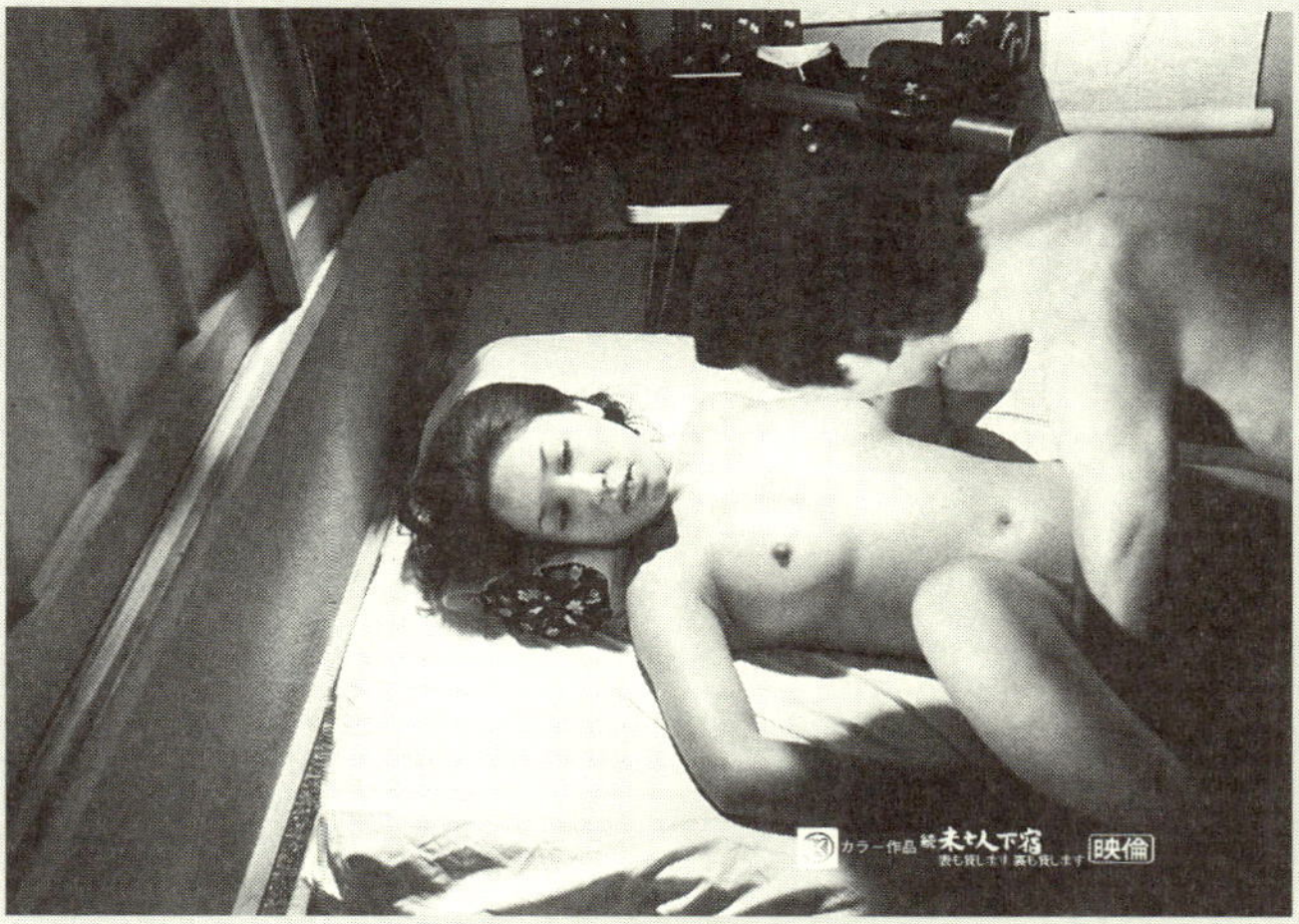

3ヵ月後に公開となった第2弾。先輩の早大生・太田（高月忠）の影響か、尾崎クンは明治大学から硬派の国士《ど》館大学へ転校、本作で彼のトレードマークとなる長ラン学生服姿を初披露する。……朝になれば自分が歯を磨いた後の口を濯いだ汚水、通称・ライオンスープを下宿仲間に飲ませ、食事時になると滅茶苦茶に暴れ回る下品っぷりも凄まじいが、太田が一目惚れする薬屋・幸子の独特なキャラクターや、尾崎クンがママへ躰を求める際のBGMは、高速回転の某有名曲……シリーズ2作目にして、ぶっ壊れ方が半端ではない。ロケーションは東京港区の白金界隈で行われた様で、劇中に出てくる市川精肉店や快生堂薬局は現存しないものの、三越湯は全面改装されて立派なビルとなり、都会にいながら銭湯の料金で温泉気分が楽しめる人気スポットとなっている。

あらすじ●二枚目慶応ボーイの山下（熊倉博）が卒業で下宿を去り、その後釜として東大生・梅村（網厚子）が入居してきた。赤いヘルメットを被り、学生運動に燃えるゲバ学生であったが、そんな彼をママ（青葉じゅん）は暖かく受け入れる。しかし梅村は活動仲間達と共に下宿部屋で火炎瓶の製造に手を染め、警察にマークされる様になっていく。逃亡のすえ、疲れ果てて寝入った梅村の汗を拭うママは、彼の股間に膨らみがない事に気がつき、はっとする。果たして梅村の正体とは……？

【第3作】
セミドキュメント 新 未亡人下宿

68分
1975年（昭和50年）7月1日公開
（〜7月22日 22日間）

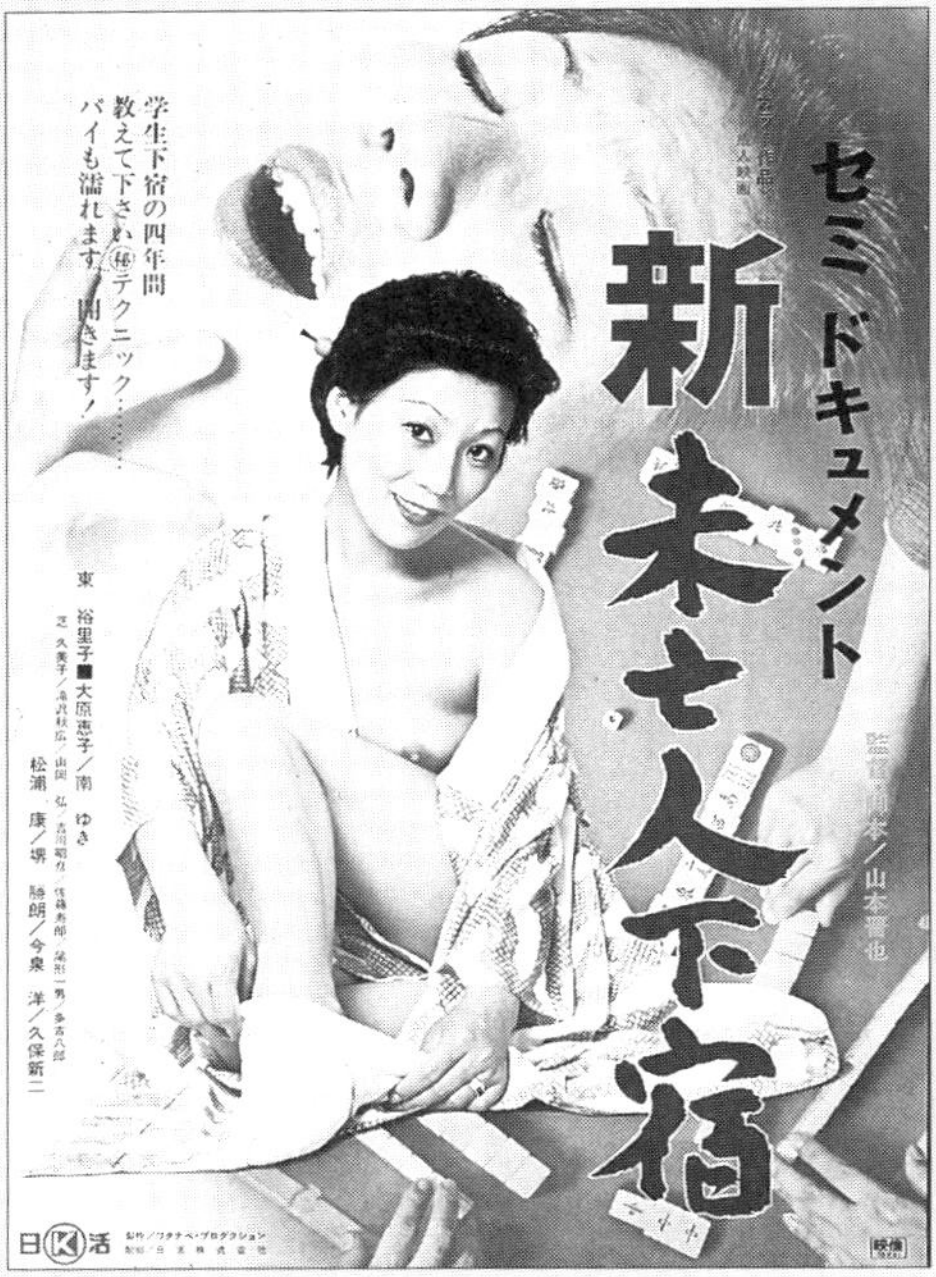

▶ポスター

製作●ワタナベ・プロダクション
配給●日活
併映作品●『東京エマニエル夫人』（監督：加藤彰 主演：田口久美）／『続 実録おんな鑑別所』（監督：小原宏裕 主演：梢ひとみ）

キャッチコピー●「学生下宿の四年間、教えて下さい㊙テクニック……パイも濡れます、開きます！」
劇中に登場する食事●夕飯のフランクフルト（2回）、朝食
ビデオソフト●にっかつビデオフィルムズ（株）／品番：LA-124［廃盤］（DVD未発売）

原題●『新未亡人下宿 上も貸します下も貸します』
スタッフ●
製作…真湖道代
企画…渡辺忠

◀プレスシート

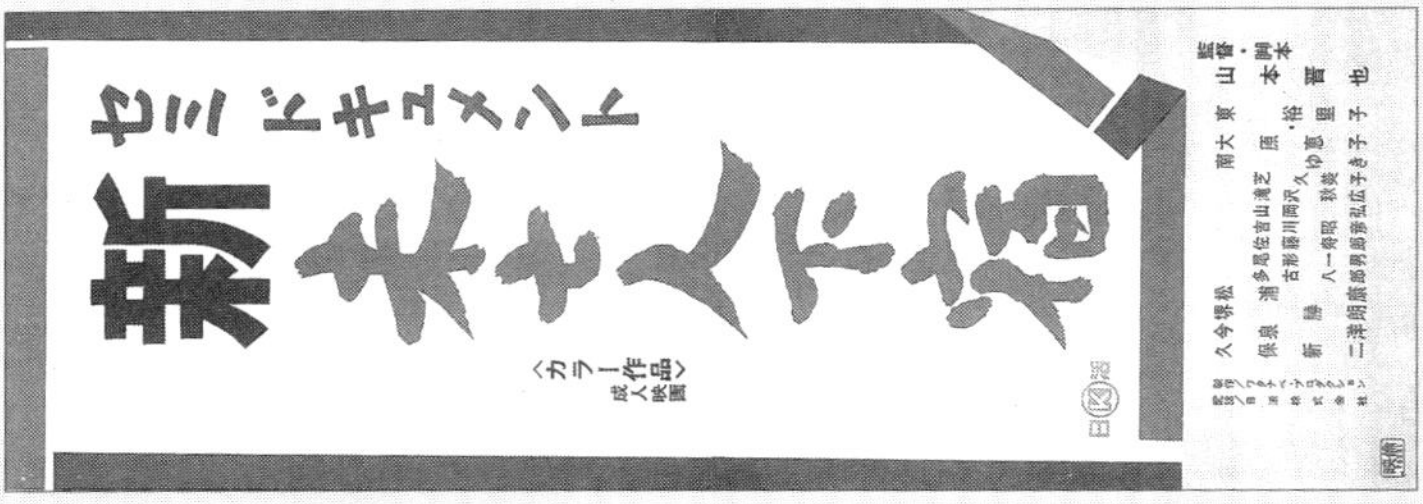

表面

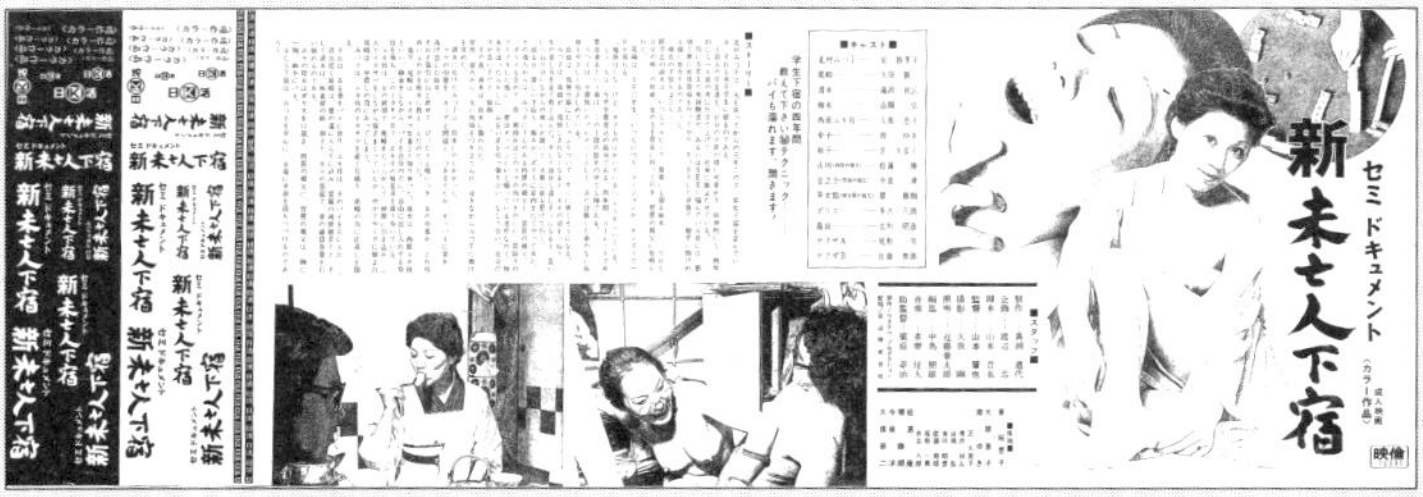

裏面

脚本…山本晋也
撮影…久我剛
照明…近藤兼太郎
編集…中島照雄
音楽…多摩住人
効果…秋山効果園
記録…前田紀子
助監督…堀之内透
照明助手…森田幸三
撮影助手…佐藤進
制作主任…城英夫
制作進行…大西信義
録音…大久保スタジオ
現像…東洋現像所
監督…山本晋也

キャスト●
北村みつ子（下宿のママ）…東裕里子
西田ユキ枝（横浜のヨーコ、イカサマ雀士）…大原恵子
幸子（近藤質店の娘）…南ゆき
和子（麻雀屋天和の娘）…芝久美子
尾崎（関東私立大生）…久保新二
清水（キリン大生）…滝沢秋広
鈴木（青学大生）…山岡弘
ポリス…多古八郎
島田（早大生、卒業）…遠藤正樹
ヤクザA…尾形一男
ヤクザB…佐藤寿郎
市川（市川精肉店の親父）…松浦康
平太郎（麻雀屋天和の親父）…堺勝朗
金之介（近藤質店の親父）…今泉洋
九官鳥・ゴローの声…山本晋也

解説●下宿のママが東裕里子へチェンジし、のちに四代目ママとなる大原恵子が彼女の敵役として顔を並べる第3弾で、本作より尾崎クンの登場シーンがぐっと増える。第1作より『…と日記には書いておこう』（龍角散）や、『よくぞ育った我が息子〜』（ヒカリ サンデスク）といった、この頃話題になっていたテレビCMのキャッチフレーズをセリフ等へ取り入れ、時事ネタを最大限に生かしていた本シリーズ、この作品では懐かしのヒット曲が目白押しで、

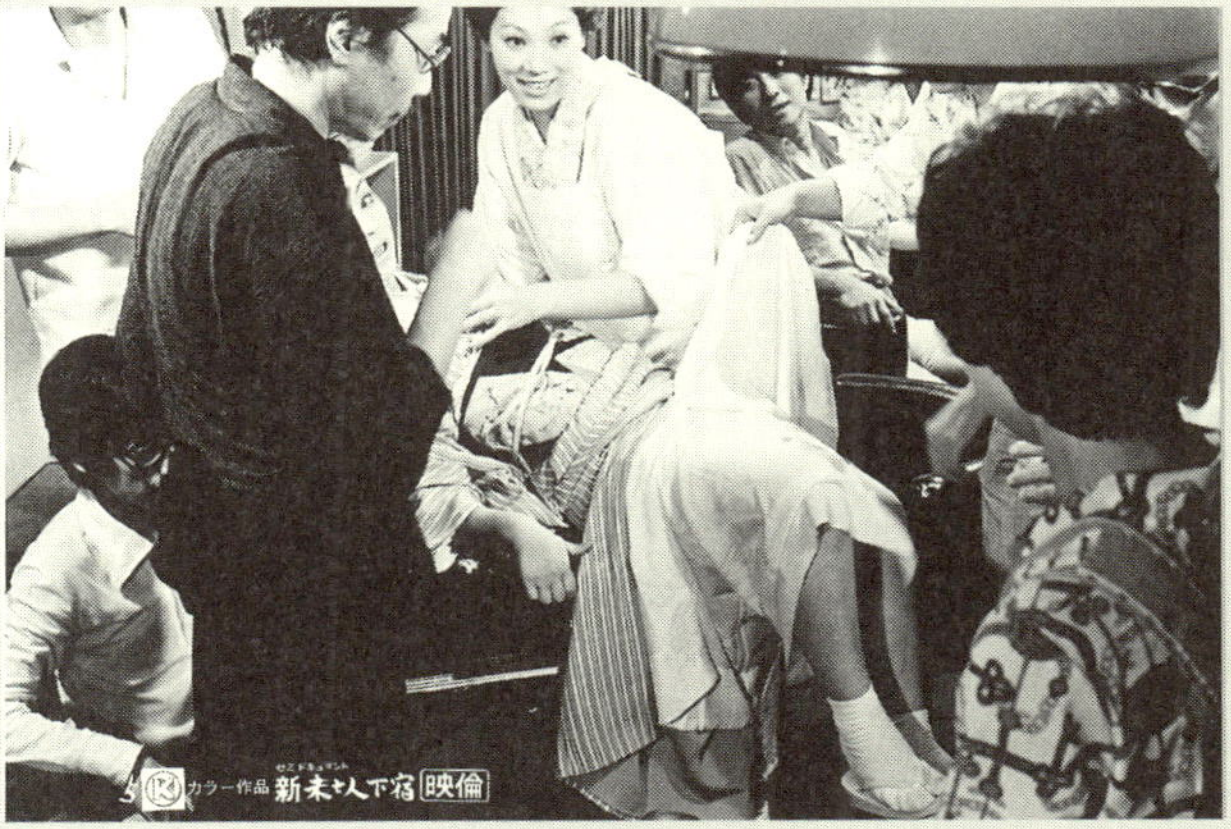

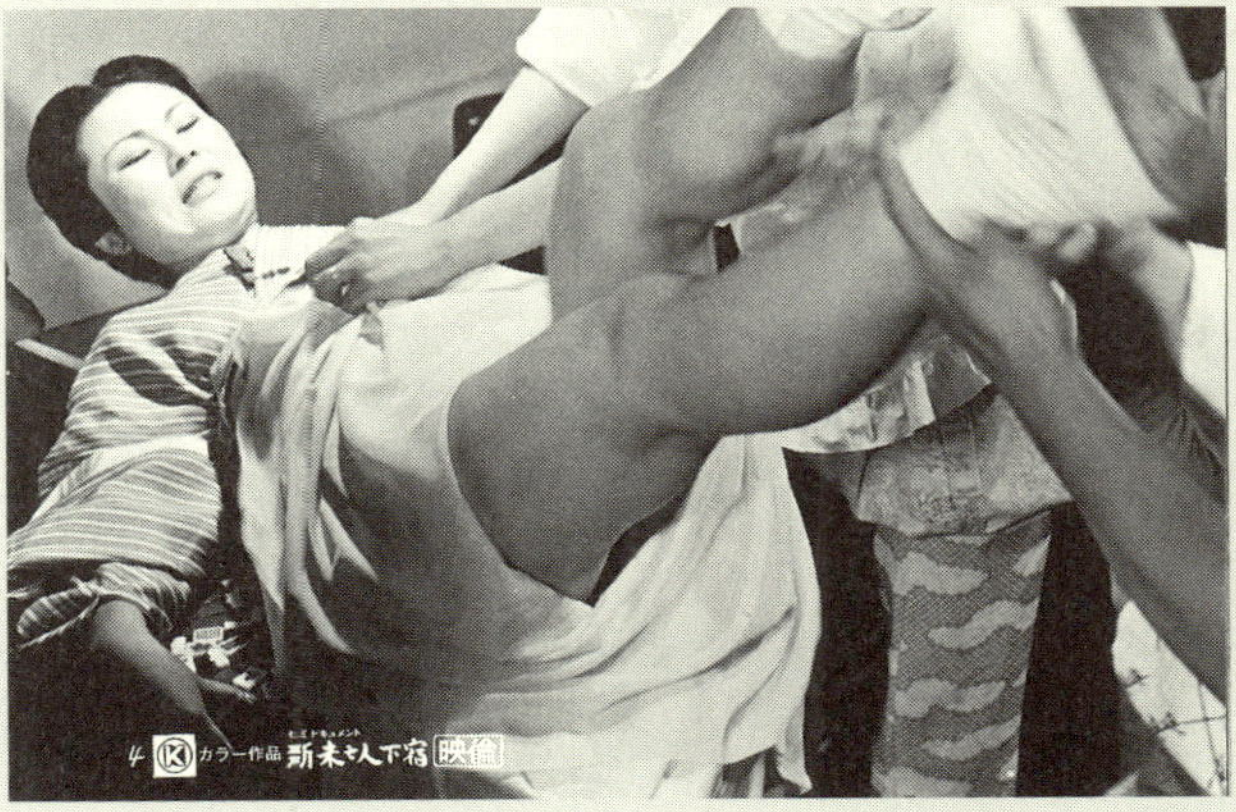

当時をよく知るファンにとっては非常に好感の持てる作品であろう。その後のシリーズで、準レギュラーとして出演する堺勝朗が初登場、松浦康との絶妙なコンビネーションが楽しい。

あらすじ●巷では第二次麻雀ブームの真っ只中。ご多分に漏れず下宿の劣等生、尾崎と清水（滝沢秋広）は麻雀に明け暮れる毎日を過ごしていた。ある日尾崎は雀荘で女雀士のユキ枝（大原恵子）と知り合う。彼女は勝負をしながら、自身の穴にパイを自由に出し入れする特技を持つイカサマ雀士で、尾崎を誑かして仲間に引き込んで稼ぎまくっていた。やがて尾崎の存在が邪魔になってきたユキ枝はヤクザを雇い、彼を半殺しの目に遭わせる。事情を知ったママのみつ子（東裕里子）は、尾崎のためにリベンジを図るのだった……。

【第4作】新 未亡人下宿 奥の間貸します

68分
1975年（昭和50年）11月1日公開
（～11月21日　21日間）

▶ポスター

製作●ワタナベ・プロダクション
配給●日活
併映作品●『東京エマニエル夫人　個人教授』（監督：藤井克彦　主演：田口久美）／『白い牝猫　真昼のエクスタシー』（監督：小原宏裕　主演：梢ひとみ）
キャッチコピー●「こわくないわよ私なら……初めてだきます女のからだ　お世話かけます、下半身!!」
劇中に登場する食事●夕飯のすき焼き（2回）
ビデオソフト●にっかつビデオフィルムズ（株）／品番：LA-125［廃盤］
DVDソフト●復刻シネマライブラリー／CPDM-10309［発売中］

スタッフ●
製作…真湖道代
企画…渡辺忠
脚本…高橋文造
撮影…久我剛
照明…近藤兼太郎
編集…中島照雄
音楽…多摩住人
助監督…高橋松広
効果…秋山サウンド・プロ（秋山実）
美術…日本芸能美術
小道具…高津映画
衣裳…京都衣裳
タイトル…長谷川・プロ
記録…前田侑子
製作主任…城英夫
現像…東洋現像所
録音…大久保スタジオ
協力…ホテル 目黒エンペラ

ー、銀座 ラブショップ アラジン
監督…山本晋也
キャスト●
久子（下宿のママ）…青葉純

▲プレスシート

表面

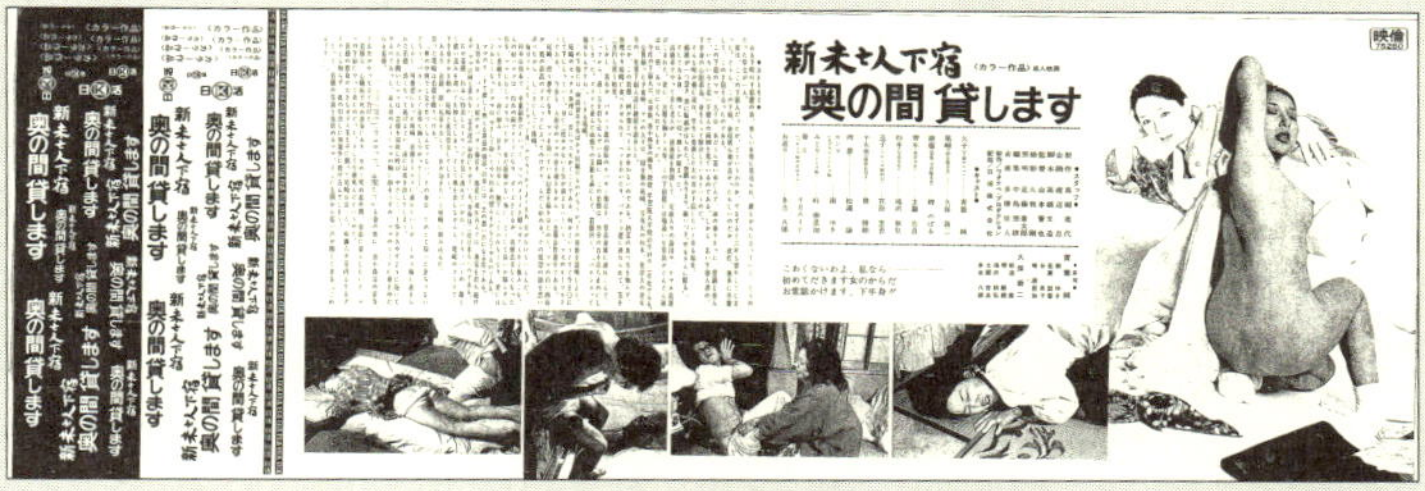

裏面

カンコ（大グラマートルコ嬢、もとは近藤質店の幸子）…南ゆき
みどり（トルコ嬢）…峰瀬里加
玉子（パチンコ屋店員）…花房里香
菊江（パチンコ屋のおばさん）…千月のり子
尾崎（国士舘大生）…久保新二
裏小路綾麿（学習院大・政治学科3年）…鯉のぼる
袋十太夫（綾麿のお付き）…堺勝朗
肉屋…松浦康
往診の先生…鏡勘平
お巡り…たこ八郎
杉本（写真大生）…滝沢秋弘
青木（東京農大生）…土羅吉良
小田中（日大、卒業）…三篠敏雄
メリー青葉（ストリッパー）…ミス・モンロー（特別出演）
解説●初代ママの青葉純が復帰したシリーズ第4作。

相変わらずオープニングからドタバタコメディーが繰り広げられるが、後半は珍しくしっとりとしたストーリー。今までの尾崎クンとはひと味違った、人情深い一面を垣間みる事が出来る。それでも、ラストはしっかりとナンセンス

ギャグで締めるシリーズ最高傑作だろう。

あらすじ●一台の高級車が下宿屋の前に停車すると、物々しい雰囲気の若者が下りてくる。今度の下宿人は元貴族、裏小路家の嫡男・綾麿（鯉のぼる）。この若様、何かと世間知らずだが尾崎達の行動に興味がある様で、パチンコやストリップについてくるありさま。ある日、若様は女が抱きたいと尾崎に頼み込んで来た。尾崎はトルコへ連れて行くが、トルコ嬢に迫られた童貞の若様は怖くなって逃げまとい、挙げ句の果てには泣き出してしまう。その様子を聞きつけたママ（青葉純）は彼をまるで子供をあやす様にやさしく抱き、若様もママのリードに委ねた。…しかし彼は重い心臓病を患っており、余命僅かな身であることが判明する。それを知った尾崎達は最後の願いを叶えてあげようと、彼のために一役買うのであった。

【第5作】新 未亡人下宿 すぐ入《はい》れます

67分
1976年（昭和51年）1月8日公開
（〜1月23日　16日間）

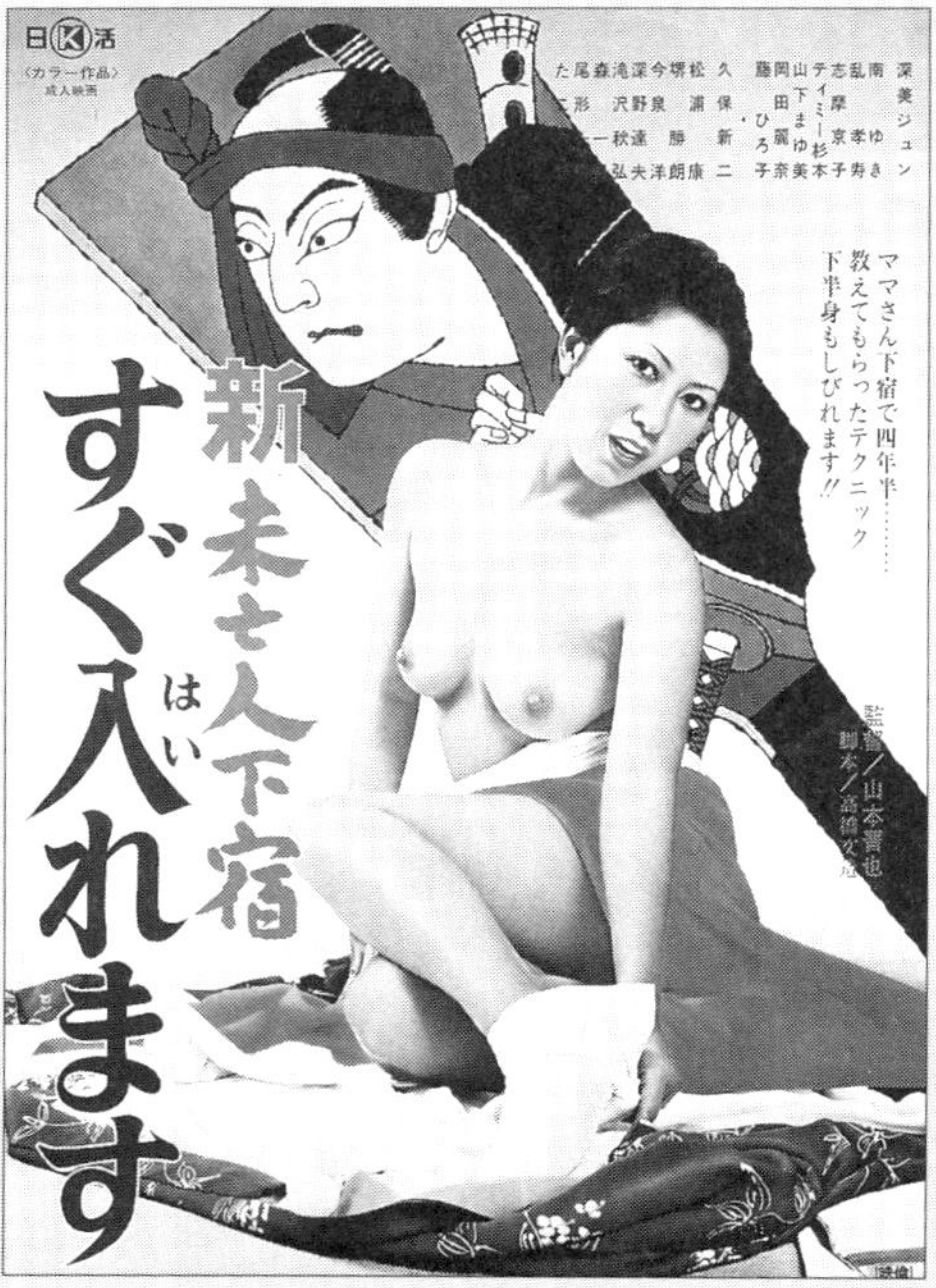

▶ポスター

製作●ワタナベ・プロダクション
配給●日活
併映作品●『修道女ルナの告白』（監督：小沼勝　主演：高村ルナ）／『淫絶夫人　快楽の奥』（監督：西村昭五郎　主演：珠瑠美）
キャッチコピー●「ママさん下宿で四年半……教えてもらったテクニック　下半身もしびれます!!」
劇中に登場する食事●夕飯のジンギスカン（2回）

ビデオソフト●にっかつビデオフィルムズ（株）／品番：LA-121［廃盤］
DVDソフト●復刻シネマライブラリー／CPDM-10311［発売中］

原題●『すぐ入れます　新未亡人下宿』

スタッフ●
製作…真湖道代
企画…渡辺忠
脚本…高橋文造
撮影…久我剛
照明…近藤兼太郎
編集…中島照雄
音楽…多摩住人
助監督…高橋松広
効果…秋山サウンド・プロ（秋山実）
美術…日本芸能美術
小道具…高津映画
記録…前田侑子
進行／車輌…大西良平
タイトル…ハセガワ・プロ
製作担当…城英夫
美術…ワタナベ・プロダクション（＊クレジットなし）
演技事務…ATG企画（＊クレジットなし）
録音…大久保スタジオ
現像…東洋現像所
監督…山本晋也

キャスト●
かつ（三代目ママ）…深美じゅん
木村（国立音大生）…滝沢秋弘
沢田（東大生）…森一男
岩田（順天堂大生）…尾形一馬

▲プレスシート

表面

裏面

青木（東京農大生、卒業）…土羅吉良
まつ（女子学生専門の下宿ママ）…乱孝寿
悠子（木村を誑かす、女子大生）…ティミー杉本
秀子（女子大生）…岡田あや子
礼子（女子医大生）…志摩京子
直子（女子大生）…山下まゆ美
花子（女子大生、卒業）…奥野節子
京子（有閑マダム）…藤ひろ子
ポリス…たこ八郎
八百屋のオヤジ…堺勝朗
肉屋のオヤジ…松浦康
幸子（近藤質店の娘）…南ゆき
尾崎（国士舘大生）…久保新二
内田（悠子の本命）…深野達夫
近藤質店のオヤジ…今泉洋

解説●三代目ママ・深美ジュン主演の第5作。3作目から準レギュラーとして出演し、前作ではトルコ嬢に変貌していた幸ちゃん（南ゆき）が近藤質店の娘として復帰する。（彼女は前作で、質屋はオヤジが博打に手を出して潰れてしまった、と言っていたが…？　オヤジを演ずる、今泉洋も何事もなかったかの様に出演しております！）

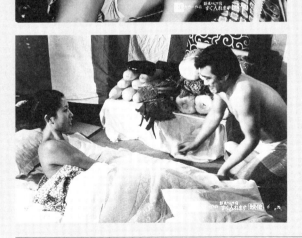

あらすじ●今度の新入りはプレイボーイ風の東大生・沢田（森一男）。一見、羽振りの良さを下宿仲間へ見せつけるが、彼は中年の有閑マダムを自分の部屋に連れ込み、彼女の燕と化していた。2人が激しく求め合う姿を呆気にとられながら覗き見する尾崎は、相変わらずマスかきに余念がない…。一方、作曲家を目指す音大生・木村（滝沢秋弘）には悠子（ティミー杉本）という恋人がいた。のちに、彼女の母親が病気で入院をしている事を告げられた木村は、大事な楽器を質に入れてまで治療費を工面する日々を強いられていたのだ。だが病気の話はすべて悠子の偽りで、彼女には別の婚約者が存在していた。絶望感に打ち拉がれている木村を、ママ（深美じゅん）はやさしく躰をひらいて慰める……。

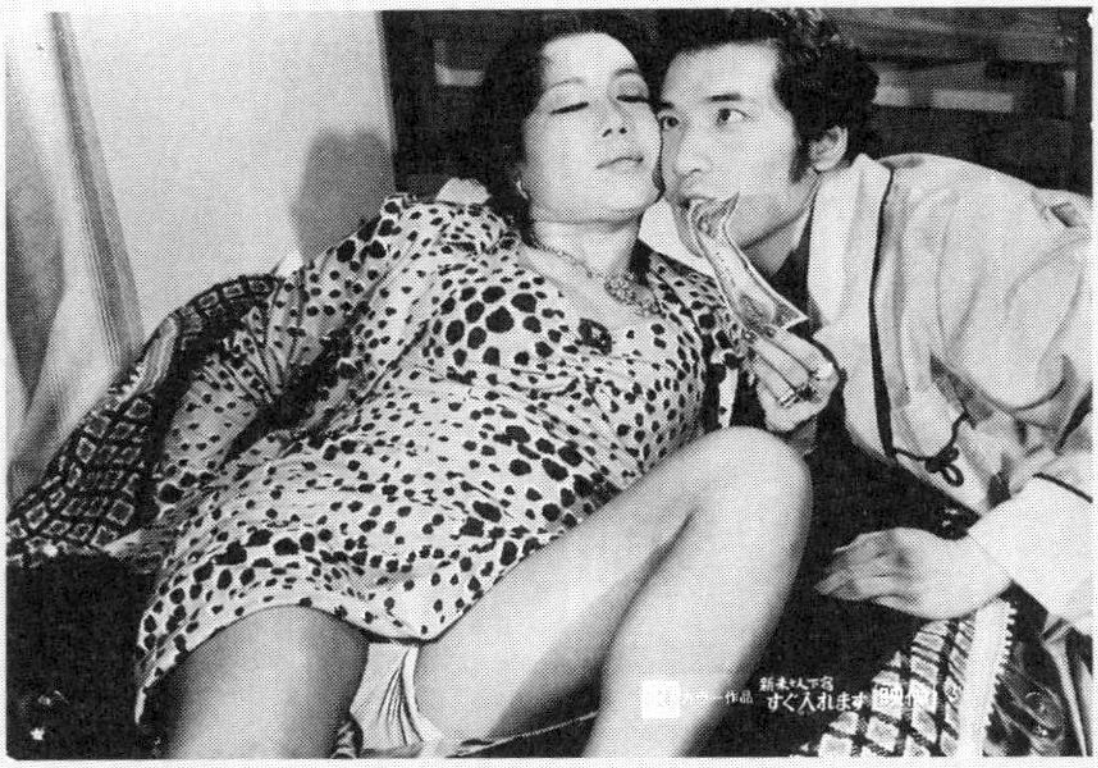

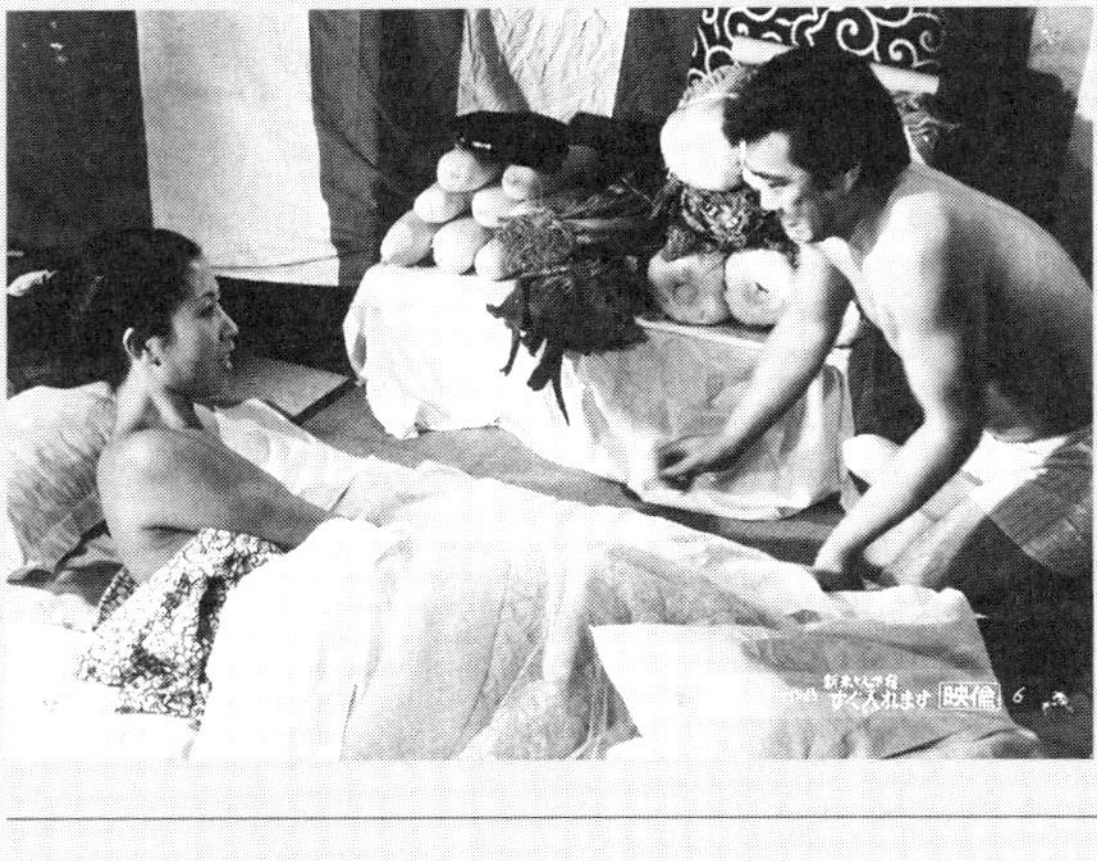

【第6作】新 未亡人下宿 いろ色教えます

67分
1977年（昭和52年）3月5日公開
（〜4月8日 35日間）

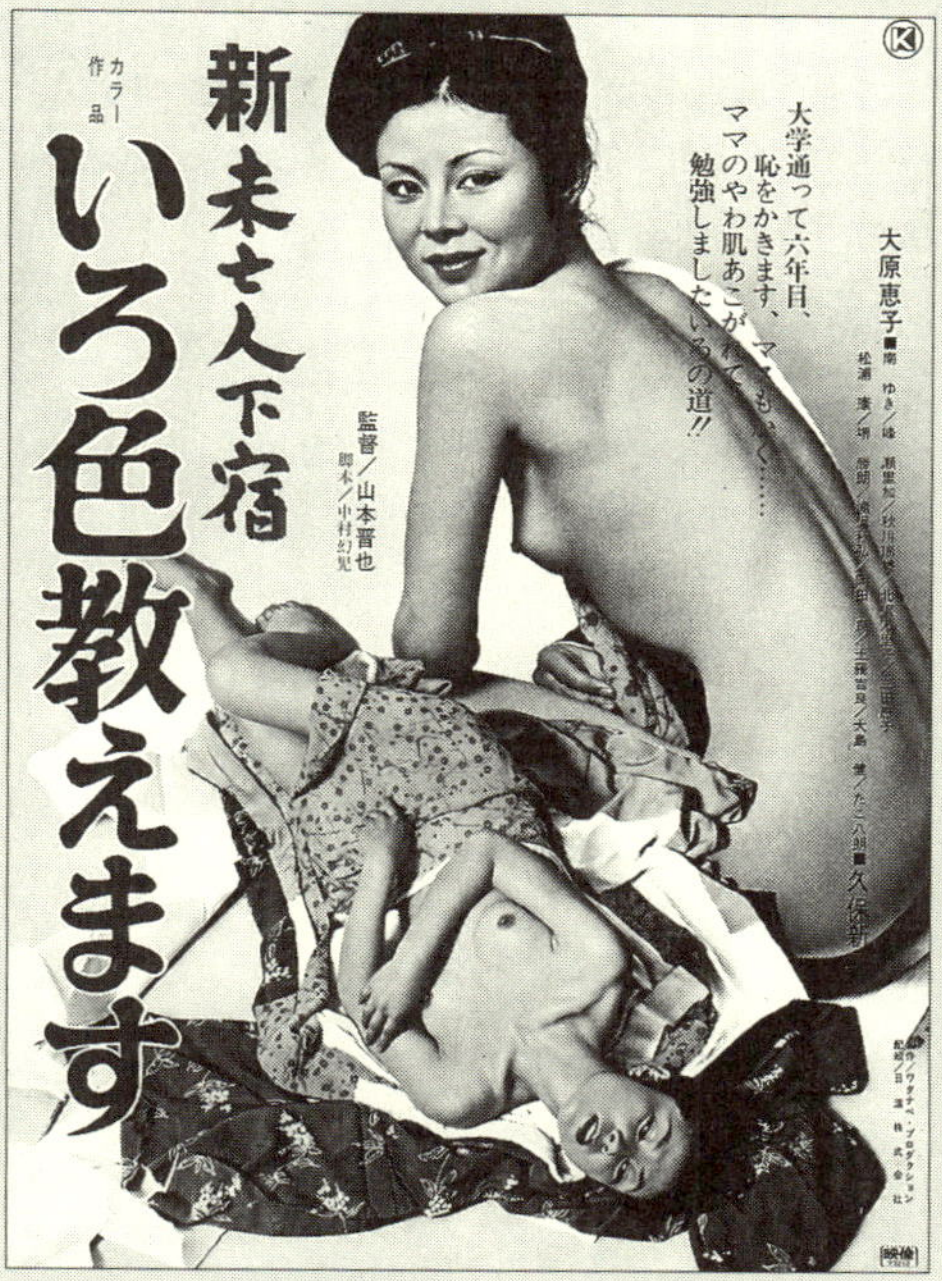

▶ポスター

製作●ワタナベ・プロダクション
配給●日活
併映作品●『宇能鴻一郎のむちむちぷりん』（監督：白鳥信一　主演：片桐夕子）／『卒業五分前　群姦「リンチ」』（監督：沢田幸弘　主演：小川亜佐美）

キャッチコピー●「大学通って六年目、恥をかきます、マスもかく……ママのやわ肌あこがれて、勉強しましたいろの道!!」

◀プレスシート
表面

裏面

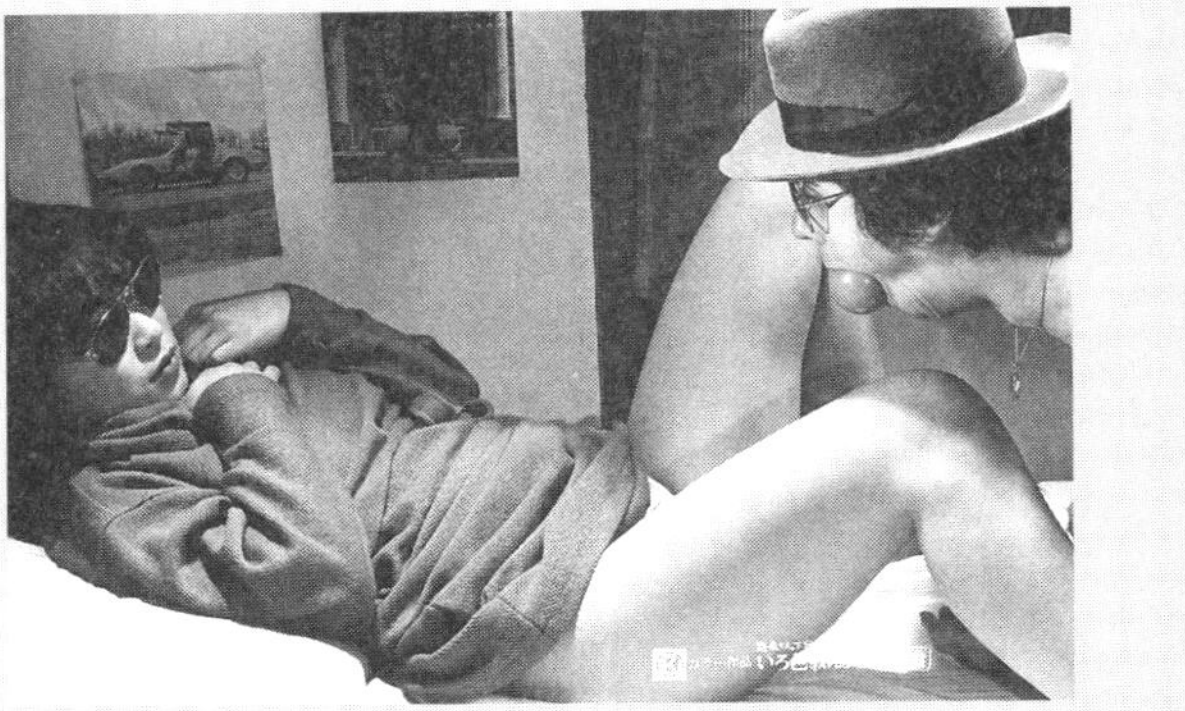

劇中に登場する食事●夕飯のホルモン焼肉、朝飯（2回）
ビデオソフト●にっかつビデオフィルムズ（株）／品番：LA-119［廃盤］
DVDソフト●復刻シネマライブラリー／CPDM-10312［発売中］
原題●『未亡人下宿 いろいろ教えます』

スタッフ●
製作…真湖道代
企画…渡辺忠
脚本…中村幻児
撮影…久我剛
照明…近藤兼太郎
音楽…多摩住人
編集…中島照雄
記録…前田侑子
助監督…高橋松広
効果…中野忍
スチール…津田一郎
制作進行／車輌…大西良平
制作担当…一条英夫
小道具…高津映画
衣裳…富士衣裳
タイトル…ハセガワプロダクション
録音…ニューメグロスタジオ
現像…東洋現像所
美術…ワタナベ・プロダクション〈＊クレジットなし〉
演技事務…ATG
企画〈＊クレジットなし〉
監督…山本晋也

キャスト●
かつ（四代目ママ）…大原恵子
角田（早稲田大生）…大島祐二
すみれ（花屋の娘）…秋川瑞枝
福沢（慶大生）…滝沢秋弘
ユカリ（酒屋の娘）…北沢万里子
鈴木（国土《ど》舘大生）…土羅吉良
梨絵（東北のアンニュイ娘）…三田恵胡
林（山根愛子美容学院大生）…岡田良
亭主（かつの死んだ亭主、写真のみ）…佐川二郎〈＊クレジットなし〉

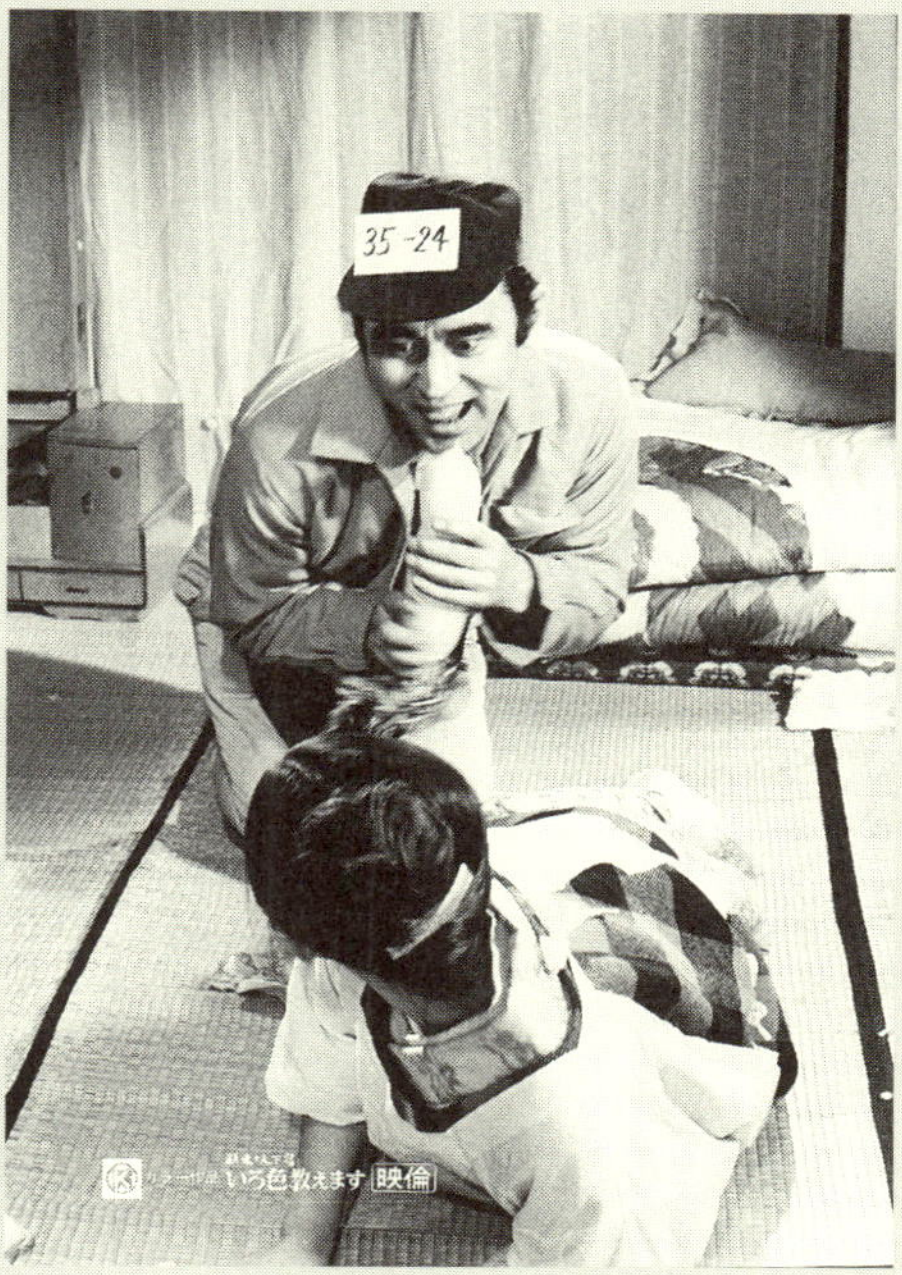

房江（肉屋の女房）…峰瀬里加
ポリ公…たこ八郎
幸子（質屋横尾の娘）…南ゆき
肉屋のおやじ…松浦康
八百屋のおやじ…堺勝朗
小佐野（東京帝国大生、卒業）…大山克則
無職のおじさん…覗きのタメさん
尾崎（国士舘《ど》大生）…久保新二

解説●四代目ママ・大原恵子主演の第6作。オープニングで、下宿を去る帝大卒業生「小佐野」とは当時、世間を騒がせた〈ロッキード事件〉で真相の鍵を握っていた、小佐野健治をパロディー化したもの。また、本作で初めて国士舘《ど》大学・尾崎クンの後輩が登場、同大学の校歌が歌われる。（とはいえ、実際は某・有名行進曲だが……）

あらすじ●泣く子も黙る国士館《ど》の尾崎。花屋の看板娘・すみれ（秋川瑞枝）に粉をかけるが、彼女は早稲田の角田（大島祐二）に恋心を寄せていた。学力・腕力・包容力、どれをとっても角田に勝てない尾崎は終始、面白くない。しかし彼にとんでもない情報が舞い込んできた。卒業の見込みがまるでないはずの尾崎が、何のはずみか卒業出来る事になったのだ！　本人は勿論のこと、町中が大騒ぎ。その夜、下宿は卒業記念パーティの会場となり、尾崎は凱旋兵士のごとく得意満面。ママ（大原恵子）は、かねてよりの約束であった卒業プレゼント、つまり熟れたその肉体を尾崎に提供すべく、玉肌をさらけ出す。待ちに待った裸身を抱きしめ、激情に打ち震えるのであった。翌日、尾崎は下宿屋を出る準備をするが、ここでまたまた大どんでん返しが待っていた。

【第7作】未亡人下宿 下もかします四畳半

71分
1977年(昭和52年)9月17日公開(〜9月30日 14日間)

▶ポスター

製作●ワタナベ・プロダクション
配給●日活
併映作品●『新宿乱れ街 いくまで待って』(監督：曽根中生 主演：山口美也子)／『若妻日記・悶える』(監督：林功 主演：梓ようこ)

キャッチコピー●「お世話になった下半身 卒業しました九年ぶり 学業『不可』で性技『優』――」
劇中に登場する食事●夜飯のきつねどん兵衛、夕飯のすき

◀プレスシート

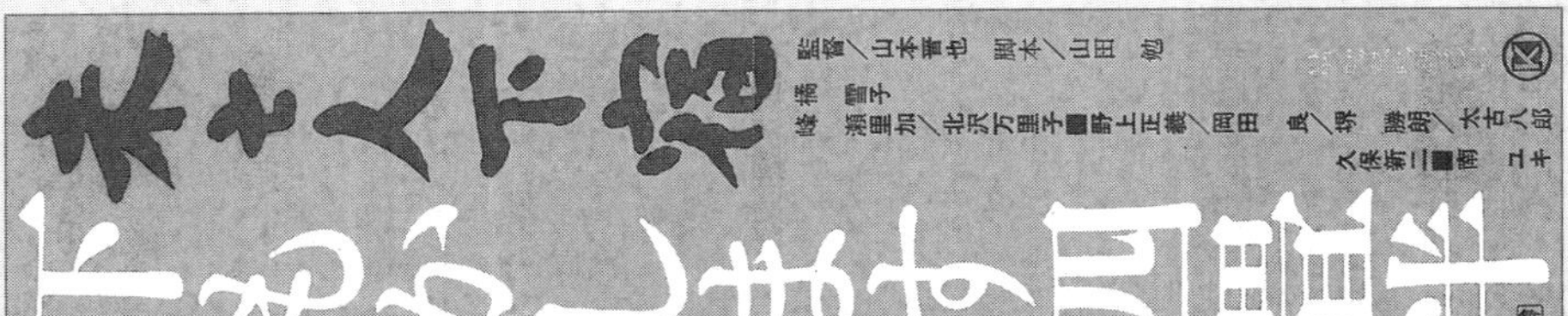

表面

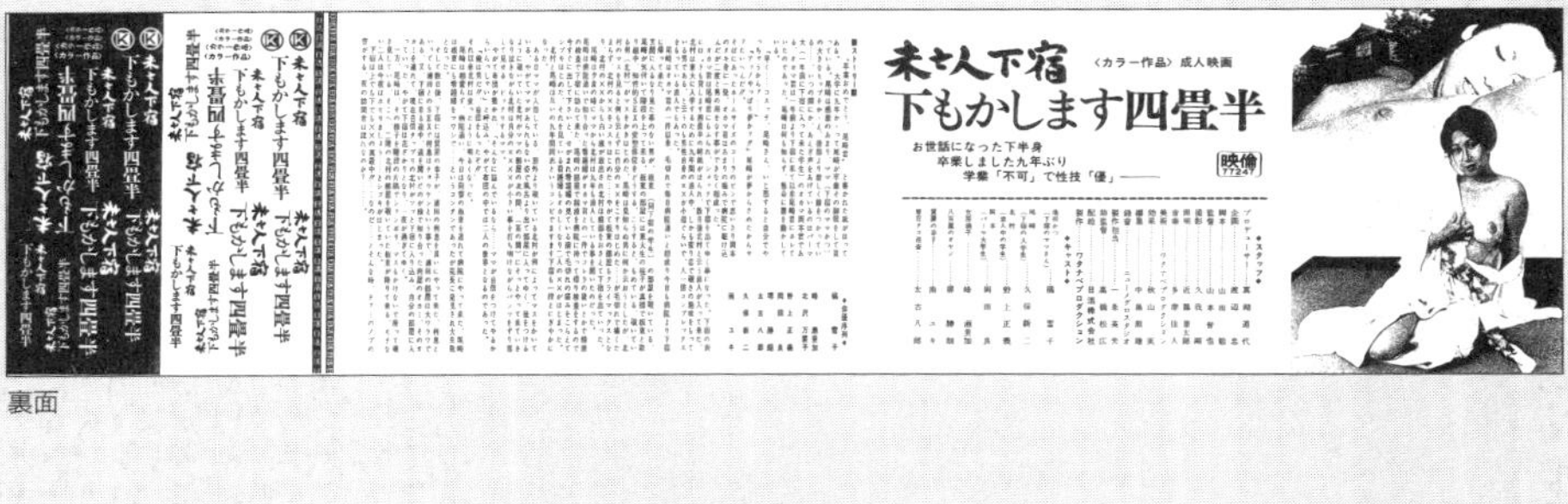

裏面

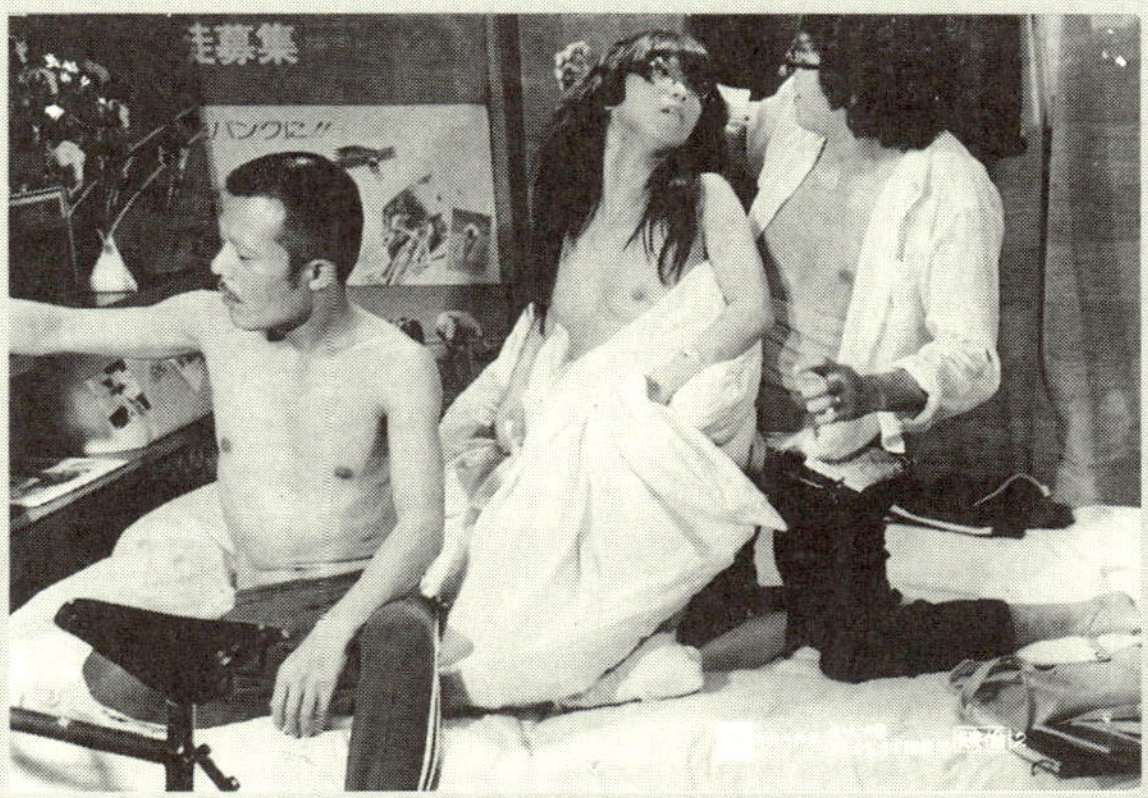

焼き

ビデオソフト●にっかつビデオフィルムズ（株）／品番：LA-123［廃盤］（DVD未発売）

原題●『未亡人下宿 下も貸します四畳半』

スタッフ●

製作…渡辺輝男
企画…渡辺忠
脚本…山田勉
撮影…久我剛
照明…近藤兼太郎
編集…竹村編集室
音楽…多摩住人
記録…前田侑子
助監督…高橋松広
効果…中野忍（台本は秋山実）
美術…平川美術（台本はワタナベプロダクション）
スチール…津田一郎
製作進行／車輌…大西良平
製作担当…一条英夫
衣裳…富士衣裳
小道具…高津映画
タイトル…ハセガワプロダクション
録音…ニューメグロスタジオ
現像…東洋現像所
演技事務…ATG企画〈*クレジットなし〉
監督…山本晋也

キャスト●

池田かつ（五代目ママ）…橘雪子
質屋の幸子…南ゆき
肉屋の満子…峰瀬里加
川上院長…藤ひろ子
看護婦・夏江…中野リエ
女子大生・桂子（板東の恋人）…尼紫杏
浪人生・北村奇三郎（東洋大姫路高卒）…野上正義
肉屋のおやじ…堺勝朗
浦田（立教文学部）…外波山文明〈はみだし劇場〉
警官…たこ八郎
岡本（パーマ大生）…岡田良
板東（日大自転車学部）…龍駿介
尾崎（国士舘《ど》大生）…久保新二

解説●歴代未亡人ママの中で、最も在位期間の長かった五代目ママ・橘雪子初出演の第7作。野球ファンである山本晋也監督のアイデアか、冒頭で北村が登場するシーンのバックで終始流れている実況放送は、本作が公開された77年夏・高校野球決勝戦の模様。大会史上初の決勝サヨナラホームランで東洋大姫路高校が

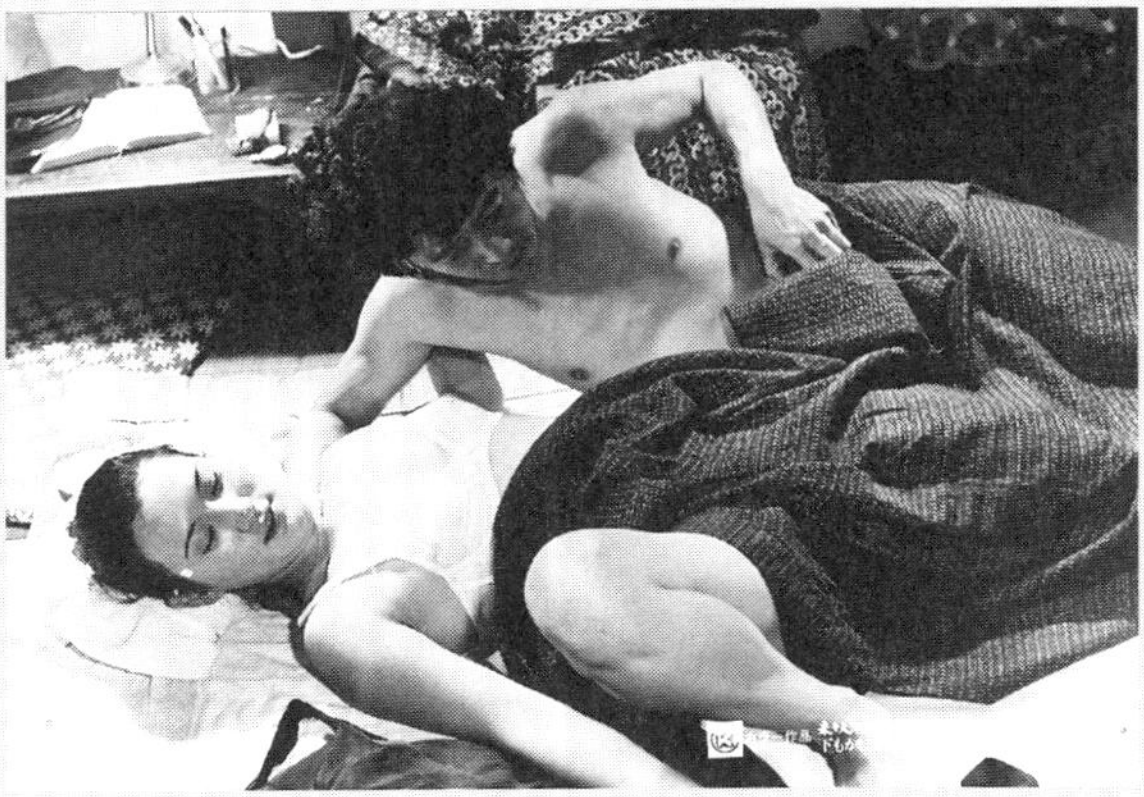

優勝、日本中を熱狂の渦に巻き込んだ。

あらすじ●「おめでとう、尾崎クン……」今度こそは本当に卒業出来ると、ママ（橘雪子）から躰のプレゼントを貰い、尾崎は激しく腰を使っている……いつの間にか喘ぎ声を出しているのはオカマの岡本君。やはり夢だったかと悔しさのあまり、コーラの瓶で彼のヌキ身に一発お見舞い！　二度と男の用をなす事が出来なくなった岡本は、下宿を出て行く。数日後、今度は北村（野上正義）という、学生帽に袴姿のオールドファッションの男が入居してきた。彼は東大に入るために九年目の浪人中で、男性自身が極端に小さいという、人一倍コンプレックスを持っていたのだ。小さい小さいと下宿仲間に馬鹿にされた北村を不憫に思ったママは自信をつけさせるために、彼を慰めた。しかし彼の正体は歯に衣着せぬ、下宿荒らしの常習犯であったのだ。

【第8作】未亡人下宿 ただのり

67分
1978年（昭和53年）8月5日公開
（〜9月8日　35日間）

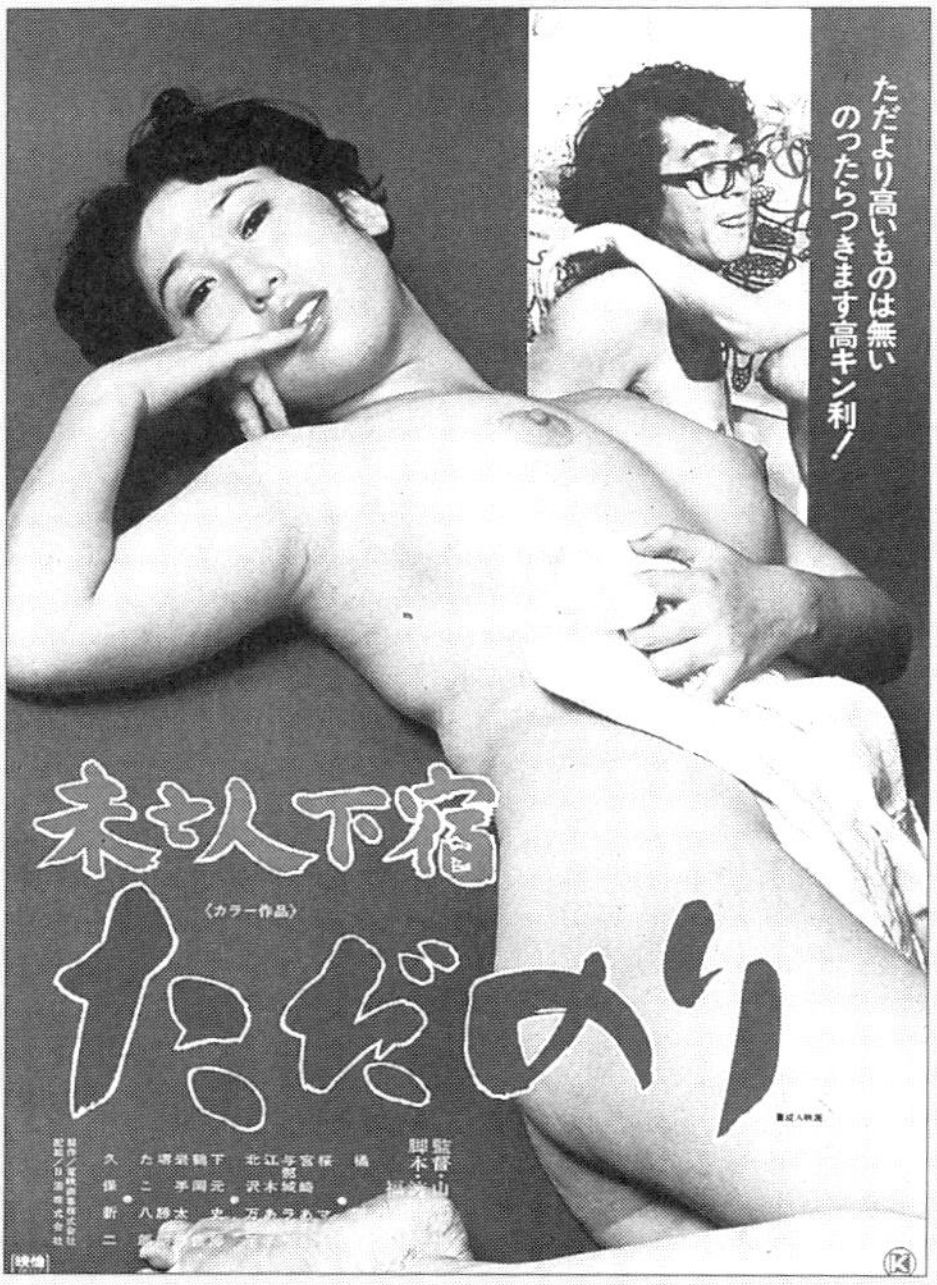

▶ポスター

製作●電映商事
配給●日活
併映作品●『宇能鴻一郎の看護婦寮』（監督：西村昭五郎　主演：原悦子）／『ひと夏の関係』（監督：加藤彰　主演：水島美奈子）

キャッチコピー●「ただより高いものは無い　のったらつきます高キン利！」
劇中に登場する食事●夕飯のすき焼き、朝飯（2回）
ビデオソフト●にっかつビデオフィルムズ（株）／品番：

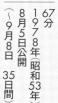

◀プレスシート

表面

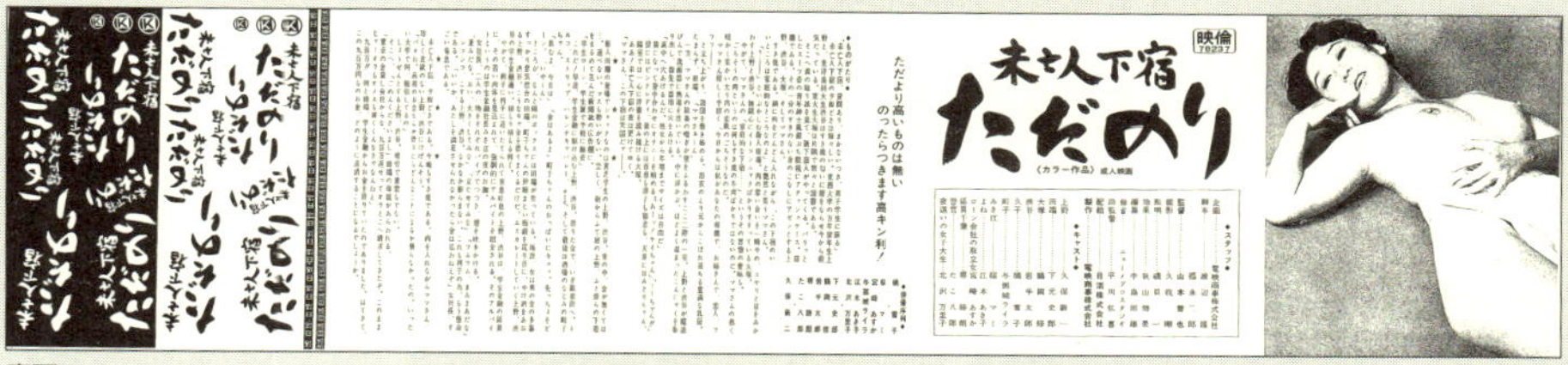

裏面

LA-103［廃盤］（DVD未発売）

スタッフ●

制作…羽柴徹
制作協力…ワタナベプロダクション
原作…山本晋也
脚本…渡辺護、福永二郎
撮影…久我剛
照明…磯貝一
助監督…平川弘喜
記録…山本則子
編集…室田雄
音楽…門前円
効果…中野忍
美術…木村美装
演出助手…大塚恵美子
スチール…津田一郎
車輌…松崎車輌
製作進行…岡孝道
衣裳…富士衣裳
小道具…高津映画
タイトル…代東画
録音…ニューメグロスタジオ
現像…東洋現像所
監督…山本晋也

キャスト●

池田かつ（ママ）…橘雪子
万年留学生 尾崎（国土《ど》館大学土木学部道路標識学科）…久保新二
裏口入学生 渋谷（田無医科歯科大生）…岩手太郎
ローン会社係員・千葉…堺勝朗
ローン会社取立女…日野繭子
ローン学生 田端ただよし（亜細亜大学文学部仏文科）…下元史朗
バイト学生 大塚（東大法学部）…鶴岡修
ホステス・町子…与那城ライラ
夜這い女子大生…北沢万里子
変態女社長・みさ江…桜マミ
田端の母・よね…江木あき子
肉屋のオヤジ…港雄一
八百屋のオヤジ…滝島孝二
警官…たこ八郎
卒業する学生（法大生）…峠源八

解説●気軽に利用出来る学生ローンに手を出し、利息が膨れ上がり返済出来ない学生が

後を絶たない…といった社会問題を背景に採り上げたシリーズ第8作。『人間、辛抱だ』（日本観光グループ）、『ただよし、野菜をた〜んと摂らにゃいかんよ』（カゴメ野菜ジュース）、『インフレとんでけ〜』（ROC流通卸センター）といった、CMのキャッチフレーズを用いた時事ネタも懐かしい。また、尾崎クンの生年月日や現住所、所属する大学の学部名等、彼の素性が初めて明かされた作品である。

あらすじ●本作で下宿屋の門を叩いたのは、パリッとしたスーツを着込んだ青年紳士風の田端（下元史朗）。「仏文科だなんて、モーパッサンの世界だわ……」田端に色目を使い出したママ（橘雪子）は早速、彼を自分の寝室へ誘う。ブルジョワを気取った田端の行動が何かにつけて気に食わない尾崎は、うさ晴らしに渋谷（岩手太郎）を連れて学生ローンで金を借り、勉強もしないで遊び歩く。案の定、利息は徐々に溜まる一方で、挙げ句の果てに尾崎は身を売って返済する始末。それらをすべてお見通しであったママはある朝、2人に説教するが、同席していた田端も次第に顔色が変わっていく。なんと彼は600万の金を学生ローンから借りており、利息に追い立てられ青息吐息の状況だったのだ。何か良い方法はないか頭を抱えるママ達であったが、普段は言葉少ない東大の大塚（鶴岡修）が、突然返済話に割って入って来た……。

【第9作】未亡人下宿 初のり

67分
1978年（昭和53年）12月23日公開
（〜1月5日　14日間）

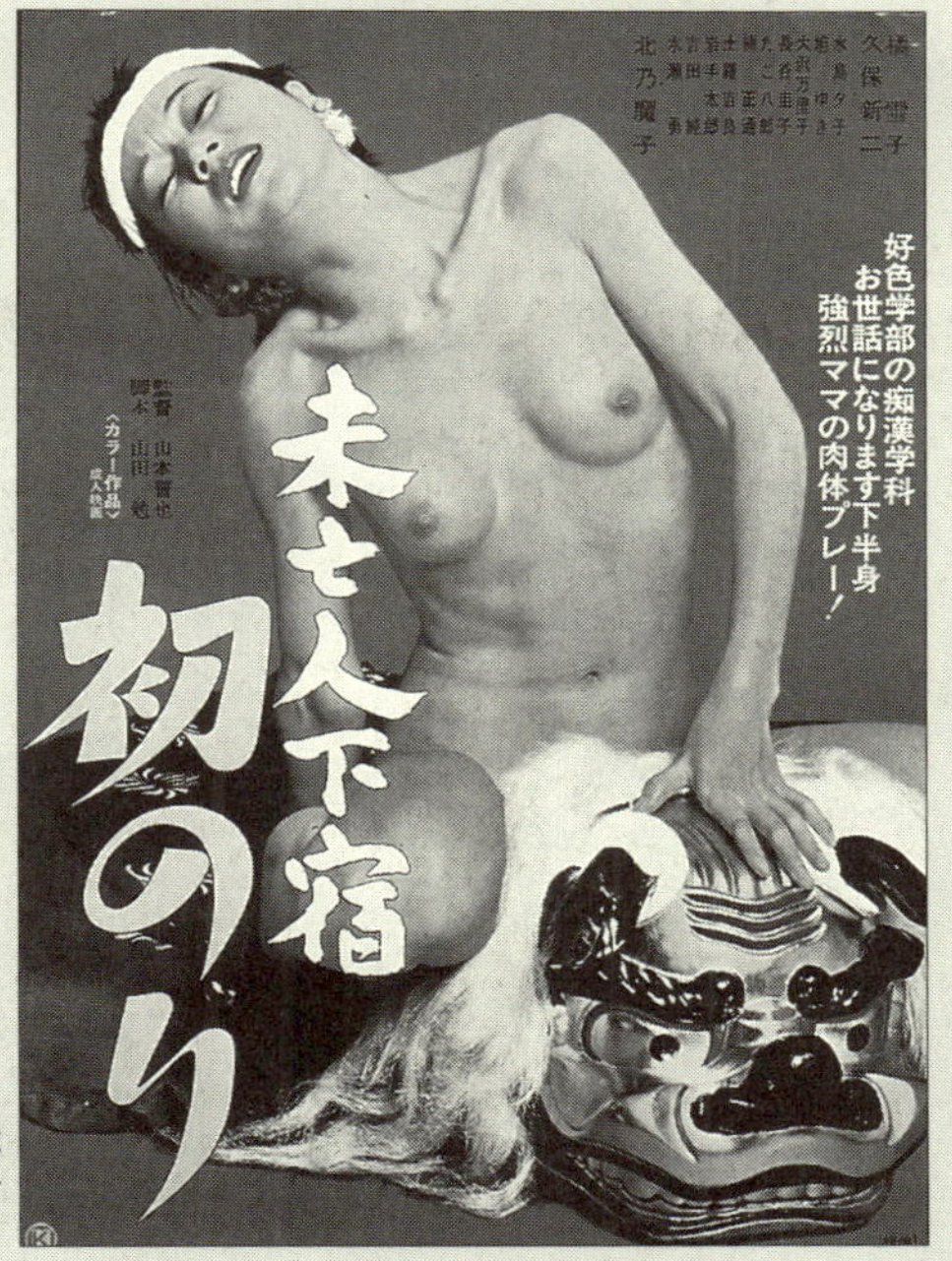

▲ポスター

製作●太平洋映画社／y.sエンタープライズ
配給●にっかつ
併映作品●『おんなの寝室 好きくらべ』（監督：白鳥信一　主演：宮下順子）／『透明人間 犯せ！』（監督：林功　主演：マリア茉莉）

キャッチコピー●「好色学部の痴漢学科　お世話になります下半身　強烈ママの肉体プレー！」
劇中に登場する食事●夕飯のすき焼き

表面

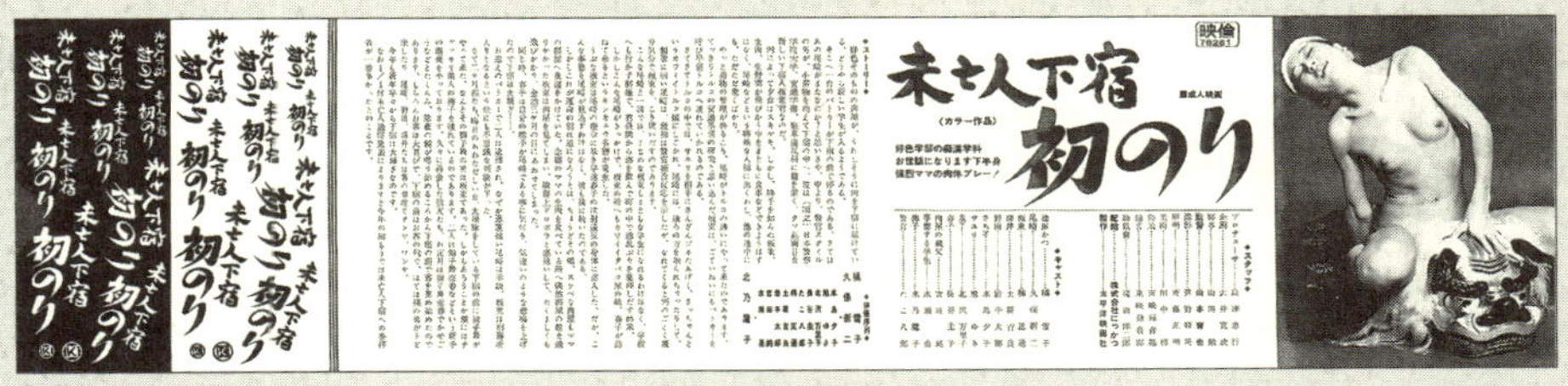

裏面

▲プレスシート

ビデオソフト●にっかつビデオフィルムズ（株）／品番：LA-107［廃盤］（DVD未発売）
挿入歌●所ジョージ『夢見るジョンジョロリン』『春二番』

スタッフ●
製作…島津忠行
企画…大井寛武
脚本…山田勉
原作…山本晋也
撮影…笹野修司
照明…斉藤正明
音楽…ゴムふうせん
編集…田中修
録音…TECスタジオ
助監督…滝田洋二郎
監督助手…花堂純次

撮影助手…長井勝人
照明助手…西池彰
効果…大泉弘
現像…東映化学
スチール…津田一郎
Special thank's for music
Mr.所ジョージ
監督…山本晋也
キャスト●
池田かつ（ママ）…橘雪子
板東（日本警察学院大学交通学部駐車違反学科）…楠木正道
深井（日本大学芸能学部タレント学科2年）…土羅吉良
野田良作（国立音楽大学民謡学部尺八学科）…岩手太郎
友子（セイショク女子大学フランス文学専攻）…北沢万里子
トルコ嬢・さち子…水島夕子
トルコ嬢・サユリ…旭ゆき
タバコ屋の親父…滝高二
タバコ屋の娘・春子…長谷圭子
三島（本土防衛大生、卒業）…水瀬勇

売春の客…尾形秋男
警官…中島義弘
肉屋の親父…吉田純
獅子舞の女・亀子…北乃魔子
警官…たこ八郎
尾崎（国士《ど》舘大学土木学部道路標識学科）…久保新二

解説●今や日本映画界で注目される滝田洋二郎がチーフ助監督（本人も警官役で出演）を務め、所ジョージの楽曲も印象的なシリーズ第9作。年末年始の書き入れ時に公開された作品で、お正月ムード溢れる楽しい1本だ。恒例の時事ネタは当時、コレラ騒動で世間を掻き乱した〈池之端文化センター〉。

あらすじ●未亡人ママの下宿に警官が！　さてはあの尾崎がまた何か？……と思いきや、今度の新入りは警察学院大学生の板東（楠木正道）。制服姿に弱い尾崎、最初は警官拒否反応を示したが、慣れてくると例のごとく親分気どりで板東をこき使い出す。生真面目な彼はトルコ共和国の交通事情についての研究だと口車に乗せられ、翌日、ご丁寧にもパトカーを呼びつけ早朝トルコへ連れて行かれるのである。しかしこんな尾崎がきっかけで板東の所へタバコ屋の可愛い看板娘・春子（長谷圭子）が近づいてきた。当然二人は下半身の行為を始めるが、ちょうどその頃、ママ（橘雪子）の部屋に肉屋（吉田純）が夜這いに来ていた。出すものを出してさっぱりした板東はコソコソ物色している肉屋を泥棒と勘違いし、大捕物を繰り広げるが、なぜか肉屋ともにたこ警官に逮捕される板東……。

【第10作】
未亡人下宿 のり逃げ

65分
1979年（昭和54年）
8月4日公開
（〜9月7日　35日間）

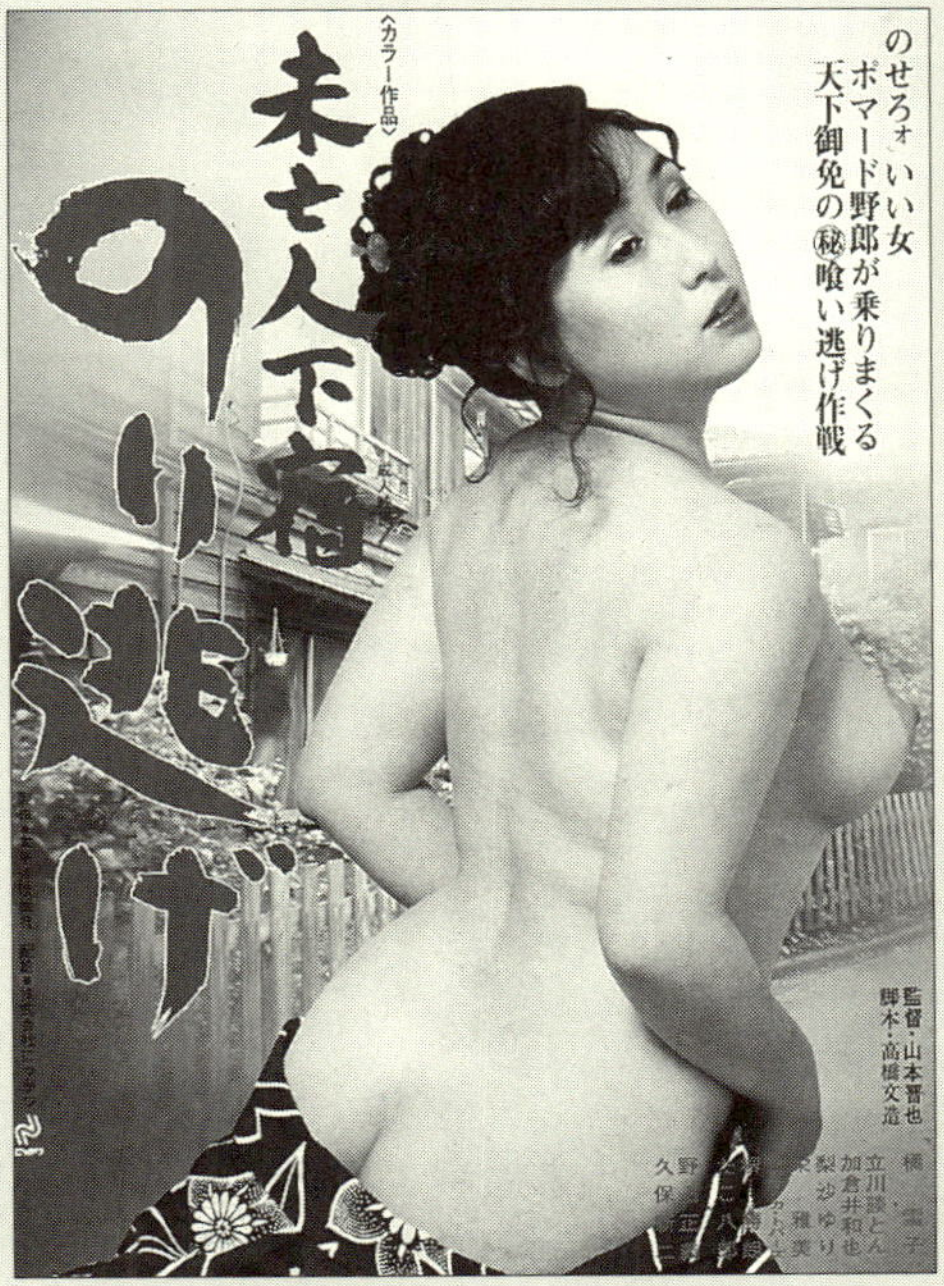
のせろォいい女
ポマード野郎が乗りまくる
天下御免の㊙喰い逃げ作戦
〈カラー作品〉
未亡人下宿
のり逃げ
監督・山本晋也
脚本・高橋文造
▶ポスター

製作●太平洋映画社
配給●にっかつ
併映作品●『宇能鴻一郎の女体育教師』（監督：小原宏裕　主演：鹿沼えり）／『ひと夏の秘密』（監督：武田一成　主演：原悦子）

キャッチコピー●「のせろォいい女　ポマード野郎が乗りまくる　天下御免の㊙喰い逃げ作戦」
劇中に登場する食事●夕飯すき焼き、朝飯
ビデオソフト●にっかつビデ

▲プレスシート

表面

裏面

オフィルムズ（株）／品番：LA-101［廃盤］（DVD未発売）

スタッフ●

企画…大井武士
原作…山本晋也
脚本…高橋文造
撮影…鈴木史郎
照明…出雲静二
音楽…森あきら
編集…田中修
記録…豊島睦子
助監督…西田洋介
監督助手…鈴木隆
撮影助手…中本憲政、宮本勇
照明助手…水本健一
効果…サウンドプロ
録音…映広音響
現像…東映化工
製作主任…中山潔
製作本部…獅子プロダクション〈＊クレジットなし〉
監督…山本晋也

キャスト●

かつ（ママ）…橘雪子
色川（川越流通大学空手部）…龍駿介
ジミー・F・カーター（ハーバード大生、拓殖大・留学生）…立川談とん
草野（東京農業大学デザイン科）…加倉井和也
洋子…梨沙ゆり
ヒロ子…栄雅美
アン…ジャマイカ・トパーズ
片山（日大歯学部、卒業）…安田敬
おまわりさん…陶清
公園のアベック…仁科ひろし、桜晴子
肉屋のオヤジ…野上正義
八百屋のオヤジ…堺勝朗
尾崎清彦（国士《ど》舘大学土木学部道路標識学科）…久保新二

解説●シリーズ第10作の大台に突入した本作は、遂に外国人留学生が未亡人下宿へ入居。（実際はハーフの立川談とん、現在の二代目快楽亭ブラック）。前作でオープニングテーマを担当した所ジョージは、本作で『姫に捧げるロック』『ファンキーモンキー・マジック』を提供している。

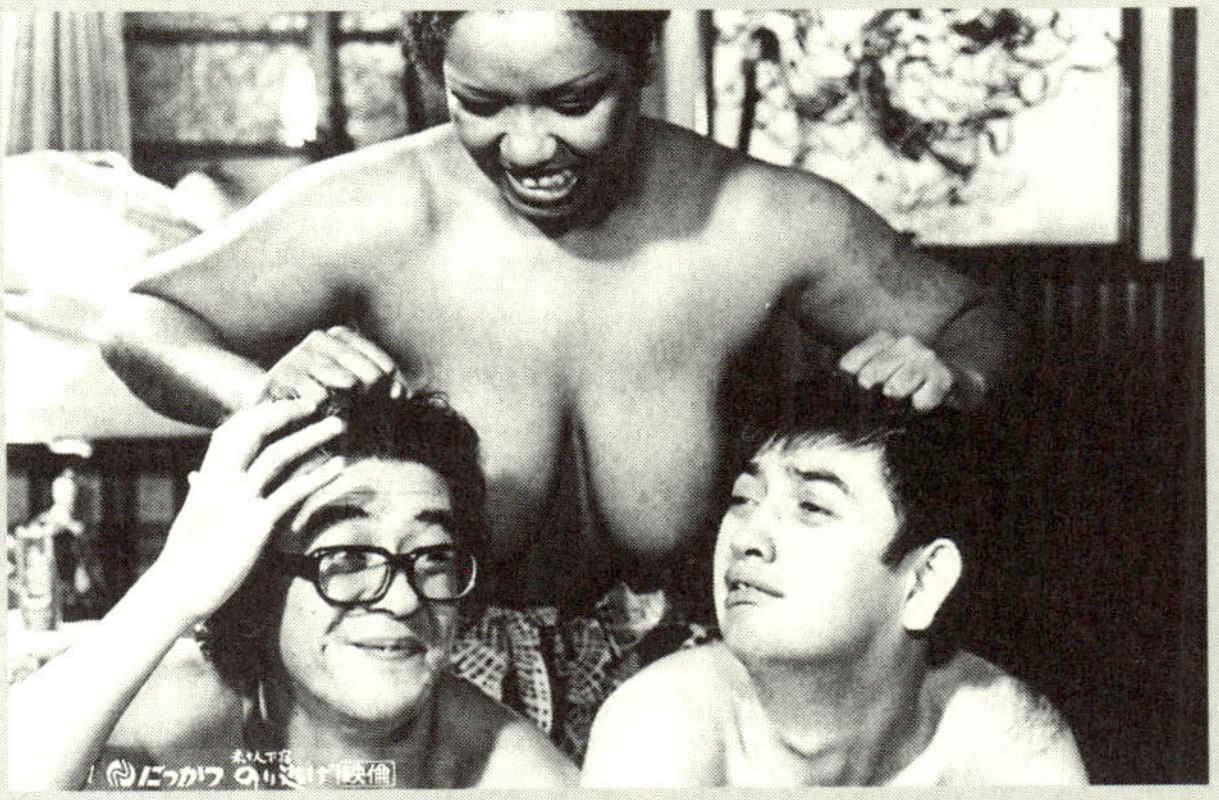

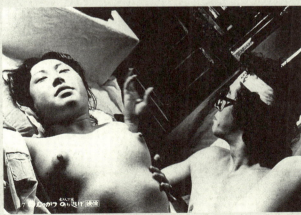

あらすじ●アメリカからやって来たカーターは大統領の親戚で、日本の社会を勉強に来たという。覗きが生き甲斐の尾崎は色川（龍駿介）達を引き連れ、夜の公園でアベックを物色していると、そこにカーターの姿があった。「ニホンジンノオンナトヤリタイ、ヤリタイ！」彼も尾崎と肩を並べるほどのスケベ人間。尾崎は黒人のプレイガールを自分に紹介してくれるのを条件に草野（加倉井和也）の女、洋子（梨沙ゆり）を無理矢理カーターへあてがう。夢にまで見た日本人の若い女性を抱く彼は大喜び。翌日、カーターは大柄な黒人女・アン（ジャマイカ・トパーズ）を下宿へ連れてくる。希望の女性と違う！と文句タラタラの尾崎であったが、いざ彼女を抱いたら、まんざらでもない様子。そんな尾崎を横目で見ながら、カーターは何やらママの部屋に忍び込み、手提げ金庫に手をかけていた……！

【第11作】
未亡人下宿 初泣き

65分
1979年（昭和54年）12月22日公開
（〜1月4日 14日間）

▲ポスター

製作●太平洋映画社
配給●にっかつ
併映作品●『桃子夫人の冒険』（監督：小原宏裕 主演：日向明子）／『愛欲の標的「ターゲット」』（監督：田中登 主演：宮井えりな）

キャッチコピー●「㊙必殺のり始め——貞操頑固なママにいどむ若き下宿人三人!!」
劇中に登場する食事●夕飯のすき焼き
ビデオソフト●にっかつビデオフィルムズ（株）／品番：

◀プレスシート

表面

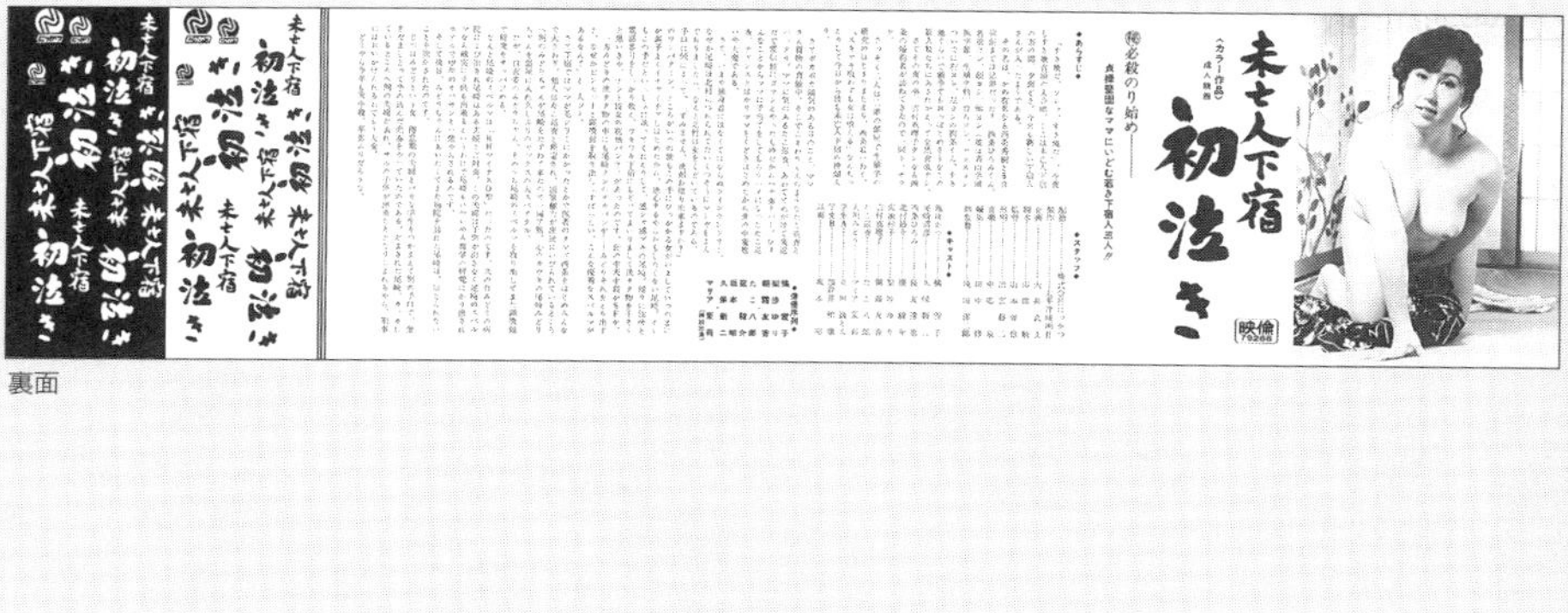

裏面

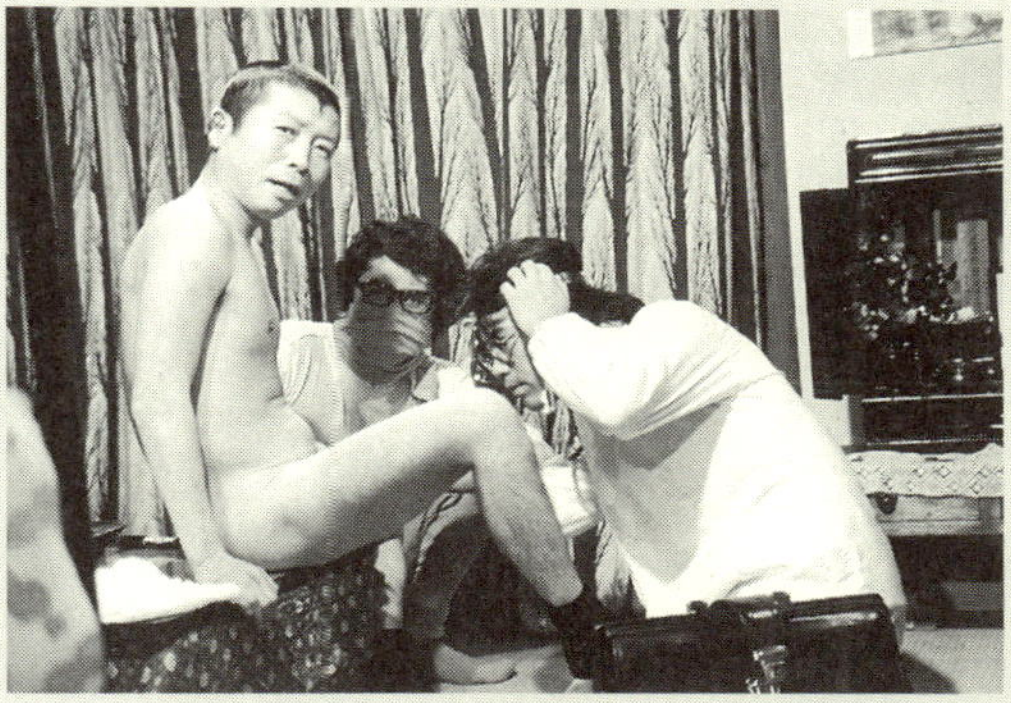

LA-109［廃盤］（DVD未発売）

スタッフ●

企画…大井武士
脚本…山田勉
撮影…笹野修司
照明…出雲静二
音楽…中応泉
編集…田中修
記録…星明十
助監督…滝田洋二郎
監督助手…鈴木隆、井上明
撮影助手…長井勝人、丘光夫
照明助手…宮沢雄三
効果…中野裕二
現像…東映化学
録音…映広音響
製作本部…獅子プロダクション（*クレジットなし）
協力…東洋大学 映画史研究会・映像実験室・スポーツ愛好会、佐々木クリニック
原作・監督…山本晋也

キャスト●

池田かつ（ママ）…橘雪子
坂東明（国際電々大学密輪学部電線学科）…加倉井和也
西条ひろみ（青山学園大学医学部生殖学科）……長友達也
東靖男（東洋大生・卒業）…飯田孝幸
たこ巡査…たこ八郎
北村裕介（鉄道建設公団大学レール学部信号学科）…龍駿介
遠藤（人工授精希望の旦那）…坂本昭
広瀬桂子（夜這いの日本女子大生）…梨沙ゆり
吉村真理子（性神女子大生・西条の婚約者）…朝霧友香
よしえ（人工授精希望の夫人）…青野梨魔
ランドリーの客A…江川茂
ランドリーの客B…小林純一
ランドリーの女の子…田中恵子
美人看護婦・大川みどり…マリア茉莉《ど》
尾崎清彦（国士舘大学土木学部道路標識学科）…久保新二

解説●第11作。ママと卒業生・東（飯田孝幸）とのプレイ中に飛び出す言葉に注目。「ナウい」「海老反る」「シェイプアップ」「じ

る感」「パーペキ」「江川る」「田淵る」「古葉る」「羞恥フル」といった、流行語の応酬……その他、今では全く理解出来ない言葉に面食らう。尾崎クンのお下劣ギャグも、初っ端から大暴走！

あらすじ●ある日ママは買い物の途中、ふらふら徘徊するたこ巡査（たこ八郎）と鉢合わせ。いつもの調子で電柱に頭をぶつけると、この時ばかりは当たりどころが悪かったのか頭から流血。ママの部屋で手当てをしてもらったたこ巡査、これはチャンスとばかりに情事の間柄になるがその夜、ママは股間に猛烈なかゆみを感じて、のたうち回る。「これは間違いなくたこ巡査だ！」尾崎達は彼を袋叩きにするが、のちに真犯人は卒業した東だと解ったたこ巡査は怒り心頭で大騒ぎ……。そんな尾崎は看護婦の彼女・みどり（マリア茉莉）の紹介で精子を子供のできない夫婦へ提供される事になる。つまり、人類学の研究に無理矢理かり出された尾崎は、中年のオバさんと一発やらされるのだった。後日、赤ん坊を連れて歩いている例の夫婦と尾崎は道でバッタリ。ここで信じられない事実が……！

【第12作】未亡人下宿 あの道この道教えます

68分
1980年（昭和55年）
8月2日公開
（〜9月5日　35日間）

▶ポスター

製作●現代映像企画
配給●にっかつ
併映作品●『看護婦日記 わいせつなカルテ』（監督：西村昭五郎　主演：原悦子）／『赤い通り雨』（監督：小原宏裕　主演：風祭ゆき）
キャッチコピー●「ママの肉体なぜ泣くの　そんなの私の勝手でしょ!!」
劇中に登場する食事●夕飯のすき焼き、朝飯
ビデオソフト●（株）ナガオカ／品番：NSA-001

▼プレスシート

表面

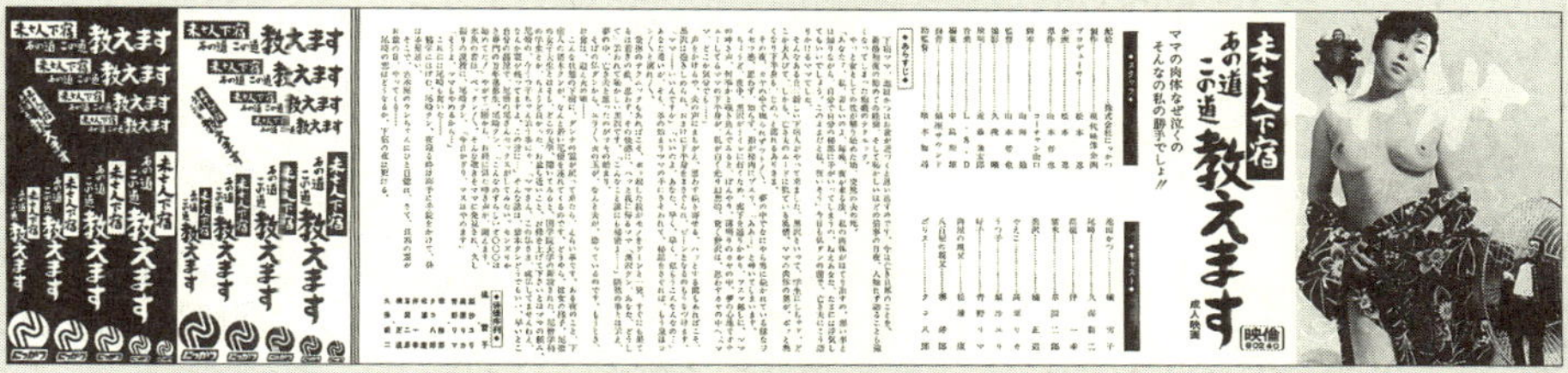

裏面

［廃盤］（DVD未発売）

スタッフ●
企画・製作…松本忍
原作…山本晋也
脚本…山田勉、コーチャン山口
撮影…久我剛
照明…近藤兼太郎
助監督…吉本龍庵
編集…中島照雄
記録…前田郁子
音楽…LSD
演出助手…中村一人
色彩計測…塩谷真
助監督…平川弘喜
効果…東京スクリーンサービス
録音…銀座サウンド
現像…東洋現像所
協力…田辺一鶴〈いっかく書店〉、小松川・勉強会商店街
監督…山本晋也（日大芸術学部陰籍）

キャスト●
池田かつ（ママ）…橘雪子
猪木馬乃介（青山学院大生）…楠正道
高橋道綱（東大生）…伴一幸
黒沢明（日本大学芸術学部映画学科）…荒馬荘
ママの亭主…岩手太郎
仲代タチヤ〈影女者〉…梨沙ユリ
今うつ子（国学院大学尼僧学科、馬乃介の恋人）…青野梨魔
ラン（古本屋の娘）…高原リカ
まゆみ（トルコ嬢）…近宮明
肉屋のおやじ…松浦康
八百屋のおやじ…堺勝朗
タコ巡査…たこ八郎
山下（レスリング学生、卒業）…北川勉
古本屋のおやじ…田辺一鶴
〈＊クレジットなし〉
尾崎清彦（国士《ど》舘大学土木学部道路標識学科）…久保新二

解説●前作は珍しく肉屋と八百屋のオヤジが顔を出さなかったが、本作で松浦康・堺勝朗の凸凹コンビが大復活。にっかつからのビデオリリース時、なぜか本作のみラインナ

ップから外れていた。（のちに製作会社・現代映像企画の傘下から発売）

あらすじ●時はお盆の真っ最中。尾崎は古本屋でエロ本を吟味しているとショートパンツが似合う、看板娘のラン（高原リカ）に一目惚れ。それからというもの、彼女へ会うために読めもしない難しい古書を買い込む尾崎。恋が芽生えてきたと浮かれていたのだが、ある日、下宿仲間の道綱（伴一幸）の部屋から何やら悶え声が……早速部屋を覗き込むと、ランと道綱がプレイの真っ最中！　ショックで呆然としている上に、ランから「無知でセンズリボケのあんたなんかタイプじゃない」と、とどめを刺される尾崎。裸足のまま家を飛び出し、公園でひとり悔し涙を流していると、足下へ下駄を差し出す手が。そこに居たのは、事の一部始終を見据えていたママであった。その夜、ママは尾崎を寝室に通し、良いムードになっていると……そこには死んだ亭主の亡霊！

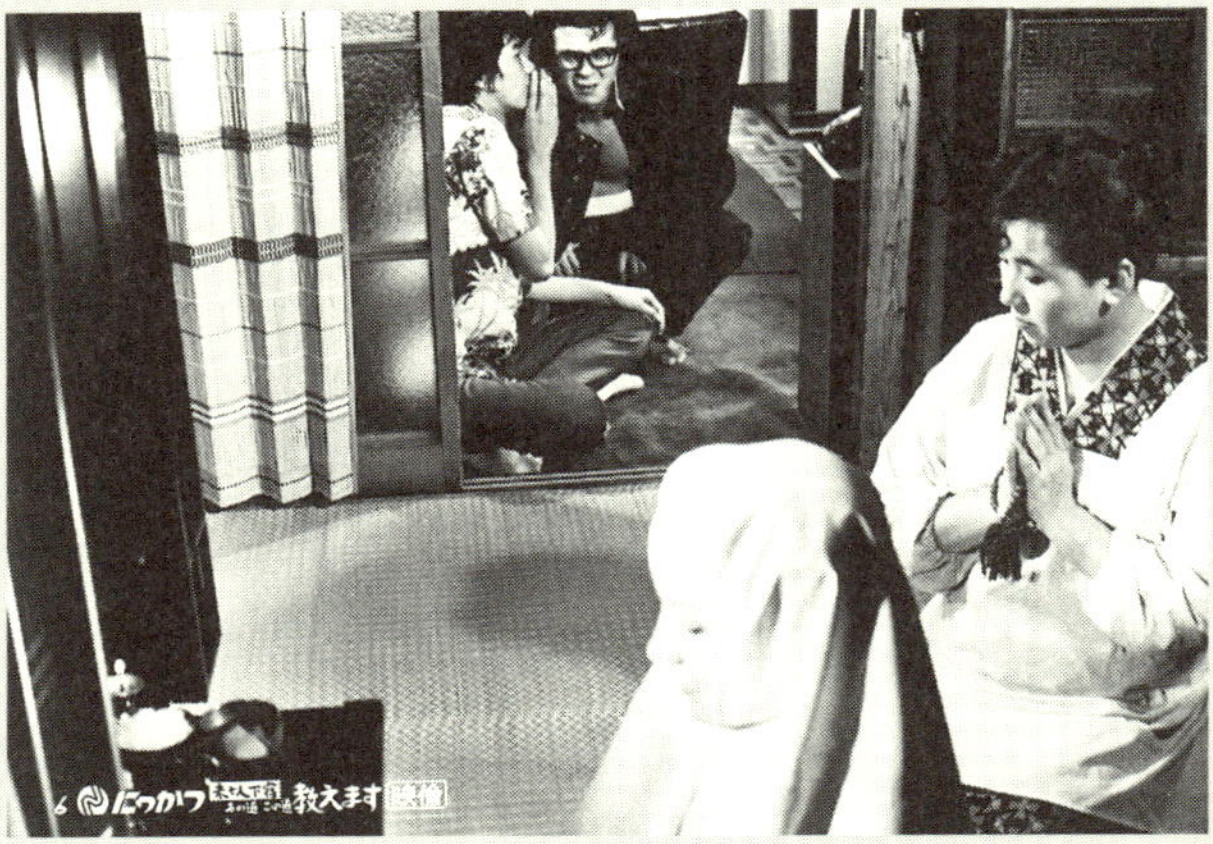

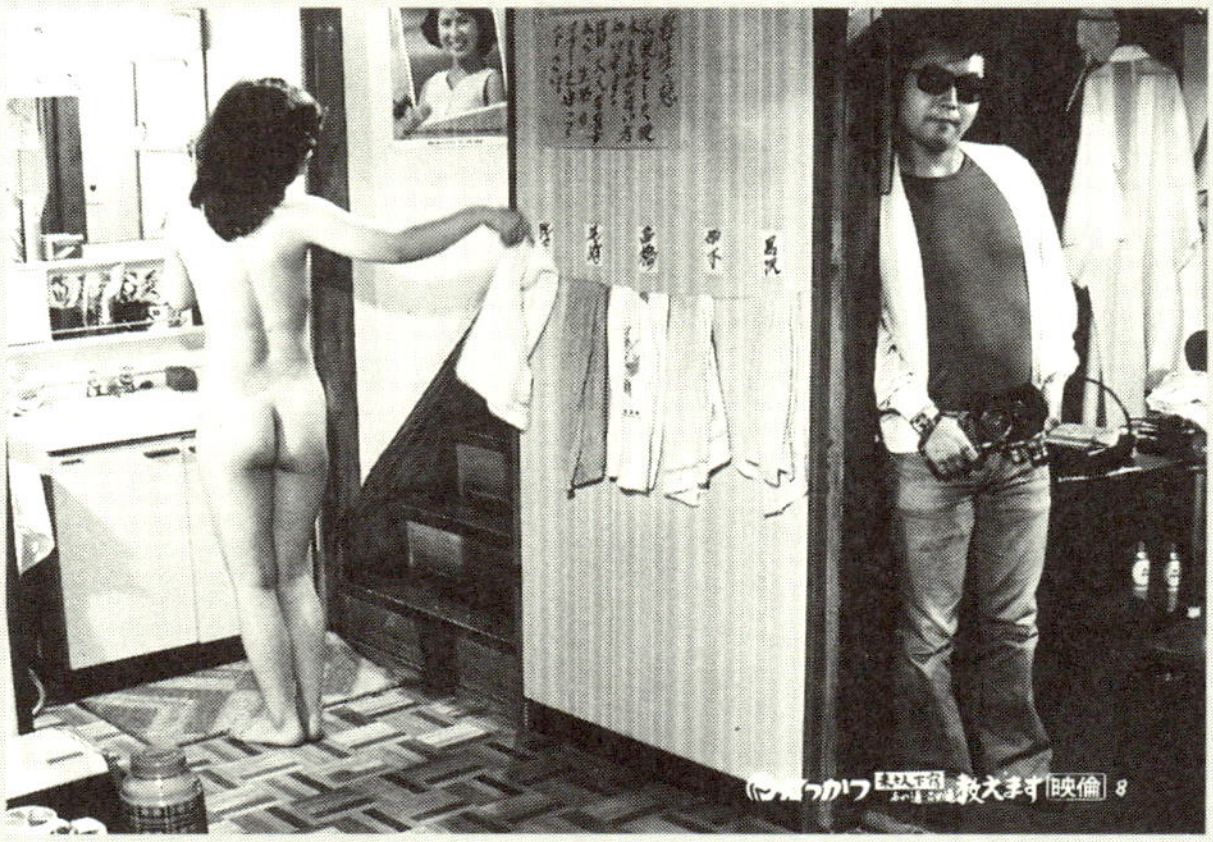

【第13作】
未亡人下宿 初濡らし

64分
1980年（昭和55年）12月26日公開
（〜1月8日 14日間）

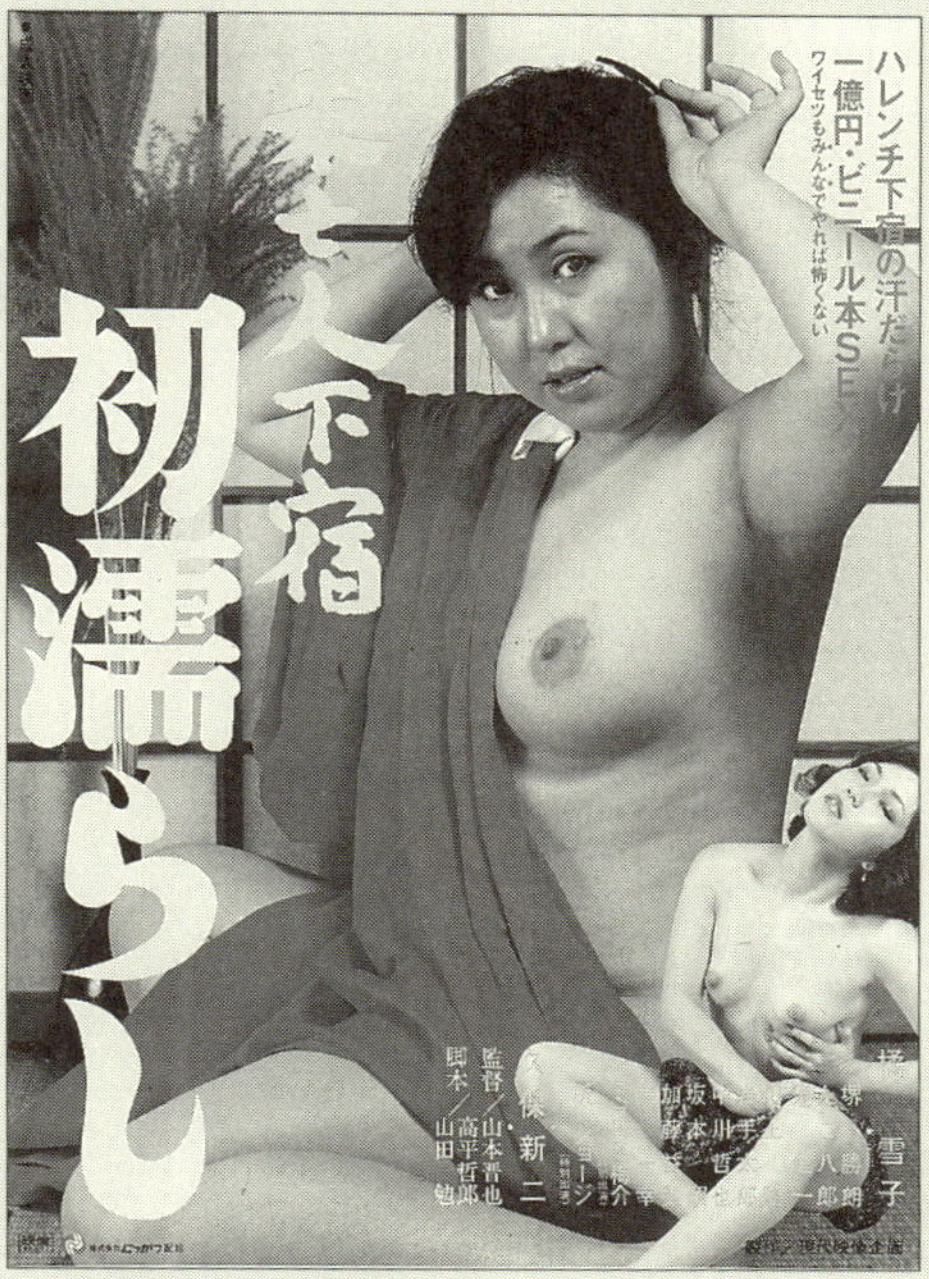

▲ポスター

製作●現代映像企画
配給●にっかつ
併映作品●『後から前から』（監督：小原宏裕 主演：畑中葉子）／『百恵の唇 愛獣』（監督：加藤彰 主演：日向明子）

キャッチコピー●「ハレンチ下宿の汗だらけ 一億円・ビニール本SEX！ ワイセツもみんなでやれば怖くない」
劇中に登場する食事●昼飯のサンマ定食、夕飯のきんぴらごぼう、すき焼き、朝飯

▲プレスシート

表面

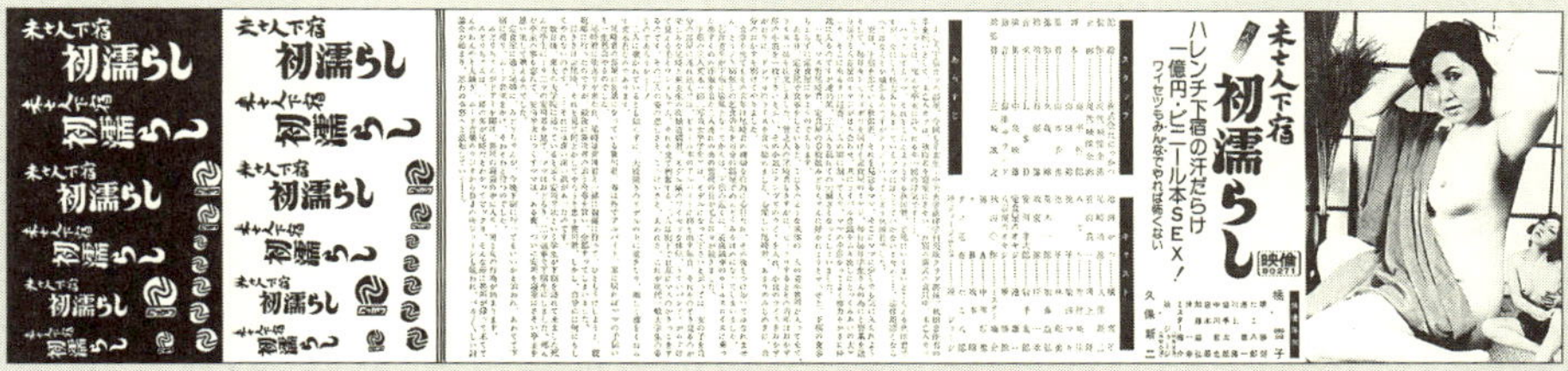

裏面

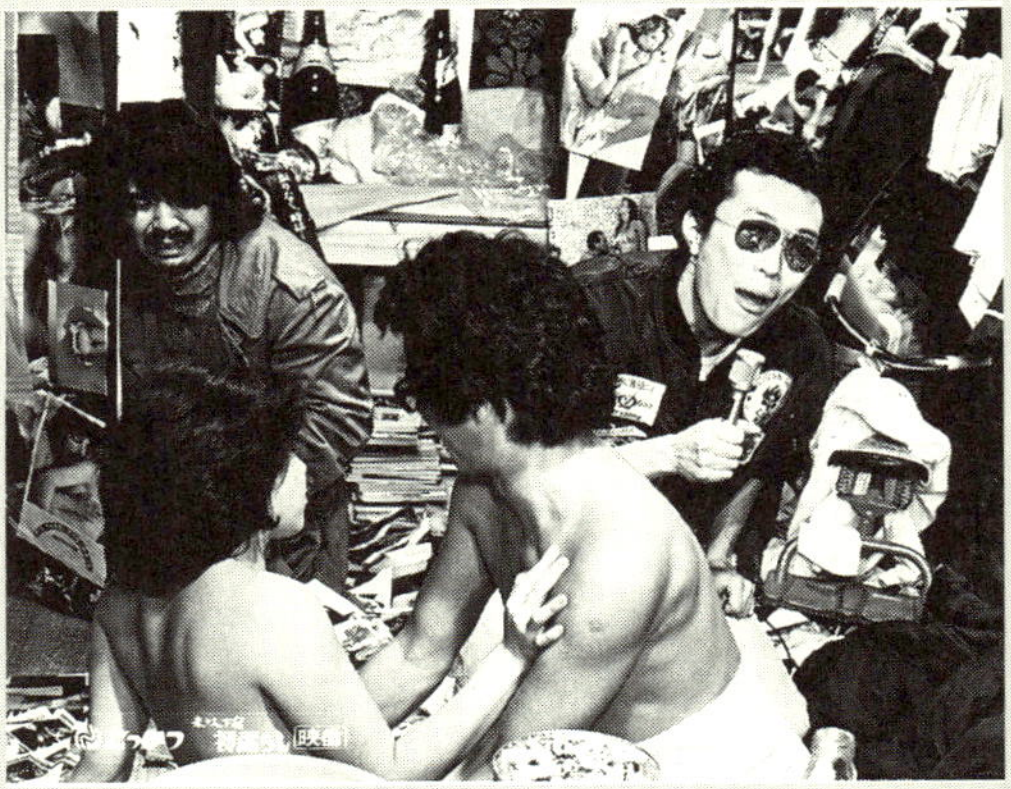

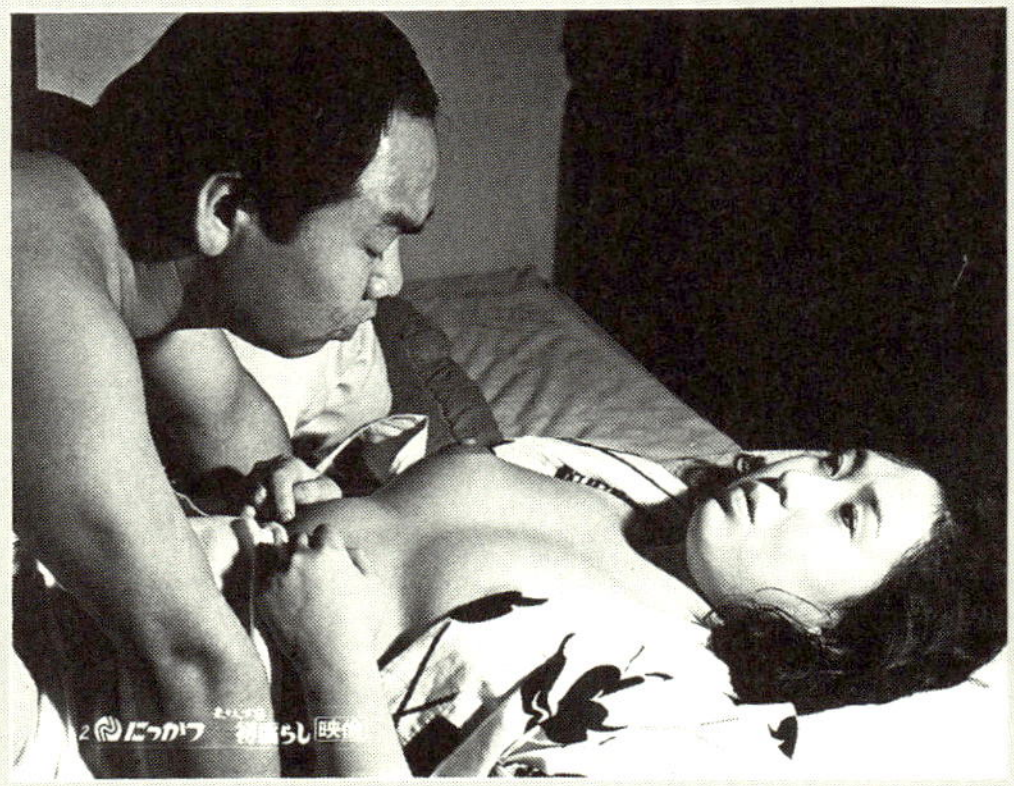

ビデオソフト●にっかつビデオフィルムズ（株）／品番：LA-105［廃盤］（DVD未発売）
挿入歌●所ジョージ『春二番』『姫に捧げるロック』『正男という名で小学生（みんな不良少年だった）』
スタッフ●
原作…山本晋也
脚本…高平哲郎、山田勉
撮影…久我剛
照明…石渡肇
音楽…L・S・D
編集…中島照雄
助監督…三輪誠之
監督助手…佐々木精司
撮影助手…河井英幸
照明助手…秋山望洋
効果・録音…銀座サウンド
現像…東洋現像
協力…マイルストーン、アトリエ・メイツ、おとなのおもちゃ アラジン
監督…山本晋也
キャスト●
池田かつ（ママ）…橘雪子
定食屋のみどりちゃん…竹村祐佳
ビニール本のモデル 悦子…柴田マキ
ビニール本のモデル 恵子…水月円
定食屋のオヤジ…港雄一
たこ巡査…たこ八郎
八百屋のオヤジ…堺勝朗
笹川良二（ソルボンヌ大生）…川上隆
六法梅介（東大生、卒業）…法学士 Mr.梅介
高橋道綱（東京大学文学部）…伴一幸
荒木進（アートビニールブラック大生）…加藤益弘
安川半次（東京大学法学部大学院）…岩手太郎
笹川家のじいや…坂本昭
ロールスロイスの運転手…中川哲也
配達の男…三島英造
ジョギングの男…富永俊治〈週刊サンケイ〉
尾崎（国士舘《ど》大生）…久保新二
友情出演 所ジョージ（拓大除籍）

解説●シリーズ第13作。前年、山本晋也監督・初の一般作品でみごと映画デビューした所ジョージが、遂に本シリーズに出演。しかし、本作後半で尾崎クンが意味ありげに叫ぶ、「未亡人下宿もこれで終わりだよ！」の真相はいかに？

あらすじ●尾崎がある日の昼時、定食屋でサンマ定食を食べていると、ひどく貧しそうな身なりの青年・笹川（川上隆）が入って来て、ライスを注文。小皿に盛った飯をサン

マの形に整え、それをオカズにライスを食す彼の姿に「すげえギャグだ！」と絶賛し意気投合するが、尾崎の後をつけ歩いて離れない笹川は結局、池田かつ邸で厄介になるのであった。尾崎の元へ仕送りが来た翌日、笹川を連れて競艇に行き、一儲けしようと勝負に出るが笹川の言う予想を信じて買ったものの結果はすってんてん。一方のママも、死んだ亭主に瓜二つの学生・安川（岩手太郎）に熱を上げた。ママが、実は空き巣の常習犯。ママは貯蓄を根こそぎやられ、うなだれるありさま…自分が下宿へ来てから、ろくな事がないと貧乏神扱いされた笹川は、しぶしぶ荷物をまとめて出て行く。しかし笹川の正体は大物資産家の御曹司、彼からのビッグプレゼントに狂喜乱舞するママ達であった。

●第14～16作解説

『未亡人下宿』シリーズが日活ロマンポルノの併映作として人気を博し、久保新二のイメージは学ラン姿の「尾崎清彦」として不動のものであったが、残念ながら第13作目がフィナーレ。同時に橘雪子の未亡人ママも降板したことで、シリーズはメインキャストを一新する。ポスト久保新二は、バラエティー番組『お笑いスター誕生!!』で頭角を現し、目下売り出し中だったシティーボーイズの大竹まことを起用、未亡人ママに新人のすばる卿子を迎えて2作品を製作。そして深夜のワイドショー『トゥナイト』で、山本晋也監督が担当した風俗街レポートが話題騒然となっていた1984年暮れに第16作となる『愛染恭子の未亡人下宿』が公開。新生・尾崎クン役に桜金造を迎えるなど、テレビで活躍する豪華なキャストが顔を連ねたことあり、大入りとなったが久保新二不在の『未亡人下宿』は、どこか一抹の寂しさのようなものを漠然と感じる。

【第14作】新・未亡人下宿 初開き初入れ

63分
1981年（昭和56年）12月25日公開
（～1月7日　14日間）

製作●現代映像企画
配給●にっかつ
併映作品●『セクシー・ぷりん　癖になりそう』（監督：加藤彰　主演：畑中葉子）／『天使のはらわた　赤い淫画』（監督：池田敏春　主演：泉じゅん）
キャッチコピー●「良い子、悪い子、普通の子　ママが仕込む、夜毎のテクニック　童貞学生、大歓迎！」
劇中に登場する食事●夕飯のすき焼き、朝飯

ビデオソフト●にっかつビデオフィルムズ（株）／品番：LA-113［廃盤］

DVDソフト●復刻シネマライブラリー／CPDM-10313［発売中］

原題●『未亡人下宿　初開き初入れ』

スタッフ●

企画…松本忍
原作…山本晋也
脚本…山田勉
撮影…久我剛
照明…出雲静二
助監督…佐々木精司
編集…室田雄
音楽…意地張人
美術…仲よしグループ
記録…藤原啓二
演出助手…伊藤博

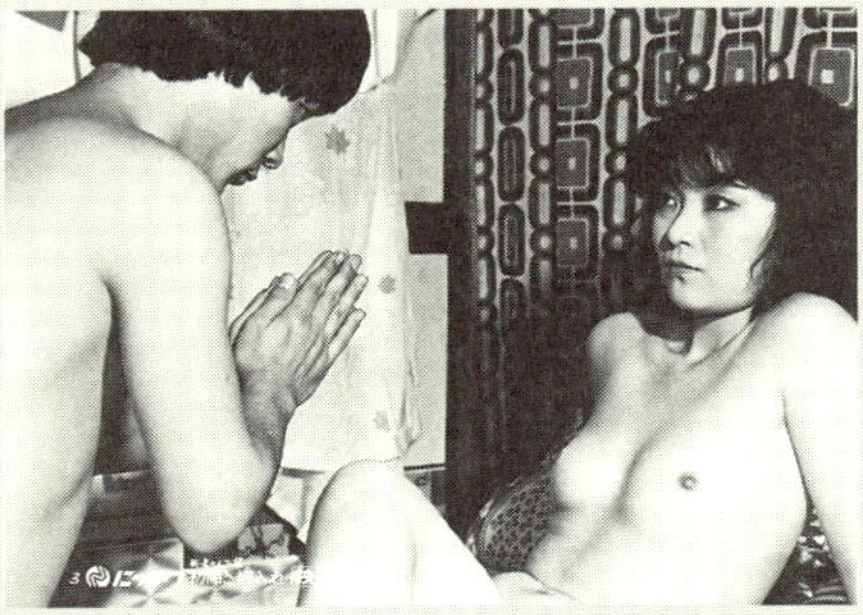

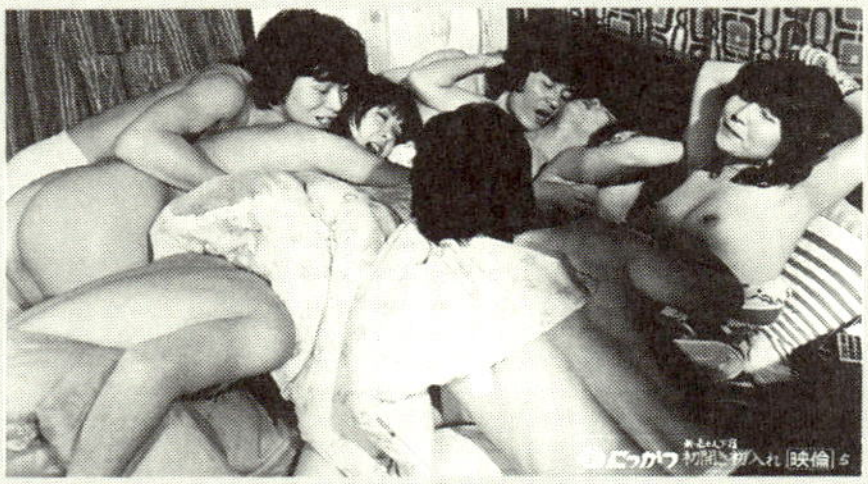

▶ポスター

▶プレスシート

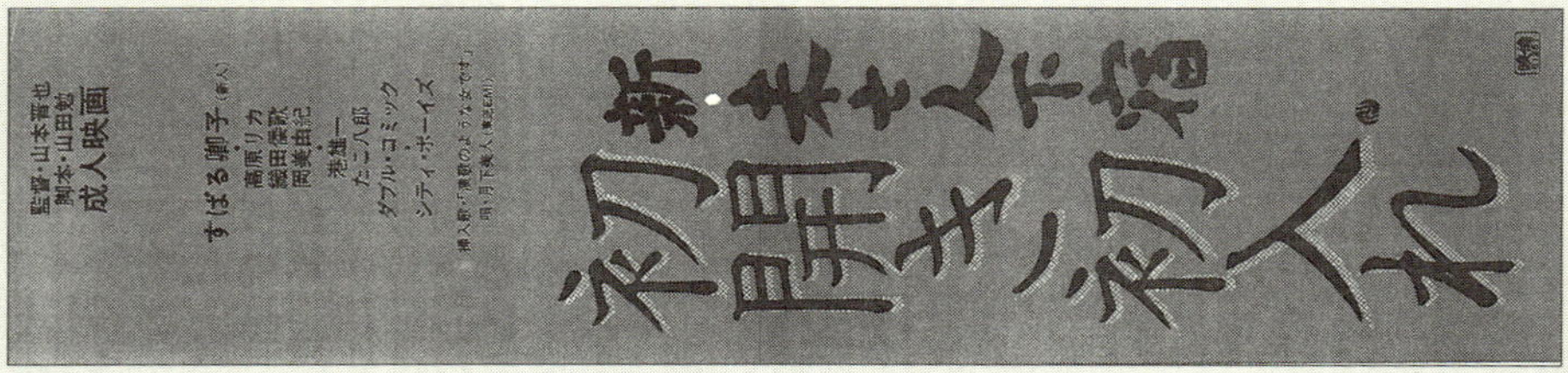

表面

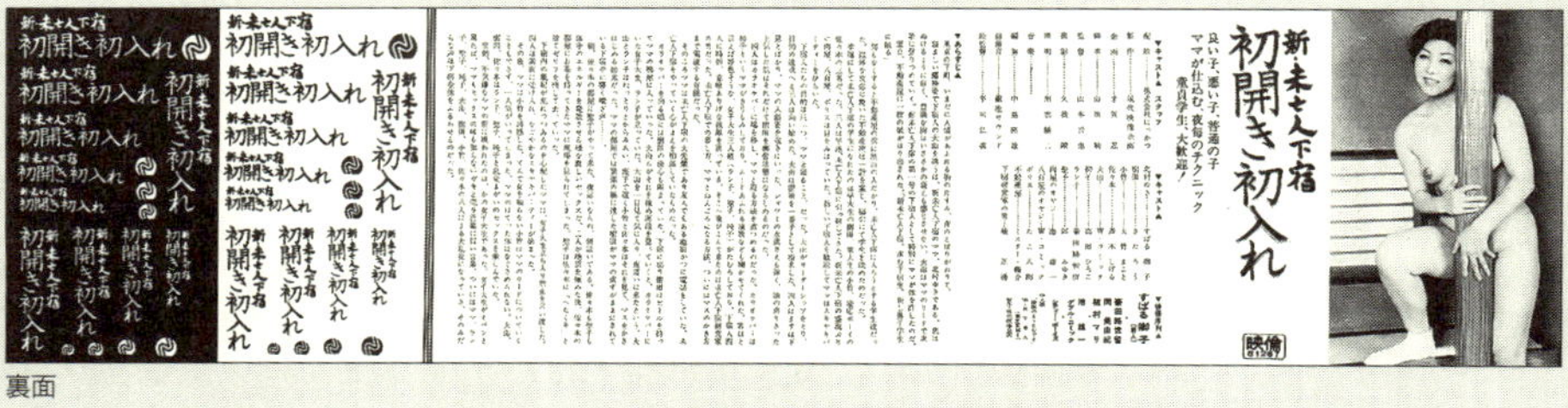

裏面

之
製作進行…平川弘喜
効果…東京スクリーンサービス
録音…銀座サウンド
現像…東洋現像所
協力…銀座アラジン、池袋グリコハム、八百一
挿入歌…「演歌のような女です」「あなた信じて」月下美人（東芝EMI）
監督…山本晋也

キャスト●
六代目ママ　北村ゆき…昴卿子　月下美人（東芝EMI）
小竹（東大生）…大竹まこと〈シティーボーイズ〉
樹田（早大生）…きたろう〈シティーボーイズ〉
佐々木（慶大生）…斉木しげる〈シティーボーイズ〉
ラン子（夜バイ女子大生）…豪田路世留
聖子（夜バイ女子大生）…岡みゆき
純子（夜バイ女子大生）…植村マキ
大山（明大生）…井出亮〈Wコミック〉
八百屋のオヤジ…田口れんじ〈Wコミック〉
下宿研究家…伴源五郎
肉屋のオヤジ…港雄一
不動産屋…ミスター梅介
カラオケバーのママ・初子…高田ひろ子　月下美人（東芝EMI）
巡査…たこ八郎
巡査…友川かずき〈友情出演〉

【第15作】未亡人下宿 あなも貸します 初いじり

64分
1983年（昭和58年）1月7日公開
（〜1月20日　14日間）
製作●現代映像企画
配給●にっかつ
併映作品●『火照る姫［ホテルヒメ］』（監督：西村昭五郎　主演：風祭ゆき／『縄と乳房』（監督：小沼勝　主演：松川ナミ）
キャッチコピー●「学生諸君いつでもどうぞ！　昼は下宿の好色ママ、夜は悶絶トルコ嬢　一滴のこらず吸いまくるSEX未亡人姫始め！」
劇中に登場する食事●夕飯のすき焼き（2回）、朝飯
ビデオソフト●にっかつビデオフィルムズ（株）／品番：LA-111［廃盤］（DVD未発売）

▶ポスター

挿入歌●所ジョージ『春二番』
スタッフ●
製作…松本忍
原作…山本晋也
企画…山田勉
脚本…大沢治
撮影…倉本和人
照明…出雲静二
音楽…森あきら
編集…中島照雄
現像…東洋現像所
録音…ニューメグロスタジオ
効果…小針誠一

▲プレスシート

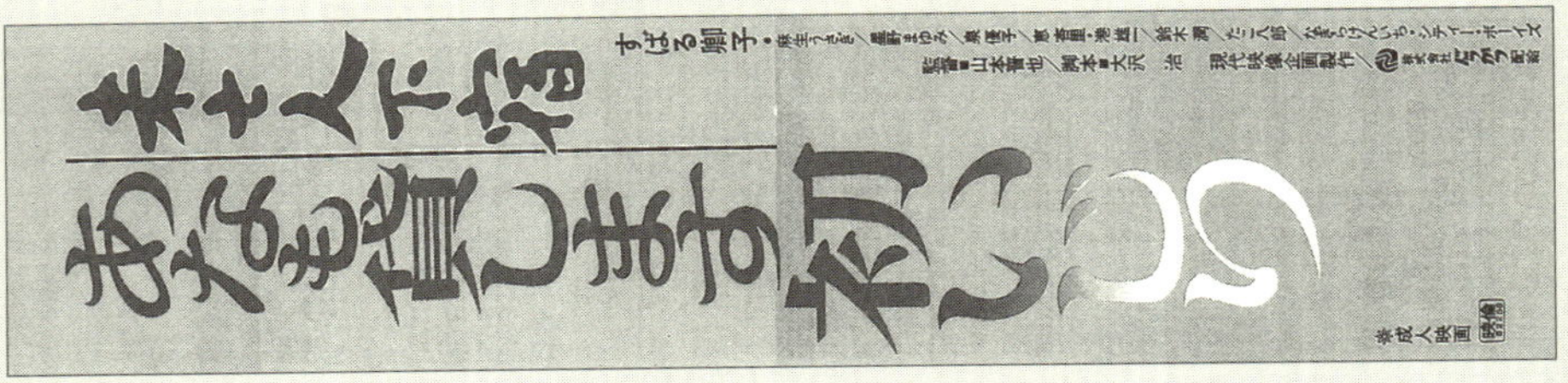

表面

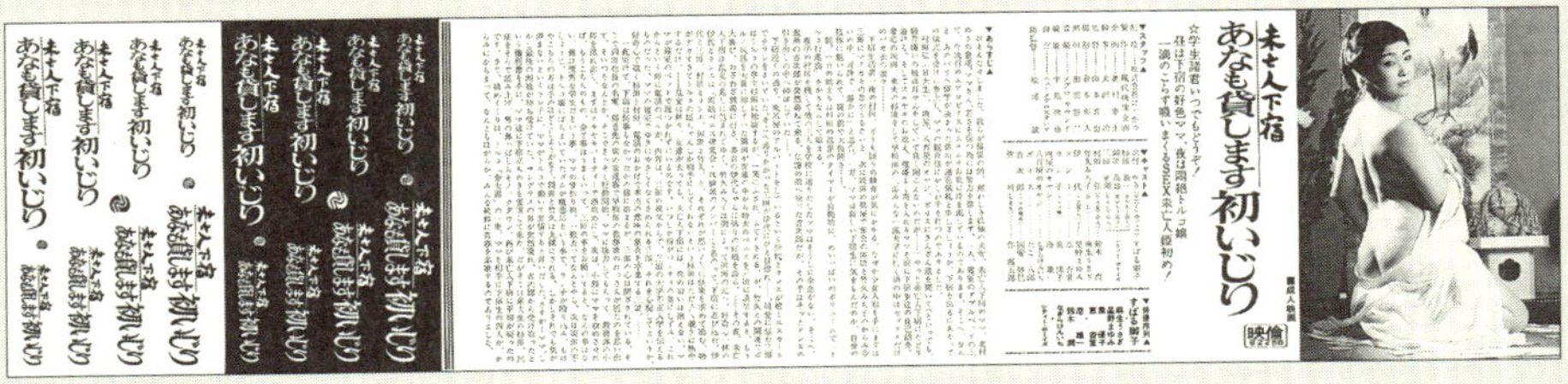

裏面

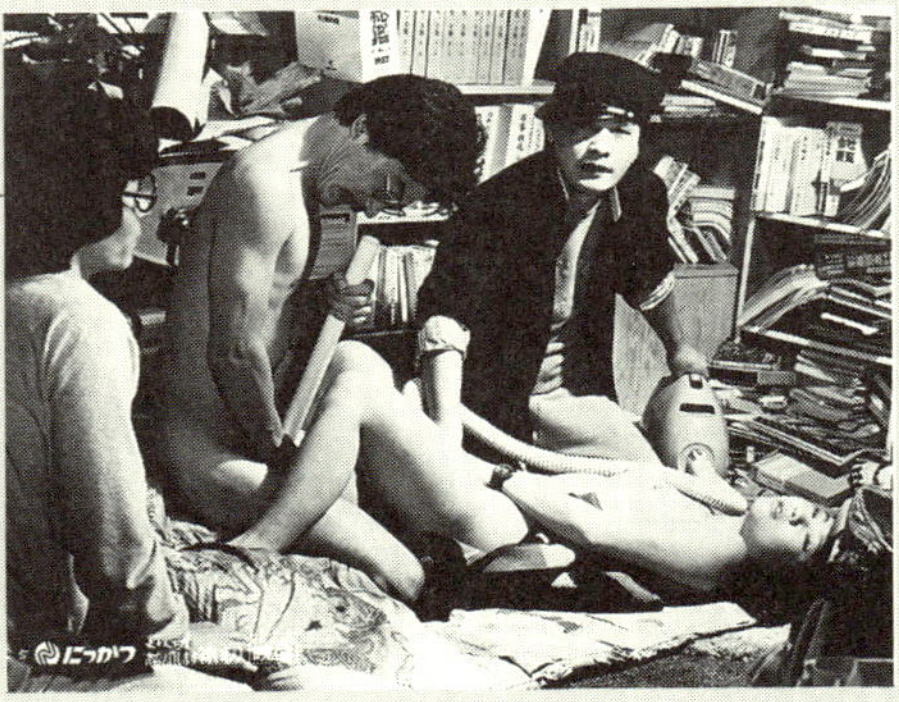

助監督…松尾誠
タイトル…ハセガワプロ〈*クレジットなし〉
監督…山本晋也
キャスト●
北村ゆき（ママ）…すばる卿子
杉田義一（東大生）…大竹まこと〈シティーボーイズ〉
岡田茂雄（慶大生）…きたろう〈シティーボーイズ〉
三田正剛（早大生）…斉木しげる〈シティーボーイズ〉
竹久みち子（OL）…麻生うさぎ
伊代（フロ屋アルバイト）…星野まゆみ
ヨシエ（フロ屋アルバイト）…恵杏里
満子（トルコ嬢）…泉優子
ポリス…たこ八郎
八百屋のオヤジ…なぎら健壱
肉屋のオヤジ…港雄一
村田弘（日大生）…鈴木潤
佐川（卒業生）…伴源五郎
サングラスの男…岩田春樹
吉次郎（ママの義弟）…国安勝己

【第16作】愛染恭子の未亡人下宿

74分
1984年(昭和59年)12月22日公開
(〜1月14日　24日間)
製作●マイルストーン
配給●にっかつ
併映作品●『初夜の海』(監督：中原俊　主演：小田かおる／『刺青』(監督：曽根中生　主演：伊藤咲子)
キャッチコピー●「ビッグなあなたはママのもの ちっちゃなボクもママのものホジホジ頬ずり大きくなぁーれ。愛染観音の新春初悶え！」
劇中に登場する食事●夕飯のすき焼き(2回)
ビデオソフト●にっかつビデオフィルムズ(株)／品番：NKR-169［廃盤］
DVDソフト●ジェネオンエンタテインメント／GNBD-7310［廃盤］
スタッフ●
原作・監督…山本晋也
プロデューサー…渡辺護、奥村幸士
企画…野路孝之〈マイルストーン〉
脚本…吉本昌弘、山本晋也
撮影…志村敏雄

▲ポスター

▲プレスシート

表面

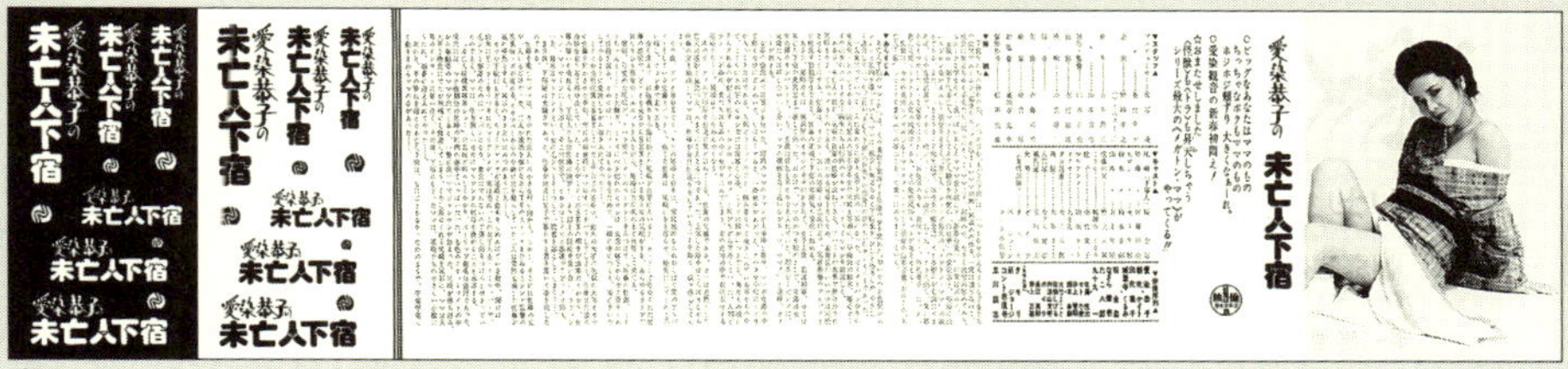

裏面

照明…出雲静二
美術…斉藤岩男
録音…金沢信一
編集…鍋島惇
挿入歌…なぎら健壱
選曲…佐藤富士男
効果…斉藤昌利
助監督…薬師寺光幸
製作担当…松川充雄

アシスタントプロデューサー…松本洋二〈*クレジットなし〉
監督助手…佐藤高博、塙幸成〈*クレジットなし〉
撮影助手…宮本良博〈*クレジットなし〉
メイク…浜田芳恵〈*クレジットなし〉

スチール…石原宏一〈*クレジットなし〉
製作進行…鈴木豊、武井孝〈*クレジットなし〉
デスク…南里裕美〈*クレジットなし〉
現像…東洋現像所
製作協力…フィルムワーカーズ
番組協力…「トゥナイト」〈テレビ朝日〉、「笑っていいとも」〈フジテレビ〉、「海賊チャンネル」〈日本テレビ〉、「スーパーギャング」〈TBSラジオ〉

キャスト●
池田かつ（ママ）…愛染恭子
マリアンヌ…朝吹ケイト
桂子…田代葉子
タバコ屋のミドリ…城源寺くるみ
尾崎（国士館《ど》大生）…桜金造
ヒロシ（東大生）…モト冬樹
佐藤（国士館《ど》大生）…佐藤垣治
山本（慶大生）…井上智昭
鈴木（早大生）…鈴木幸嗣
たこ巡査…たこ八郎
八百屋…なぎら健壱
肉屋…大竹まこと
佐藤の父…野上正義
大男…ガイラ
覗き部屋の客…所ジョージ
ヤクザ…九十九一
コント赤信号…コント赤信号
佐伯しげる、外波山文明、長江英和、西川亘、ユミ〈クリスタル1〉、マドカ〈クリスタル2〉、藤森奈美江、松田由美
風呂屋の見習い三助…タモリ〈友情出演〉
風呂屋の三助…立川談志〈友情出演〉

おわりに

最低の男が本音で書いた愛と涙と大爆笑……どうだ、面白かっただろ！　何？　まだ読んでない？　本屋でこのページを立ち読み中？　早くレジに行って買ってこい！

『未亡人下宿』での尾崎の口癖は「センズリばっかりカイてないで、たまには字も書かないとなぁ」だったが、この歳になってこんなにたくさん字を書くことになるとは思わなかったぜ。バカヤロ！　手が疲れたっつーの！

相変わらずピンク映画界は悲しい話ばかり。新作は細々と作られているけど、フィルムではなくてビデオ撮り。俺の得意なアフレコで笑わせる芝居ができなくなった。この本の制作中にも新橋ロマン、宇都宮オークラなど、いくつかのピンク映画館が廃業した。都内にはもう3館しか残っていない。

亡くなった仲間もいる。「盟友達を偲ぶ会」に参加してくれた長嶺高文は獅子プロで滝田洋二郎と同期だった。稲尾実の『痴漢電車』シリーズの脚本を書いたり、『ヘリウッド』などの自主映画を撮ったり、最近ではテレビの『ぶらり途中下車の旅』を演出していた。それがまだ60歳の若さで亡くなった。役者の伊藤猛はもっと若い。俺がプロデュースした『ザ・妊婦』にも出演したが、当時は芝居が硬かったね。主演した『つぐない』が公開されたばかりだというのに、名優たちが集まるあの世へ行ってしまった……。

一人で考えていても暗くなるだけ。俺はとにかく明るく楽しく生きていこうと決めた。この本にも書いたが、今の俺はイベントやお笑いライブなど、楽しそうなところに毎日顔を出している。映画ファンもお笑い芸人もパワーがあるから、そのパワーを貰って生きてるよ。ただ下半身にはパワーが伝わってこない。なぜだろう？　なに？　半世紀でもう精力を使い果たしてるって？　それもそうだな。

この本を出すにあたって、インタビューやコメントに協力してくれた皆さん、ありがとうございます。おかげで面白い本になったと思います。関わってくれたライターやポット出版のみんなもありがとう……と言いたいところだが、仕事が遅いんだお前ら！　もっと早く本を出せっての！　それから映画会社、写真のことでぐだぐだ言うんじゃねえ！

最後になったが、実を言うと事情があって載せられなかったエピソードもたくさんある。街で俺を見かけたら気軽に声をかけてくれ。ここに載ってない危ない話をいくらでも話すぞ。この本がきっかけになって、一人でも多くの人と触れあえることを俺は楽しみにしている。ただ、コーヒーくらいはおごれよ、バカヤロ！

それでは最後に……

アデュー

これがこの本のスタッフだ。
みんな俺のために死にものぐるいで作業してくれた。
顔射……いや、感謝だ、バカヤロ！

対談・寄稿・コメント

滝田洋二郎、橘雪子、杉作J太郎、代々木忠、高月忠、山下賢章、川上リュウ、
里見瑤子、池島ゆたか、伏見直樹、田代葉子、新宿タイガー、田村修二、田村優子、
チョー、金沢久保新二ファンクラブ

協力

男の墓場プロダクション、オーピー映画株式会社、佐藤政司、CINEPO.com、
シネマ自由区、新東宝映画株式会社、新橋ロマン劇場、日活株式会社

Special Thanks

嵐 竜馬、浅草21世紀、金沢久保新二ファンクラブ、カルーア啓子、高円寺パンディット、
SAKE Bar 蓮、三代目葵マリー、新宿シアターPOO、SPIN GALLERY、ヒロ吉田、
葡萄夜（金沢）、松本格子戸、本宮映画劇場、ラピュタ阿佐ヶ谷

久保新二◉くぼ しんじ
千葉県生まれ。劇団ひまわり時代の1966年、若松孝二監督『血は太陽よりも赤い』でピンク映画デビュー。山本晋也監督『未亡人下宿』シリーズで演じた、国士館（こくどかん）大学・尾崎クンで爆発的な人気を呼ぶ。その後、ピンク以外にも活躍の場を広げ、山下憲章監督『トラブルマン 笑うと殺すゾ』、滝田洋二郎監督『コミック雑誌なんかいらない!』、テレビ『ウルトラマンダイナ』などにも出演。レコード『マスマスのってます』、著書『800人の女を歓ばせた俺のやり方』も話題になった。二度の脳梗塞を乗り越え、現在も役者として活躍中。

石動三六◉いするぎ さぶろう
1961年、東京都生まれ。フリーライターとしてピンク映画に関わるうちに、役者、演出家、イベントプロデューサーなど様々な分野に進出。久保新二の弟子という噂もある（笑)。現在、劇団玉の湯座長。著書に『日活ロマン帝国の逆襲』『Pink&Porno 銀幕のエロティシズム』など。出演作品『地獄』（99年、石井輝男監督）など。

小川晋◉おがわ しん
1972年生まれ、東京都町田市出身。2001年に日本映画学校卒業後、高橋伴明監督『火火』等で装飾小道具を担当。その後、日本娯楽映画においての映像文化や東映『トラック野郎』を研究。著書に『映画トラック野郎大全集』、共著に『鮮烈!アナーキー日本映画史1959 〜 1979』『実録やくざ映画大全』（ともに洋泉社）など。

書名 ——————— アデュ～　ポルノの帝王久保新二の愛と涙と大爆笑
副書名 —————— エッチ重ねて50年!!
著者 ——————— 久保新二
編著 ——————— 石動三六、小川晋
編集 ——————— 大田洋輔
ブックデザイン —— 山田信也、和田悠里
製作総指揮 ——— 飯島洋一
発行 ——————— 2015年1月19日［第一版第一刷］
希望小売価格 —— 2,000円＋税
発行所 —————— ポット出版
150-0001 東京都渋谷区神宮前2-33-18 #303
電話　03-3478-1774　ファックス　03-3402-5558
ウェブサイト　http://www.pot.co.jp/
電子メールアドレス　books@pot.co.jp
郵便振替口座　00110-7-21168　ポット出版
印刷・製本 ——— シナノ印刷株式会社
ISBN978-4-7808-0216-0　C0074

Adieu
by KUBO Shinji, ISURUGI Saburo, OGAWA Shin
Editor: OTA Yosuke
Designer: YAMADA Shinya, WADA Yuri

First published in
Tokyo Japan, Jan 19, 2015
by Pot Pub. Co. Ltd

303 2-33-18 Jingumae Shibuya-ku
Tokyo, 150-0001 JAPAN
E-Mail: books@pot.co.jp
http://www.pot.co.jp/
Postal transfer: 00110-7-21168
ISBN978-4-7808-0216-0
C0074

【書誌情報】
書籍DB●刊行情報
1 データ区分——1
2 ISBN——978-4-7808-0216-0
3 分類コード——0074
4 書名——アデュ～　ポルノの帝王久保新二の愛と涙と大爆笑
5 書名ヨミ——アデュ～ポルノノテイオウクボシンジノアイトナミダトダイバクショウ
7 副書名——エッチ重ねて50年!!
13 著者名1——久保　新二
14 種類1——著
15 著者名1読み——クボ　シンジ
16 著者名2——石動　三六
17 種類2——編著
18 著者名2読み——イスルギ　サブロウ
19 著者名3——小川　晋
20 種類3——編著
21 著者名3読み——オガワ　シン
22 出版年月——201501
23 書店発売日——20150119
24 判型——A5
25 ページ数——272
27 本体価格——2000
33 出版者——ポット出版
39 取引コード——3795

本文●ラフクリーム琥珀N　四六判・Y・71.5kg（0.130）／スミ（マットインク）
表紙●アラベール・スノーホワイト・四六判・Y・200kg ／ TOYO 10960
／マットニス
カバー●アラベール・スノーホワイト・四六判・Y・130kg ／
プロセス4C ／マットニス
帯●雷鳥コート・四六判・Y・90kg ／
2C PANTONE286C（群青）　TOYO59ローズ／グロスニス
使用書体●游明朝体＋Adobe Caslon　ゴシックMB101　楷書MCBK1　中ゴ
Futura　Charlemagne
2015-0101-2.0